U0437794

天壹文化

从声音到文字，分享人类智慧

道德经精讲

张其成 — 著

天地出版社 | TIANDI PRESS

图书在版编目（CIP）数据

道德经精讲 / 张其成著. -- 成都：天地出版社，2025. 8. -- ISBN 978-7-5455-4641-5

Ⅰ．B223.1-49

中国国家版本馆CIP数据核字第2025NQ1211号

DAODEJING JINGJIANG
道德经精讲

出 品 人	陈小雨　杨　政
作　　者	张其成
责任编辑	王业云
责任校对	马志侠
封面设计	今亮后声·HOPESOUND pankouyugu@163.com
责任印制	王学锋

出版发行	天地出版社
	（成都市锦江区三色路238号　邮政编码：610023）
	（北京市方庄芳群园3区3号　邮政编码：100078）
网　　址	http://www.tiandiph.com
电子邮箱	tianditg@163.com
经　　销	新华文轩出版传媒股份有限公司

印　　刷	北京文昌阁彩色印刷有限责任公司
版　　次	2025年8月第1版
印　　次	2025年8月第1次印刷
开　　本	710mm×1000mm　1/16
印　　张	23
字　　数	340千字
定　　价	78.00元
书　　号	ISBN 978-7-5455-4641-5

版权所有◆违者必究

咨询电话：(028) 86361282（总编室）

购书热线：(010) 67693207（营销中心）

如有印装错误，请与本社联系调换

序言

《道德经》是弱者为王的高维智慧

我自幼畅游国学经典的海洋，最终发现，最能代表国学经典的是这五部：《易经》是最根本的中华第一经典，《论语》是儒家第一经典，《道德经》是道家第一经典，《六祖坛经》是中国佛家第一经典，《黄帝内经》是医家第一经典。"国学五经"构成中华传统文化一棵参天大树，树根是《易经》，树干是《易经》的阴阳之道，其余四部经典就好比四根粗壮的树枝，而解读这些经典的书籍就是繁茂的树叶。这次我讲《道德经》，会追根求源到《易经》，探讨老子怎样弘扬了《易经》阴柔之道；还会与《论语》《易传》《六祖坛经》进行比较，解开儒道佛三家在终极之道上的相同点与不同点；通过与《黄帝内经》比较，让大家体会老子之道原来就流动在我们身体的真气之中。

老子的《道德经》只有五千多个字，它的所有精华就在一个"道"字。什么是道呢？我们今天说的养生之道、治家之道、治企之道、治国之道、人生之道、天地之道等，其实背后都是同一个道，老子讲的，就是统领一切的道。这个道虽然看不见摸不着，但却是真实存在的，它是使宇宙万物（包括自然生命）生生不息的那个最根本的原动力、最强大的总能量，是宇宙万物背后的那个真相、那个终极真理。找到这个道就找到了一把打开宇宙宝库的钥匙，找到宇宙万物运动变化的总规律，以及宇宙万物之所以发生、之所以生存的总根源、总依据，也就找到了我们做人做事、战胜艰难、回归心灵家园的总原则、总方法，你只要按照道来做，无论什么事都会顺风顺水、吉无不利。

我会在这本书中和大家一起探寻老子是怎样找到"道"这把钥匙（这个神秘力量）的。通过几十年的学习思考，我发现老子的伟大之处就在于他观察事物的眼光。毫无疑问，老子拥有超越常人的高维智慧，这个高维智慧正是源于他的高维眼光，这种高维眼光既能观察到"其大无外"的无穷大，又能观察到"其小无内"的无穷小。让我们沿着老子眼光所探寻的方向，体验一下老子的三次眺望。

第一次眺望，老子站在天地之上，俯视天地，他看到天地就像一个风箱，"天门开阖"导致天地也不能长久。他站在万物之外，俯视万物，看到有山有水，有石头，有树木，他发现水的力量最大，水能浇灭火，水能滴穿石头，水能形成大海。他又聚焦目光，以水观水，发现水能说话，水有一颗慈爱之心，水最诚信……

第二次眺望，老子站在万物之上，俯视万物，他看到作为万物之一的人——男人和女人，看到少女的朦胧美妙，母亲生育孩子的伟大奉献，女人比男人柔弱但往往比男人更加顽强，女人比男人矮小但寿命往往比男人更长。同时他又聚焦目光，发现女人的身体特征是虚空的，所以能生育孩子；女人的身体是柔软的，所以坚韧性超过男人；女人的胸怀是宽厚的，所以能包容男人从而征服男人……

第三次眺望，老子站在人生长河之上，俯视成人和婴儿，他看到婴儿虽然弱小但精气很足，成人越壮实越容易损伤，岁数越大越接近衰老。老子又聚焦目光，发现婴儿虽然柔弱无助，可是毒虫不咬，猛兽不侵，老鹰不抓；婴儿虽然力气小但握起拳头很难掰开……

老子三次高维度眺望，并不是仅仅看到水、女人和婴儿，而是看到现象背后那个共同的东西，就是道的真相。道具有水之柔静、女性之娇美、婴儿之纯真，虚空而广大，柔弱而坚强，创造生命而生生不息。把握了道才能"无为而无不为"，才能"柔弱胜刚强"。然后他把这种了不起的弱者为王的高维智慧写成了《道德经》，造福人间。

我讲解《道德经》就是努力找出道的真相，我决定采用还原法与体验法。

所谓还原法，主要是在文字上尽量回归本源。我这次讲解选择的版本是大家熟知的通行本，与魏晋时期王弼的注本经文字句大体一致。王弼注本对后世的影响实在是太大了，是无法绕开的。我同时参考了郭店楚墓出土的战国时期竹简版和马王堆汉墓出土的汉代初年帛书版，通过对比，可以尽可能还原《道德经》文本的原貌及其演变过程，从而解开通行本一些千古争议的未解之谜。对《道德经》关键文字的解释，我会通过分析它的甲骨文、金文、篆文演变过程，厘清它的基本含义和引申含义，尽量还原它在《道德经》中的文字本义，"由字以通其词，由词以通其道"（戴震《与是仲明论学书》）。

所谓体验法，就是在身体上体验《道德经》道的奥秘。老子的道既是天地万物之道，也是人体生命之道，我将带领大家从身体功能上、从真气运行上体验老子的处世之道、养生之道，让你感受到道原来就在我们的身体上。道并不那么虚幻，人身小天地，天地大人身。身体和宇宙相互感应，治世和治身原来是一回事。

老子是个什么样的形象？也许你会说，老子是个老先生、老头子，白胡子、白头发，长得清瘦，个头不太高，两眼炯炯有神……我的想象和你一样，只是最后一点不同。在我的心目中，老子的两眼并不是炯炯有神，而是浑浊无神，昏暗无光。老子长得太普通了，丝毫不出众、不精明，甚至混混沌沌，昏昏闷闷，看上去笨笨的，糊里糊涂，不谙世事，像个不懂事的小孩。这不是我猜的，而是老子自己说的，《道德经》第二十章老子有一段对自己形象的描述，用了"我独泊兮其未兆""儽（léi）儽兮若无所归""我愚人之心也哉，沌沌兮""我独昏昏""我独闷闷"来形容自己。

但这是表象。真相是什么呢？真相是，老子是道的化身！老子的形象其实就是得道者的形象。老子在愚笨的外貌里，藏着一颗最有智慧的心；在昏暗的眼神里，藏着一道明察秋毫的光。老子的愚笨和智慧、糊涂和童真是浑然一体的，愚笨和糊涂是表象，智慧和童真是真相。愚笨和糊涂都不是装出来的，恰恰是智慧和童真的自然表现。老子的智慧是看透天地万物本质之后的"至简至易"，老子的童真是历经沧桑之后的"复归于婴儿"。

在古今中外对老子的众多评价中，我认为庄子的评价是最中肯的。庄子用"真人"两字道出了老子的真相，《庄子·天下》说："关尹、老聃乎，古之博大真人哉！"俗话说："真人不露相，露相非真人。"真人从来不显摆自己，不故意展现自己的智慧才能。真人总是大智若愚、大巧若拙，大成若缺、大辩若讷。表面显得愚拙、残缺、木讷，其内在真相恰恰是大智慧、大圆满、大辩才。但要注意"真人"的愚拙、残缺、木讷，不是装出来的，而是一种自然而然的生命状态，因为"真人"最大的特点是真实，不造作、不虚伪。真人的"真"字，是天真、本真、纯真、真实的意思。"真"既是老子形象的写照，也是道的形象写照。老子的道就是天地万物的本真状态，按照六祖惠能的说法就是"本来面目"。老子就是本真之道的化身。在庄子心目中，"真人"是至美至善的人，是最有智慧最有能量的人，因为"真人"能与天地、四时、万物融为一体，《庄子·大宗师》对"真人"的描述：古之真人"登高不栗，入水不濡，入火不热"——登上高处不会害怕，进入河水不会被沾湿，进入烈火不感觉灼热；"其寝不梦，其觉无忧，其食不甘，其息深深"——睡觉不做梦，醒后没忧愁，饮食无所谓甘甜，呼吸绵长深沉；"凄然似秋，煖（xuān）然似春，喜怒通四时，与物有宜而莫知其极"——真人冷峻的样子好像秋天，温暖的样子好像春天，喜怒与四季相通，与万物浑然一体，却没有人知道他的踪迹。所以真人可以"翛（xiāo）然而往，翛然而来"——无拘无束、自由自在地来来往往。毫无疑问，"真人"的身体是最纯净的，也是最长寿的。《黄帝内经·素问·上古天真论》有一段对"真人"的描述："余闻上古有真人者，提挈天地，把握阴阳，呼吸精气，独立守神，肌肉若一，故能寿敝天地，无有终时，此其道生。"老子就是这么一位得道"真人"。

然而在不同人的心目中有不同的老子。比如在孔子心目中，老子是一条

"龙"。据《史记·老子韩非列传》记载,孔子得到老子的教诲后,对弟子感叹道:"至于龙,吾不能知其乘风云而上天。吾今日见老子,其犹龙邪!"——龙和天上飞的鸟儿、水里游的鱼儿、地上跑的走兽不同,龙能乘着风云直上九霄,这是我没有办法知道的。我今天见到的老子正像龙一样啊。并且,孔子把老子看成是自己的老师(《孔子家语》"则吾师也")。

其实史书中对老子的记载是比较少的,第一次详细记载老子生平事迹的是司马迁,他在《史记·老子韩非列传》开头说:"老子者,楚苦县厉乡曲仁里人也,姓李氏,名耳,字聃,周守藏室之史也。"这简单的几句话就交代了老子的出生地、老子的姓名、老子的身份。老子出生的这个地方在哪里呢?在今天河南的鹿邑,一说是在安徽的涡阳。司马迁说老子不姓老,而是姓李。后来李姓奉老子为祖先,唐朝皇帝追认老子(李耳)为始祖,唐高宗李治追封老子为"太上玄元皇帝"。

那么老子究竟是不是姓李呢?我曾说过,孔子其实不姓孔,老子原本就姓老。因为在先秦的所有文献中,从没有说老子叫李耳,说老子姓李是从司马迁《史记》开始的。其实我国是有老姓的,比如春秋时期宋国宋戴公的直系后裔中就有老氏这一分支。

据《史记》记载:老子是"周守藏室之史"。现在一般人都说老子是东周时期国家图书馆馆长,这种说法其实不够全面。唐代史学家司马贞解释说:"守藏史,周藏书室之史也。"司马贞又说:"老子为周柱下史。"柱下史就是汉以后所说的御史,因其常侍立于官殿柱子下面,所以叫柱下史。柱下史的职责是掌管中央的奏章、档案、图书以及地方上报的材料。但据《晋书·天文志》记载,柱下史还是:"极东一星,曰柱下史,主记过,左右史,此之象也。"最东边的一颗星叫柱下史,主管记录过失,也叫"左右史",其中"左史"负责记录言语,"右史"负责记录行动。可见老子不仅仅是国家图书馆馆长、档案馆馆长,而且还是掌管观测天文星象、记录国家历史政务、监督官员过失的最高官员。毫无疑问,他上知天文、下知地理、中通人事,其学问之广博精深是无人能比的。但他又不单纯是一个学问家，他更是一个看透人间世事、看透天地变化的大智者！

老子是道的化身，他学识极为渊博，智慧超群绝伦，然而他却不愿意把他的学识、智慧留下来。《史记》说他"居周久之，见周之衰，乃遂去"——在周朝首都洛邑待的时间太久了，看到周朝已经越来越衰微，于是决定离开首都洛阳到西方去隐居。当他走到现在的河南省灵宝市北面的函谷关时，发生了一个故事，如果没有这个故事，那么我们今天也就看不到老子《道德经》这本书了。

当年镇守函谷关的关令叫尹喜，尹喜不仅是驻守边关的将军，而且是一位通晓天象的天文学家。有一天，他看见函谷关外的天空有一团紫色云气从东边飘来。紫气是十分罕见的，是最为尊贵的祥瑞之气，紫气一出现，预兆着圣人、神人或明君将会出现。尹喜当时十分惊喜，立即走出函谷关，到关外去迎接这位神人。只见青山绿水之间，一条长长的古道，不远处一位白胡子、白头发的老者，骑着一头青牛（黑牛）缓缓而来，尹喜连忙迎上去，深深鞠了一躬，说："老先生，您是不是就是传说中的老子？"老子微微点头。尹喜问："您这是要去哪里呢？"老子指了指西边。尹喜问："您是要归隐山林吗？"老子点点头。尹喜恳切地说："您是我大周的柱下史，学识和智慧都是天下第一，可是您没有留下只言片语，您能不能为我们留下您的智慧呢？"老子摇摇头。这时尹喜跪地而拜，再三恳求老子："子将隐矣，强为我著书。"——您马上就要归隐了，如果不写成文字，您的思想智慧不就要埋没了吗？这是多么可惜啊。劳烦您勉强为我们留下您的思想吧。老子沉默了一会儿，然后微微点点头。最终老子写了五千多个字，就是传之后世的《道德经》。这个故事记载在《史记》里："老子乃著书上下篇，言道德之意五千余言而去，莫知其所终。"老子写完以后，不再停留，继续西行，从此以后天下再也没有人知道他的归宿了。

这本书最早的书名就叫《老子》。历史上《老子》的版本很多，当然最流行的还是王弼整理注释的版本。

王弼这个人特别了不起，他出生在一千七百多年前的三国纷争时代，他的一生是短暂的，才活了二十三岁，就像一颗彗星在夜空中一闪而过，转瞬即逝。但他是不朽的，他已经化成一道闪亮的思想之光，在中华文明史、思想史的天空上，散发着永恒的、美丽的光芒。他是怎么做到不朽的呢？他整理注释了《道德经》和《周易》。

王弼出身于官僚世家，他是镇南将军、荆州牧刘表的曾外孙，是"建安七子"、著名文学家王粲的过继孙子。他家学渊源深厚，从小就聪慧过人，才华超群，能言善辩。尤其喜好《老子》《周易》，在学习整理注释《老子》《周易》的过程中，他发现两者所言的道其实是相通的，《易》和《老》的融合给他带来了思想的创新，他以老子思想解《易》，悟出了"以无为本"的玄学思想，开创一代新风——"正始玄风"，成为魏晋玄学开宗立派的代表人物。他整理的《老子》《周易》成为后世流行最广、影响最大的版本。他整理注释的《老子》通行本一共是八十一章，分为上下篇，上篇从第一章到第三十七章是《道经》，讲的是道；下篇从第三十八章到第八十一章是《德经》，讲的是德，所以合起来也叫《道德经》。

1973年12月，在湖南长沙马王堆三号汉墓出土了帛书本《老子》，这个版本的《老子》应该叫《德道经》，它是《德经》在前，《道经》在后。帛书本《老子》是汉文帝时期下葬的，分为甲本、乙本，两种字体写成，距今有近两千二百年历史。和王弼通行本《道德经》相比，除了《道经》和《德经》排列次序不同，字数差不多，都是五千多字，但很多地方文字表达不同。

到了1993年又发现了一个更古老的《老子》版本，是从湖北荆门郭店楚墓中出土的竹简本，楚简本《老子》无论是文字还是内容都和帛书本《老子》、通行本《老子》相差太大了。楚简本《老子》是战国时期的版本，距今至少有两千三百年，是至今发现最早的《老子》版本。它写在七十一枚竹简上，分为甲、乙、丙三组，加起来总字数不到两千字，比通行本少了三千多字，就这不到两千字的内容有一些和通行本也很不相同。

我这一次讲解老子《道德经》依据的版本是基于王弼注本的通行本，因为王弼注本一千七百多年以来对中国人的影响太大了。同时我也会参考郭店楚简本和马王堆帛书本，尤其是对一些文字差别比较大的地方会进行比较分析，通过比较，一些围绕《道德经》争论不休的问题也就有了答案，一些千古未解之谜也就解开了。

当然《道德经》到底是本什么书，在不同人眼里答案是不同的。古今中外有无数人做过解释。我会在讲解中引用一些重要的注释，这有助于我们多视角、全方位了解老子，读懂《道德经》。举几个例子，战国法家集大成者韩非子，通过《解老》和《喻老》，援道入法，道可以生法，道成了法家的理论根本。汉代方仙道开山祖师河上公写的《老子河上公章句》，以黄老养生思想解释《老子》，强调宝精爱气在养生中的重要作用。西汉末年道家隐士严遵《老子指归》，融通《易经》和《老子》，以《易》解《老》，阐发道的由"无"生"有"、以"无"为本的宗旨，使《老子》条理化、系统化。东汉张道陵《老子想尔注》通过注释《老子》，将老子神化为太上老君，从而开创了中国的本土宗教——道教。史料记载有八位皇帝注释过《老子》，现存还有唐玄宗、宋徽宗、明太祖、清顺治皇帝的注本，在他们眼里，《老子》是讲治国理政的书。历史上有很多名人，比如司马光、王安石、苏辙、朱熹、归有光、王夫之等，都注释过《老子》。当代也有不少学者注释《老子》。他们各有特色，各有建树，都值得学习参考。但限于篇幅，难免挂一漏万。

目 录

第一章　道是"常道"还是"非常道"？ - 001

第二章　为什么知道了美反而就丑了？ - 016

第三章　怎样做才能"心不乱"？ - 024

第四章　宇宙万物是由谁主宰的？ - 028

第五章　为什么对待老百姓要"不仁"？ - 032

第六章　道是万物和人类居住的第一个房子 - 036

第七章　怎样做才能够长长久久？ - 040

第八章　老子为什么说道像水？ - 044

第九章　为什么说财富是守不住的？ - 051

第十章　魂和魄怎样才能不分离？ - 055

第十一章　为什么说无用才是大用？ - 059

第十二章　为什么说物质享受会让人行为失常？ - 063

第十三章　怎样才能做到宠辱不惊？ - 067

第十四章　道是我们做人做事的总纲领 - 071

第十五章　得道的人长什么样子？ - 075

第十六章　为什么岁月静好必须从静心开始？ - 079

第十七章　老子为什么叫太上老君？- 086

第十八章　为什么说越提倡什么就越缺少什么？- 090

第十九章　返"朴"归真的三大法则 - 093

第二十章　为什么说人要有敬畏之心？- 097

第二十一章　为什么说恍恍惚惚是得道的状态？- 104

第二十二章　为什么要"少"不要"多"？- 108

第二十三章　为什么说狂风暴雨不可能持久？- 112

第二十四章　为什么定高目标会无功而返？- 116

第二十五章　为什么说道是又变又不变？- 120

第二十六章　为什么"重"是为人处世的根本？- 127

第二十七章　怎么才能做到走路不留下痕迹？- 131

第二十八章　为什么要回归婴儿的状态？- 135

第二十九章　为什么越不想失去就越容易失去？- 142

第三十章　为什么说天道好轮回？- 146

第三十一章　为什么战胜的庆典要办成丧礼？- 150

第三十二章　为什么说懂得停止才能长长久久？- 154

第三十三章　为什么夫妻变成"熟悉的陌生人"？- 158

第三十四章　怎样才能成就真正的伟大？- 162

第三十五章　在天地这个旅馆中怎样走过一生？- 166

第三十六章　成功的秘诀是"先予后取"？- 170

第三十七章　为什么"无为"又能"无不为"？- 174

第三十八章　道和德是什么关系？- 178

第三十九章 "一"这个数字有什么奥秘？- 185

第四十章 让人快乐起来的一个关键词是什么？- 189

第四十一章 遇到不被信任的时候怎么办？- 193

第四十二章 男女在什么情况下才能生孩子？- 197

第四十三章 为什么柔软能主宰坚硬？- 200

第四十四章 怎样看待身体、财富和地位？- 204

第四十五章 做事为什么不能太圆满？- 208

第四十六章 时运不佳时应该怎么做？- 212

第四十七章 "宅"在家里怎样知道天下事？- 216

第四十八章 我们应该做加法还是做减法？- 220

第四十九章 怎样才能像孩子那样天真快乐？- 224

第五十章 为什么说最好的养生是不刻意？- 228

第五十一章 成功的关键一个字是什么？- 232

第五十二章 化解母子矛盾的秘诀是什么？- 236

第五十三章 为什么要走大路不要走小路？- 240

第五十四章 怎样拥抱才能使对方挣不脱？- 243

第五十五章 老子发现婴儿哪四大秘密？- 247

第五十六章 为什么说美丑相对、万物玄同？- 251

第五十七章 治理国家正确的方法是什么？- 254

第五十八章 怎样把祸转化为福？- 258

第五十九章 治国养生最重要的一个字是什么？- 262

第六十章 为什么说治大国就像烹小鱼儿？- 266

第六十一章　为什么说"下"能战胜一切？- 270

第六十二章　世界上什么东西最珍贵？- 274

第六十三章　为什么说做大事必须从小事做起？- 277

第六十四章　事情萌芽之时是成败的关键？- 281

第六十五章　老子说的"愚民"是什么意思？- 285

第六十六章　大海为什么能主宰所有河流？- 289

第六十七章　人生有哪三件宝贝？- 293

第六十八章　为什么说好的将帅并不崇尚武力？- 297

第六十九章　为什么采用守势反而能取得胜利？- 301

第七十章　为什么越好懂的东西越不被人理解？- 305

第七十一章　一个人怎样才能不得病？- 308

第七十二章　为什么说给别人的压力终会反弹？- 312

第七十三章　真正的勇敢为什么是不敢逞强？- 315

第七十四章　为什么说人民不怕死是最危险的？- 319

第七十五章　为什么不看重自己才是最高境界？- 323

第七十六章　越坚强的东西生命力反而越弱？- 327

第七十七章　"天道"究竟是什么意思？- 331

第七十八章　为什么能受羞辱才能成大器？- 335

第七十九章　怎样解除别人对你的怨恨？- 339

第八十章　人类最理想的社会是什么样子？- 343

第八十一章　为什么让人舒服的话未必是好话？- 347

第一章　道是"常道"还是"非常道"？

道可道，非常道；名可名，非常名。无，名天地之始；有，名万物之母。故常无，欲以观其妙；常有，欲以观其徼（jiào）。此两者同出而异名，同谓之玄。玄之又玄，众妙之门。

第一句"道可道，非常道；名可名，非常名"几乎人人会背，但究竟是什么意思，却是见仁见智，各人理解不同。老子这里说的道是"常道"还是"非常道"？据我调查，赞成"非常道"的人多一些。为什么是"非常道"呢？他们的回答是，老子的道不可能是平常的、普通的道，肯定是超常、不同凡响、常人很难把握的道。那么老子说的"非常道"究竟是不是这个意思呢？不是这个意思！老子的道其实就是"常道"。

为什么这么说？我们只要考察一下早期的版本就清楚了。郭店战国竹简本《老子》没有这一章，马王堆汉初帛书本《老子》有这一章，但不是第一章，而是放在后面了。因帛书本《老子》是《德经》在前，《道经》在后，所以早期的《老子》不是《道德经》，而是《德道经》，并且没有分章。帛书本这一句是："道可道也，非恒道也；名可名也，非恒名也。"这一下就清楚了，原来通行本的"常"应该是"恒"字，"非常道"应该是"非恒道"，"不是恒常的道"。常是恒常、永恒的意思，不是寻常、平常的意思。那么老子说的道究竟是永恒的道呢，还是不永恒的道呢？当然是永恒的道了。但是，为什么要把"恒"改写作"常"呢？这一字之差的重大改写，是因为两千多年前一位了不起的皇帝——汉文帝。汉文帝就是我们经常听说的"文景之治"中的文帝，他是汉朝第五个皇帝。汉文帝的名字叫刘恒，刘恒即位后那就得避皇帝的名讳，所以通行本《道德经》就把"恒"字改为同义字"常"字了。但是，帛书本《德道经》是没避汉文帝名讳的，保持了"恒"字。

避皇帝的名讳这种事，在当时可是树立皇帝权威的政治大事。前面讲的通行本《道德经》避汉文帝的名讳，说明这个版本的写定时间肯定在汉文帝即位之后。而帛书本《德道经》是没避汉文帝名讳的，说明这个版本的写定时间肯定在汉文帝即位之前。帛书本《德道经》的甲本没避汉高祖刘邦的名讳，直接写"邦"字，用近似于篆书的古隶书抄写，说明甲本是在刘邦即位之前写成的。乙本避汉高祖刘邦的名讳，"邦"写成了"国"，但是，乙本不避汉代第二位皇帝汉惠帝刘盈的讳，"盈"还是写作"盈"，也不避汉文帝刘恒的讳，"恒"还是写成"恒"，是用隶书抄写的，说明乙本是在汉惠帝、汉文帝即位之前刘邦在位的时候写成的。另外，马王堆三号汉墓的这一批帛书是汉文帝时期入葬的，这又证明帛书本《德道经》一定是汉文帝之前形成的，距今有两千二百多年的历史了。

我这么不厌其烦地交代版本，就是要证明老子说的"常道"的真相是"恒道"，永恒的道，是永恒不变的真理。一旦我们理解了"恒"字，再来看"道可道，非常道"就更有意思了。

"道可道"开头这个"道"是名词，后面这个"道"是动词，那么"可道"的"道"究竟是什么意思呢？有人解释为"行走"，因为"道"的本意就是路，所以做动词讲意思是走在路上，道如果可以走在上面，就不是恒常不变的道了。又有人解释为"说"，道如果可以说出来，就不是恒常不变的道了。按照帛书本的解释：道是可以说出来的，但不是恒常不变的道。我赞成这种解释，"可道"的"道"就是"说"的意思。道不是不可以说，而是说不清楚，凡是能够说清楚的道，就不是老子所说的恒常不变的道了。比如一条道路，是可以把它的长度、宽度说得清楚的，这就不是老子说的道了，老子的道是无形而抽象的，看不见，听不着，摸不到，所以没办法说得清楚。但也有人不同意把"可道"的"道"解释为"说"，理由是老子那个时代"道"没有"说"的意思。这是不对的，因为早在《诗经》中"道"就有"说"的意思，如《诗经·鄘风·墙有茨》："中冓（gòu）之言，不可道也。所可道也，言之丑也。"宫中的私房话，是没法说出口的。如果真要说出来，那话就难听死啦。这个"道"就是"说"的意思。

总而言之，"道可道，非常道"的意思是，道是可以说但又说不清的，可以说清的道就不是永恒的道了。在老子看来道分为两种，一种是永恒的道，一种不是永恒的道。永恒的道无形而抽象，所以说不清楚；非永恒的道有形而具体，所以可以说得清楚。老子为什么一上来就强调道可以说但又说不清楚呢？他是教我们要打破思维定式。要找到有形事物背后那个无形的东西，要找到一切事物背后那个永恒的东西，这个东西虽然说不清楚，但却是永远存在的，也是至关重要的。这个东西就是"恒道"，永恒的真理。这个"恒道"不仅是一切事物之所以能够生成并且存在下去的总根源，而且是我们活在这个世上能够正确做人做事、不犯错误、不走弯路的永恒不变的总法则。

搞清楚前一句"道可道，非常道"的意思以后，后一句"名可名，非常名"就好理解了。前面这个"名"是名词，意思是名称、概念、范畴；后面的"名"是动词，意思是名状、描述、形容。和"非常道"一样，"非常名"意思为"不是永恒的名称"。马王堆帛书本这一句是："名可名也，非恒名也。"名称是可以描述的，但可以描述的名称就不是永恒的名称了。比如说"道"就是一个名称，这种名称是没办法描述清楚的。佛家有一个词叫"名相"，名就是事物之名称，相是指事物之形状。一切事物，皆有名有相。但一切名相都虚妄不实，都不能契合佛法的实性，只是为了方便教化而设立的。

"非常名"还让我想起释迦牟尼拈花微笑的故事。释迦牟尼在灵山法会上传法，他没有说话，只是手里拈了一朵花，此时大众默然寂静，都不知道是什么意思，只有大弟子迦叶破颜而笑，只有他悟道了。佛祖于是把佛法也就是佛道传给了迦叶。《道德经》的"非常名"也是同样的意思，真正的道不是语言文字所能表达的，只有以心会心，默契感应。有一句禅诗对这种感觉表达很到位："我来问道无余说，云在青天水在瓶。"关于道你说不明白它是怎么回事儿，你只能去看看蓝天白云，去看看瓶中的水，道就在你目光所及之处，你得自己去想明白。一旦悟道，就可以谋定而后动，就不会做错事，因为你是在按"恒道"做事，顺应了天意。所以，"非常道"经历了"非常名"的领悟之后，那种感觉真是微妙得不可思议，而悟道的快乐又真是妙不可言。

老子《道德经》第一句"道可道，非常道；名可名，非常名"，说道是永恒的道，道虽然可以说，但无法说清楚、讲明白。那么这种道究竟是什么呢？既说不清、道不明，又要让大家理解掌握，那怎么办呢？

老子很慈悲，他就给我们打比喻。我们看第二句："无，名天地之始；有，名万物之母。"这句话还有第二种读法："无名，天地之始；有名，万物之母。"我赞成第一种读法。因为老子的道讲的是"无"和"有"，至于"无名""有名"还有"无欲""有欲"都是"无"和"有"的扩充说法。"无"和"有"高于"无名""有名"。这一句在马王堆帛书本写的是："无，名万物之始也；有，名万物之母也。"这说明了"无"和"有"都是在讲"万物"的来龙去脉。"无，名天地之始；有，名万物之母。"这是两个判断句。无，是天地的开始；有，是万物的母亲。这是在解释道的内涵，说明道的内涵首先是"无"，然后才是"有"。

"无"和"有"究竟是什么关系呢？老子打了两个比喻。"无"就像"始"，开始；"有"就像"母"，母亲。那么"始"到底是什么，它为什么是女字旁呢？《说文解字》里讲："始，女之初也。从女，台声。""始"这个字，表示女人刚生下来，是童女，童女要长大成熟以后才能成为母亲。"母"字甲骨文的形状是在女字上面加两点，这两点就是女人的两个乳房，表示女人具备了生养的能力，是成熟的女人了。童女和母亲、少女和少妇是一个人而不是两个人，是一个人的两个阶段。从"无"到"有"，就是从童女到母亲、从少女到少妇。老子用童女和母亲来比喻"无"和"有"的关系。"无"是道的第一阶段，是童女、少女；

"有"是道的第二阶段,是母亲、少妇。这说明"无"和"有"都是道本身,只是分成了两个阶段。所以,"无"是第一位的,"有"是第二位的。当道还是"无"——童女的时候,是不能生万物的,一旦到了"有"——成熟女人的时候,就可以生成万物了。"无"生"有","有"生万物。

那么究竟什么是"无"呢?有人认为道家的"无"就是佛家的"空"。魏晋时期的一些高僧就用"无"来解释佛教的"空"。后来中国的禅宗就以"无"或"空"作为根本。其实佛家说的"空"和老子说的"无"还是有区别的。佛家说的"空"是真空,是本性的空,是指一切事物都并非自体和实体,也就是说根本没有独自存在的事物,没有常住不变的事物,一切都是因缘和合而生起的,这就叫"缘起性空""真空生妙有"。

老子的"无"也是指一切事物的本性,是世界万物的本源,是道的本质,但"无"不是什么都没有,不是不存在,而是指无形无名,是无形的存在。王弼说,老子是"以无为本","无形无名者,万物之宗也"。"无"是有形事物之外的无形事物,有形世界之外的无形世界,有形生命之外的无形生命。这个无形的事物、无形的世界、无形的生命虽然看不见摸不着,但真实存在,而且比有形的事物、有形世界、有形生命在时间上更久远,在空间上更广泛,在作用上更重大。

比如我们生活在这个世界上,能看到山丘、河流、树木、房屋等有形的东西,这些东西就是"有";但看不见空气,空气就是"无",空气不是没有,而是一种无形的真实存在,庄子就说过"通天下一气耳",通贯整个天下不过是一种气罢了,离开了空气,生命就无法存在了。再比如一个人的身体,既有脏器、肢体、血液等有形的东西,又有气、精神等看不见的无形的东西,气是维持生命的最基本的能量,人活一口气,人死了叫断气;精神是一个人的意识、思维和心理状态,如果没有精神就没有了灵魂,那就是行尸走肉,可见气和精神才是人最重要的东西。其实任何事物都在有形之外由无形来主宰,无形是有形的根本,我们平常往往只关注有形的东西而不关注无形的东西,那就是舍本求末。

在老子看来，无形才是第一位的，有形是第二位的。"无"中含"有"，"无"中生"有"。举个例子，有一种养生的方法叫"易道功"，在练功的时候首先心要静下来，安神定志，进入无思无虑的状态，然后想象手被气慢慢托起来，两手慢慢在头顶前方合拢，上举，想象手伸进温暖的金色阳光里，最后慢慢用气将阳光引入人体。整个过程中，动作是有形的，是"有"，意念中的气和光是无形的，是"无"。"无"这个意念正是易道功能够调动身体精气神的原动力，是起到锻炼身体作用的主要因素。易道功也好，五禽戏也好，八段锦和太极拳也好，这些中国传统健身运动都是"外练筋骨皮，内练精气神"。这些功法，首先要调动无形的气和神，这才是最重要的，是第一位的，没有气和神，没有意念，只有动作，是没有效果的。有了意念的"无"，加上动作的"有"，长期练习，就会获得充足的能量、旺盛的精力、健康的体魄，这些是更多的"有"，这就是借"假"修"真"，"无"中生"有"。

其实我们做任何事情都是这样。就拿做企业来说，有一位著名的企业家说过，决定公司命运的东西基本跟钱无关，而是价值观、信念、诚信、梦想这些看起来很虚的、无形的东西，恰恰就是这些虚的东西，才决定一个企业能否做大做久做强。这就是"无"中生"有"。

在当代社会我们太看重"有"而忽略了"无"。很多年轻人找对象、谈恋爱，首先看对方的"有"——收入多少、有没有房、有没有车、能不能出得起彩礼等，太看重这些有形的东西；至于对方的"无"——三观、道德修养、价值取向、脾气性格等这些无形的东西却不被重视，导致当下离婚率上升，家庭悲剧频发。殊不知，恰恰就是这些无形的东西，才是婚恋中最重要的，是婚姻长久、家庭幸福的关键。

那么"无"和"有"究竟是什么关系呢？如果你对《易经》和《易传》有所了解就不难理解了，《易传》讲"一阴一阳之谓道"，《易经》和《易传》主要讲的就是"阴阳"。《道德经》中"无"和"有"的关系，其实就是《易经》中"阴"和"阳"的关系："无"为阴，是虚空阴柔的一方；"有"为阳，是有形阳刚的一方。两者无法分离，是相辅相成的。老子发现无形的、阴性的东西比有形的、阳性的东西更重要，无形决定有形，阴性决定阳性。老子发现的这个秘密，后来逐渐被证实。比如西方著名的心理学大师弗洛伊德发现，无意识决定意识。无意识指的是一种无知无觉的心理学活动。一个人的意识就像浮在水面上冰山的一角，无意识才是隐藏在水面下更庞大的主体部分——冰山，人所有的行为从根本上说是由无意识决定的。现代科学发现，宇宙由物质与暗物质、暗能量组成，其中暗物质、暗能量占95%，主导了宇宙的构成。再看宇宙的形成过程，根据"大爆炸宇宙论"，宇宙是由一个"奇点"在137亿年前一次大爆炸后膨胀形成的，而这个"奇点"是一种没有固定形状的、没有体积的不可思议的存在。这就说明宇宙也是"无"中生"有"而形成的。

总的来说，"无，名天地之始；有，名万物之母"这句话表明，老子发现道的本质是"无"，道是"无"和"有"的混合体，"无"是天地万物的开始，"有"是天地万物的母亲。道最大的作用就是创生万物，按照道来做事，就能够"无"中生"有"，"有"生万物。

再看第三句："故常无欲以观其妙，常有欲以观其徼。"马王堆帛书本作："故恒无欲也，以观其妙；恒有欲也，以观其所徼。"按照马王堆帛书本，这一句的意思是，只有在恒常的无欲状态才能观察出道的美妙，而在恒常的有欲状态只能观察出道的边界。通行本这句话还可以断句为："故常无，欲以观其妙；常有，欲以观其徼。"从永恒的"无"中可以观察出道的美妙，从永恒的"有"中可以观察出道的边界。"无"是更高层次，"无欲"是低一层次，是具体状态。其实这两种理解都可以，并不矛盾。从"无—无欲"中可以观察出道的玄妙、美妙。其实最早"妙"字不是女字旁，而是玄字旁，玄妙、深奥的意思。马王堆帛书本是目字旁，"眇"，本义是一目失明，引申义为模糊、幽远。王弼本是"妙"，是女字旁，本来指少女的美，引申为美妙、微妙、奥妙。其实无论是哪一个字，其基本含义都是相同的，表明从"无—无欲"中可以观察出道的玄妙、美妙。再看"常有，欲以观其徼"，从"有—有欲"中可以观察出道的"徼"。

什么是"徼"？"徼"字是双人旁，指小路。从"有"中可以观察出小路，这是什么意思？这是说，到了第二个阶段，从"有—有欲"当中能看出道的边界。

以少女为妙而言，为什么少女是美妙？常言道：少女的脸三月的天——说变就变，连她自己都不知道下一刻将会怎样。你说她长得真漂亮，她脸就红了，很害羞，有一种含蓄的美、朦胧的美、模糊的美，这就是道的第一阶段，"无"的阶段。到了少妇，第二阶段，她生了孩子，当母亲了，又有了一种清晰的美、明朗的美、豪放的美。道的第一个阶段是"无"，好比朦胧的少女；第二个阶段是"有"，好比清晰、明朗的少妇。各有其美。

那么这个少女和少妇是一个人还是两个人？当然是一个人，是一个人的两个阶段，第一个阶段是朦胧的，第二个阶段是明晰的。那么从少女的"无"到少妇的"有"的关键点在哪里呢？按照《黄帝内经》的说法，关键点在"天癸"。什么是"天癸"？"天癸"是主管生殖的一种物质，是肾精的一种，它的作用就是生孩子。有了天癸就能生孩子，没有天癸就不能生孩子。它是液体的，像水一样，"癸"的字形就是四面之水汇聚在中央。女子十四岁来天癸，男子十六岁来天癸。来了天癸就可以生孩子了。老子将道的第一阶段比喻成少女，不仅是在说它的朦胧与美妙，而且还是在说朦胧与美妙中蕴藏有巨大的生命能力和无限的创造能量。到了第二个阶段，有了创生事物的条件，就可以创生万物了。如同一个女人的生育能力已经成熟了，有了天癸，就可以生孩子了。这两个比喻是在说明道之体（本体）是"无"，道之用（作用）就是"生"——道最大的作用就是生成万物。

道的这种体和用是贯通在一起的，是美妙的，也是朦胧的，说不清道不明。但是在"无"中、在"无欲"中是可以真切感受到的。比如我们练习传统的功夫，首先要放松、心静，开始会有各种杂念、各种欲望涌起，没有关系，让它慢慢过去，渐渐进入无思无虑、虚静空灵的状态，这种状态是恍恍惚惚、混混沌沌、朦朦胧胧的。

再来说说什么是"观"？"观"是掌握道的重要方法。《道德经》这一句"故常无，欲以观其妙；常有，欲以观其徼"，其实说了四个"观"，观无、观有、观妙、观徼。实际上是两个层次的"观"，一是从"无"中观妙，一是从"有"中观徼。因为道是看不见的，所以不是用眼睛观。是不是用心观呢？也不是，因为用心就是"有欲"，就观不到道的玄妙、美妙了。那要怎么观呢？要"无欲"而观，也就是把自己的心彻底泯灭了，回到所观的对象中，这就是北宋大理学家邵雍说的"以物观物"。"观"在中国哲学史中具有重要的地位。《周易》有一卦，叫观卦，风地观，上面是风，下面是地。风吹拂在地上而吹遍地上的万物，说明是全面的观，既是仰观，又是俯察，还是平视。"观"的时候一定要虔诚、要敬畏，不能带一点私心邪念。"观"是古人认知万事万物最重要的方法，无论儒家、道家、佛家，都用这个方法。儒家强调要观过错，孔子说："观过，斯知仁矣。"通过观察自己和他人的错误，可以知道是仁还是不仁，"仁"通"人"，就知道他是什么人了。还要观行动："听其言而观其行。"佛家强调要观空，观五蕴，《心经》第一个字就是"观"："观自在菩萨，行深般若波罗蜜多时，照见五蕴皆空，度一切苦厄。"《金刚经》最后一个字也是"观"："一切有为法，如梦幻泡影，如露亦如电，应作如是观。"老子也强调观。首先是"无欲"地"观"，不是用眼睛观，也不是用心观，而是要"物观"——以物观物，也就是进入无思无虑、虚无空灵的状态，这样才能观出事物的真相、事物的本质、事物的玄妙之处。其次是用眼睛观，用心观，这样就可以观察出道的"徼"，观察出事物的界限、事物的形状。两种观察法观察出的东西是不一样的。

再看中医脏腑经络是怎么发现的，也是"观"出来的。李时珍说过一句话："内景隧道，惟返观者能照察之。"脏腑的景象和经络的道路，只有返观才能看得清清楚楚。返观也叫内观，就是闭着眼睛往身体里面看。首先要无欲虚静，无欲地观，观"无"，达到忘我的境界；然后是有欲地观，观"有"，集中意念，将意念集中在身体的特定部位上，往身体里面看，就能清楚地看到五脏六腑的景象，还有经络运行的路线。

总结一下，前面我们讲了怎样才能观察出道的美妙："故常无，欲以观其妙；常有，欲以观其徼。"从永恒的"无"中可以观察出道的美妙，从永恒的"有"中可以观察出道的边界。

我们已经学习了《道德经》第一章的前三句："道可道，非常道；名可名，非常名。无，名天地之始；有，名万物之母。故常无，欲以观其妙；常有，欲以观其徼。"说明常道是难以说清楚的，道的本质是"无"，无，是天地的开始；有，是万物的母亲。所以，从永恒的"无"中可以观察出道的美妙，从永恒的"有"中可以观察出道的边界。

下面继续学习第四句："此两者同出而异名，同谓之玄。"

"此两者"就是指"无"和"有"。"同出而异名"是指"无"和"有"有相同的来源，但名称却不相同。"同谓之玄"，是指"无"与"有"混为一体叫作"玄"。这一句其实点出了"无"和"有"是相异与相同的关系，所谓"相异"只是名称不同；所谓"相同"是指来源相同、本质相同。如同一枚硬币的两面，图案不一样，却共用一块材质。

为什么说"无"和"有"的名称不同但来源相同呢？我在前面已经讲过，道的本质是"无"，"无"中含"有"，"无"中生"有"，"无"和"有"的关系就好比阴和阳，"无"就是阴，"有"就是阳。两者相辅相成，缺一不可。独阳不生，孤阴不长；同样如果没有"无"，"有"就不存在了；如果"有"消失了，"无"也就不会存在。所以"无"和"有"在玄妙中共同构成了道的真相。好比一张水墨山水画，用水墨画出来的山水是"有"，没有水墨的地方也就是留白的地方是"无"。要画云彩，不需要用水墨画出来，只需留白就可以了，留白的地方就是云彩，是写虚的。这样虚实相间、有无相生，共同构成了一幅玄妙生动的山水画。

道是天地万物的共同来源，这种共同来源又这么"玄"，那我们必须得说说"玄"这个字了。"玄"字是一个象形字。甲骨文的"玄"字像上下叠拼两个椭圆的圈圈，金文和小篆的"玄"字像在上下叠拼的两个椭圆的圈圈上面加了一根短线，表示一束丝在染完黑色后悬挂起来晾晒，所以又引申为幽远、深奥、黑色、天空。《说文解字》解释："玄，幽远也。"也有人说下面两个圈圈"幺"像孩子初生的样子，表示微小、微妙，也可引申为幽深、幽远，幽深的"幽"就是两个"幺"陷进坑里。对这个"玄"字，东汉张衡解释："玄者无形之类，自然之根。"苏东坡的弟弟苏辙解释为"玄色"，南宋范应元解释为"不可分别"，元代吴澄解释为"不可测知"，当代朱谦之解释为"变化不测"。玄是黑色的，道家最崇尚黑色。阴阳五行中，水是黑色的，道就像水，也是黑色的。总而言之，"玄"是从显性世界进入了隐性世界，从有形世界进入无形世界，所以是幽深的、神秘的、玄妙的。其实"玄"就是"无"，可这个"无"中又包含细微的、幽深的、变化莫测的"有"，这就是老子道的本质。

老子这里强调了"无"和"有"在本质上是相同的，"同谓之玄"，这个"同"也称为"玄同"。《老子》第五十六章提出一个词叫"玄同"，这个观点后来被庄子发挥了，《庄子》第二篇叫《齐物论》，万事万物都是等齐的，"天地与我并生，万物与我为一"，"彼亦一是非，此亦一是非"。"有"里面有"无"，"无"里面含"有"，"有""无"相同，浑然一体。这和佛家说的是一样的，佛家说不要有分别心，万般都是不二的，叫"不二法门"。《心经》说："色不异空，空不异色，色即是空，空即是色，受想行识，亦复如是。""色"就是有形的物质，是"有"，"空"就是"无"。"色即是空"，"有"就是"无"，是相同的。《黄帝内经·素问·阴阳应象大论》说："智者察同，愚者察异。"智慧的人总是看到事物的相同点，愚蠢的人总是看到事物的不同点。"无"和"有"融合在一起就是玄同，玄同激活了道创生万物的洪荒之力。

"无"和"有"的玄妙关系相当于《周易》说的"太极"。"无"和"有"是相同的，又是可以互相转化的。我经常说，按照易学太极原理，阴和阳不是截然对立的，阴阳是可以互变的。阴阳之间没有一道不可逾越的鸿沟。按照庄子的说法，叫"齐物"，也就是万物是等同的，万事万物永远是有对立面的，但它们是交融在一起的，不可分离的，所以从本质上看是等同的，是一回事。贫和富，高和低，贵和贱，其本质都是一回事。推而广之，好坏也是可变的，坏人可以变好，好人可以变坏。犯罪的人是坏人，但只要好好改造，就可以变成好人。

有无玄同的关键之处又称为"玄关"。玄关就是至玄至妙的机关。后世丹道功夫中有"玄关一窍""玄关祖窍"的说法，是指生命的关口，这个关口一打开，那么任督二脉气血就打通了，元精和元神就接上了。这个玄关在哪里呢？各家的说法不一。谁也说服不了谁，但有一点是公认的，那就是各门派都承认，只要找到这个玄关就是"正道"，只有修玄关才是"正道"。我认为玄关就在"有""无"之间，每个人的慧根不同，所感知的玄关也不同。当你修炼到物我两忘、灵光显现、气血畅通、明心见性之时，那就是掌控了真正的玄关。

我们学道、体道、悟道，首先要过这一"玄关"，这一关就是"无"和"有"的玄同。"无"即"有"，"有"即"无"；既要从"无"中看出"有"，更要从"有"中看出"无"。相比较而言，"无"比"有"更重要。要知道，"无"，绝不是西方哲学"没有任何意义或内涵"的"虚空（nothingness）"，而是指无形的存在，既是看不见摸不着的无形之物，也是人的认知之外部分，更是"其大无外，其小无内"的整个宇宙空间，这就是"玄"。玄是宇宙万物的总源头，也是宇宙万物生成变化的根本动力。"玄"就是"无"，"无"能生"有"；"无"是阴，"有"是阳，阴能胜阳，柔能胜刚。精神属于阴，物质属于阳，精神的力量超过物质的力量。老子是一个伟大的"阴"谋家，他总是从主阴贵柔入手，最后柔弱胜过刚强，阴柔成就王道，顺利达到"玄同"的最高境界，这就是他洞悉"无"和"有"的玄妙关系而获得的智慧。

总结一下，"此两者同出而异名，同谓之玄"强调了"无"和"有"是同样的来源、同样的本质，同称为"玄"。

接着学习《道德经》第一章最后一句："玄之又玄，众妙之门。"

最后一句紧接上一句"此两者同出而异名，同谓之玄"。前面我讲了"无"和"有"有相同的来源，但名称却不相同，它们共同叫作玄妙。这个"玄"既是指"无"，又是指"无"和"有"的玄同。最后这句"玄之又玄，众妙之门"，字面意思是，玄妙又玄妙，是一切奥秘的大门。前面说过，"妙"字最开始的写法，左边偏旁部首是个"玄"字，马王堆帛书《老子》写作"眇"，左边偏旁部首是个"目"字，王弼本左边偏旁部首写作"女"字。女字旁的"妙"，狭义理解就是少女，广义理解就是万物开始阶段的美妙状态，引申为宇宙间所有美妙玄妙的事物。"众妙之门"是什么呢？就是生成万事万物的大门。也就是说，万事万物从哪里来？是从"玄之又玄"中来。

那么"玄之又玄"是什么意思呢？在历史文献中有两种主要的解释：第一种"玄妙又玄妙"是讲老子的道不是一般的玄妙，是加倍的玄妙，是一般人难以理解的说不清道不明的玄妙，但它恰恰是万事万物的总根源。第二种解释"玄之又玄"是两个玄重复，叫作重玄。第一个"玄"是对不玄的否定，第二个"玄"又是对第一个"玄"的否定，又回到不玄了，好比负负得正了。"玄"就是"无"，"玄之又玄"相当于"无之又无"，第一个"无"是对"有"的否定，第二个"无"又是对第一个"无"的否定，又回到"有"了。

这第二种"玄之又玄"的解释，后来发展成为隋唐时期一个重要思想流派"重玄派"。

我们都知道唐玄宗李隆基和杨贵妃的爱情故事。李隆基是唐朝在位时间最长的皇帝，开创唐朝极盛之世——开元盛世。为什么李隆基去世之后庙号叫玄宗呢？这与他崇尚玄学有关。他注解过《老子》，采用唐初重玄派的观点，也属于重玄派。唐初重玄派的代表人物成玄英认为："既不滞有，亦不滞无，二俱不滞，故谓之玄也。"既不执着"有"，也不执着"无"，没有任何执着，就叫玄。唐玄宗李隆基不仅采用了成玄英的观点，而且运用得得心应手。其中用得最绝妙的一件事，就是给杨玉环成功洗白了身份。杨玉环原本是李隆基的儿媳妇，他要想跟杨玉环走到一起，绝对有违伦理，唐玄宗就把杨玉环送进道观出家做了道姑，道号"太真"。遁入空门让杨玉环屏蔽掉曾经的身份，再还俗进宫时，杨玉环已经不是李隆基的儿媳杨玉环了，而是"太真"女冠。于是，唐玄宗与杨玉环"在天愿为比翼鸟，在地愿为连理枝"的爱情才得以名正言顺地实现。

由此可见，"玄之又玄"的两个玄字重起来了就是重玄，重玄也叫双玄，以双重否定为特征。重玄派认为老子的道不局限于"有"和"无"，要超越"有"和"无"，这就是"玄"；但又不能局限于"玄"，还要进一步超越"玄"，这就是"又玄"。没有任何执着，使"玄"也不存在了，就归于虚无大道。这就是"重玄"。"玄之又玄"用递进否定的句法表达了道的幽深神妙。

我们来比较一下《道德经》道的大门和《周易》易的大门。易的大门就是乾坤二卦，也就是阴阳。孔子在《系辞传》中说："乾，其静也专，其动也直。"乾卦，安静的时候是团起来的，动的时候是挺直的，好比男性生殖器；"坤，其静也翕，其动也辟"，坤卦和乾卦相反，静的时候是合起来的，动的时候是张开的，好比女性生殖器。老子说"无"和"有"是道的两扇大门，"无"和"有"的关系其实就是阴和阳的关系，所以从这一点看老子和孔子的观点是相同的。但在"无"（阴）和"有"（阳）谁是第一位上，两个人的观点却恰好相反，孔子在《象传》中说乾是"始"（童女），坤是"母"（母亲）。而老子在这一章却说"无"是"始"（童女），"有"是"母"（母亲）。孔子崇尚阳，老子崇尚阴。中华文明就是因为有了一个孔子、一个老子，儒道互补、阴阳中和，才成为世界上唯一走到今天而没有消亡的古老文明。

最后，我来把第一章做一个总结。第一章是整部《道德经》的总纲，讲了道之体、道之用和道之相。所谓道之体就是道的本体，用一个字来说就是"无"，这个"无"不是什么都没有，而是无形的存在，无形无名才是宇宙万物的本体本源。所谓道之用就是道的作用，用一个字来说就是"生"，道可以生成万物，可以使万物生生不息。所谓道之相就是道的形象，用一个字来说就是"玄"，道是玄妙的，又是玄而又玄的，是"无"和"有"的混同，没有形象，看不见摸不着，也说不清道不明，但却是真实存在的，可以感受到、体会到。

为了进一步理解老子的道，我们再来分析一下"道"这个字："道"甲骨文写作 ，外边是一个"行"字，是四通八达的大路，中间是一个"止"字，是人的脚趾，表示人用脚在大路上行走。显然这个表示有形道路的"道"不是老子所说的道。后来金文字形演变为 ⿰彳⿱䒑自、⿺辶首，外边是一个"行"字，是大路，中间是一个"首"字，是人的头。小篆字形 道 从路从首，会意字，继承了金文的这个意思，表达的是一个人走在十字路口，要决定往哪里去，需要观察，需要用头脑思考，才能走上正确的道路。可见"道"的本义是有形的道路，后来逐渐演变为无形的道理、法则、思路、规律等意义。这个意思就接近于老子的道了。老子的道就是这么一条无形的大道，既是天地万物、自然生命的本源和运动变化的规律，也是认识天地万物、自然生命的方法和规则；既是宇宙万物生生不息的原动力、总能量、总根源、总依据、总规律，又是我们做人做事、战胜艰难曲折、回归心灵家园的总原则、总方法。找到老子的道，就找到了宇宙万物背后的那个真相、那个终极的真理。因为老子的道是"众妙之门"，搞清楚老子的道就能打开宇宙宫殿的大门，找到宫殿里琳琅满目的珍宝。

或许你会问，为什么我们今天会提到那么多道呢？比如为人之道、谋事之道、养生之道、治国之道、治家之道，等等。其实老子的道只有一个，这无数个道都是那个最根本的唯一之道的化身，无论多少个道，归根结底就是一个道。就好比佛家说的"月印万川"，天上只有一个月亮，它映照在千万条河水中，千万条河水中就都有一个月亮了，其实这千万条河水中的月亮都是天上那轮月亮的投射，终归只有天上那个唯一的月亮。世界上形形色色的事物都来源于同一本体，不仅本源是一致的，而且本质上是同一的。这个同一的本源和本质就是老子说的道——"常道"，永恒的道。

第二章　为什么知道了美反而就丑了？

> 天下皆知美之为美，斯恶已；皆知善之为善，斯不善已。故有无相生，难易相成，长短相形，高下相倾，音声相和，前后相随。是以圣人处无为之事，行不言之教。万物作焉而不辞，生而不有，为而不恃，功成而弗居。夫唯弗居，是以不去。

我们讲的第一章，老子是从喜马拉雅山的最高峰珠穆朗玛峰处，告诉我们道的核心思想是什么。毕竟"高处不胜寒"，最高峰我们一般人也上不去，所以，从这一章起，老子一步一步往山下走，道也在这个过程中越来越走入我们的日常生活中。第二章就是告诉我们在日常生活中怎么认知道、怎么实践道。我们把第二章的内容分为两大部分，先讲第一部分。

老子说："天下皆知美之为美，斯恶已；皆知善之为善，斯不善已。"天下人都知道美好之所以是美好，那就有丑陋了；都知道善良之所以是善良，那就有不善良了。

为什么知道了美就有丑了，知道了善就有恶了呢？这就是老子的高明之处。人人都知道美之所以为美、善之所以为善的原因，也就已经起了美丑与善恶的分别心。人们创造了美的概念，自然就产生了与它对立的丑的概念；创造了善的概念，自然就产生了与它对立的恶的概念。这就已经离开了自然世界的原生状态和本真状态了，因为自然世界本来就是完整的、不二的，无所谓美丑，无所谓善恶，也就是老子所主张的万物玄同的道。美丑、善恶，只是人们的一种价值判断，是人们在日常生活中对事物与现象所作的是非判断，是人为的生活态度。

一千五百多年前南北朝时期，有一位大诗人叫沈约，他为王昭君鸣不平，写了首诗《昭君辞》，其中有一句"高低美丑瘦和肥，全仗画师笔一挥"。这句诗说出了在现实生活中是不存在所谓纯粹的"美"或者"丑"的。我曾听说有这么个故事，一位非常帅气的小伙子发誓要找一位完美的女子结婚，结果找啊找，几十年过去了，已经白发苍苍，仍然孑然一身。有人问他，难道你就没有遇到过一位可以结婚的完美的女子吗？老先生说：有，可是她说她也想找一位完美的男子结婚。可见现实中并没有真正的完美，也没有永恒的完美。完美总是存在于普通、平凡之中，所谓的美和所谓的丑往往混为一体。

再比如，有一种草本植物叫罂粟，它的花开得非常艳丽，它的果实圆而光滑。大家都知道，罂粟可以制成鸦片，鸦片是人们深恶痛绝的毒品；罂粟也可以制成药物，用来治疗疼痛及长久性的咳嗽、哮喘、腹泻、痢疾等疾病。所以，对病人来说，罂粟是善的。不过，需要指出的是，即使对病人来说，罂粟也不一定全是善的，如果用药剂量不适当，用药时间不适当，那么照样会有毒副作用，又是恶的。再说罂粟开花时色彩绚烂，是美的；可是它被制成毒品毒害人时，又是丑的。对罂粟本身而言，它不过是自然界的一种植物，是无所谓善恶、美丑的，只是人在使用善恶、美丑的观念对它进行评判。大家反过来想一想，对罂粟这种植物本身来说，人们把它当作罪大恶极的东西，它冤不冤？其实应该被谴责、被惩罚的是那些贩卖和吸食鸦片的人，而不是这种植物本身。

所以，从事物根本层面上来看，万事万物本来没有美丑、善恶之分，它们是合为一体的，是玄同的，这就是道。一旦分出善恶、美丑，就是道德价值判断，是人为的、后起的。还有"善恶""美丑"的名称也是人为命名的，人们按照自己的喜好、按照自己趋利避害的标准，把自己喜欢的、对自己有利的叫作

"善"、叫作"美",把自己不喜欢的、对自己不利的叫作"恶"、叫作"丑"。其实人们在取"美丑""善恶"这种名称的时候,已经偏离事物本真了。大家仔细想想,当我们把一种事物看成美或者丑、善或者恶的时候,其实就已经不全面、不准确了。我们都知道"环肥燕瘦"这个成语,唐代杨玉环因为体态丰腴备受唐明皇宠爱,而汉代赵飞燕却因为身材苗条备受汉成帝宠爱。但如果说唐代以体态丰腴为美,汉代以身材苗条为美,又是以偏概全了。正是这样的名称和概念,限制了人们全面、正确认识事物的真相。

还要看到一点,那就是一旦做出善恶美丑的分别,就有了好恶之分,好善恶恶、好美恶丑,如此一来,本不该有的强烈欲望被激发出来,为了一个所谓"善"的、"美"的东西,人们就会去争斗甚至发动战争。比如在古希腊《荷马史诗》中就描写了两个部落为了争夺一个世界上最美的女人海伦,发动了著名的"特洛伊之战",打了十年仗,死伤者无数。明朝总兵吴三桂因为心爱的女人陈圆圆而"冲冠一怒为红颜",勾结清军入关,最终导致明朝彻底灭亡。虽然这些传说多少有些夸大的成分,但为了所谓的"美"而引发的纷争悲剧在日常生活中也屡见不鲜。

处在春秋末年的老子,就是看到了各诸侯国为了名分、利益无休止地争论,甚至发动战争,更看到人们为了所谓的善恶、美丑纷争不止,他很痛心,呼吁要回归道的本真状态,不要起分别心,不要分出善恶、美丑,要回归天地自然玄同的平静状态,不争不抢才有岁月静好。

对于美和丑、善和恶,魏晋玄学家王弼解释:"美恶犹喜怒也,善不善犹是非也。喜怒同根,是非同门,故不可得而偏举也。"

明太祖朱元璋解释:"美则美矣,不过一时而已,又非常道也。故美尽而恶来,善穷而不善至矣。"

说明美与丑、善与恶,都是在对立的关系中产生的,是同根的、混同的,两者是相辅相成的,如果没有美就没有丑了,没有善就没有恶了。而且所谓的美丑、善恶是可以随着人们的心态、时间以及环境变化而变化的。

老子接着说:"故有无相生,难易相成,长短相形,高下相倾,音声相和,前后相随。"这里一连用了六个"相"。意思是,所以有和无是相互生成的,难和易是相互完成的,长和短是相互形成的,高和低是相互包容的,音和声是相互应和的,前和后是相互跟随的。

和美丑、善恶等对立名称一样,有无、难易、长短、高下、音声、前后都是相互对立的名称,都是人们有了分别心,执念太深而产生的。原本它们是混同的,是合在一起的,它们相反相成,圆融共生,具体地说:有和无是相互生成的,无中生有,有中生无;难和易是相互形成的,先难后易,先易后难,难易可以转化;长和短是相互比较的,长如果和更长相比就短了,短如果和更短相比就长了;高和下也是相互包容的,比如天是高的,但笼罩大地,地是低的,但拥抱上天;音和声是相互应和的,音是指主动发出的声音,声是指被动做出的回声,音和声互相应和;前和后也是互相追随的,有前才有后,有后才有前。和美丑、善恶一样,有和无、难和易、长和短、高和下、音和声、先和后都是相对的,又是相反的。在相对和相反的关系中呈现出它们的相互依赖、相互补充、相互形成的关系,缺一个,另一个也就不存在了。

更重要的是相互对立的双方可以互相转化。美可以变丑,善可以变恶。老子真是伟大,他从对立的事物中看出了相互之间的关系,这一点和西方人的传统是有区别的。西方人在对立中看出的是斗争,所以形成了"二元对立"的思维方式;而老子在对立中看出的是相辅相成、相反相成、相互依存、相互转化,进而形成"阴阳和谐"的思维方式。

前面讲了《道德经》第二章的前一部分,下面来学习后一部分:"是以圣人处无为之事,行不言之教。万物作焉而不辞,生而不有,为而不恃,功成而弗居。夫唯弗居,是以不去。"因此圣人做的是"无为"的事,实行的是"不言"的教育。万物兴起而不去加以支配,生育万物而不占为己有,让万物有所作为而不依靠自己的帮助,成就大业而不居功自傲。正因为不居功自傲,所以他的功劳就不会失去。

通过对美丑、善恶、有无、难易、长短、高下、音声、前后这八对关系的分析，老子告诉我们，所有相对相反的东西都是相互依赖、相互补充、相互形成的，缺了一个，另一个也就不存在了，而且彼此还可以互相转换——这是普遍规律。我们需要好好琢磨一下，老子所说的道在现实生活中应该怎么运用。简言之，就是要"处无为之事"，要"行不言之教"，这是从正反相互作用的规律中总结出来的。"处无为之事"的"无为"对应了相反关系的"有为"，"行不言之教"的"不言"对应了相反关系的"有言"。

什么叫"无为"？"无为"不是什么都不做，不是不作为，而是不要乱作为，不要"人为"，不要按照人的主观臆断去"妄为"，不要做违背自然本质和自然规律的事，所以"无为"里实际上包含"有为"，也就是要按照自然本质、自然规律去做。

什么叫"不言之教"？就是不要用自己的言论去教育别人。因为语言无法反映道，道是说不清道不明的。语言是思维的外在表现，思维如果陷入后天的价值判断，就是主观臆断，何况被误解常常是语言表达的宿命。在日常生活中你会经常发现，明明大家都说的一种语言，但是怎么都听不懂对方的真实想法，怎么也表达不了自己的真实想法，彼此总是有源源不断的误解，结果"词不达意"，"言多必失"，最后落个寂寞难耐。在更多的情况下，语言的误解还会引起争斗与悲剧。这说明，一个人如果有了"二元对立"的极端思维方式，有了武断的伦理判断和价值判断，有了对各种概念与名称的执念，就会偏离事实，不能准确地洞悉自然的、本质的真相。所以老子强调，不要人为，不要主观妄为，不要用语言概念来教育别人。但是，如果我们不用语言怎么说服教育别人呢？可以用行为教育别人。道虽然说不清道不明，但是真实存在，是可以感受、体会到的，正如俗话所说"言传不如身教""身教胜于言教"，这一点特别适合教育孩子。

《南开校史研究》中记载着一个"身教胜于言教"的故事：南开中学校长张

伯苓开设并亲自讲授"修身"课程，有一次张伯苓发现有个学生手指被烟熏黄了，就严厉地劝告那个学生："烟对身体有害，要戒掉它。"那个学生很不服气说："那您吸烟就对身体没有害处吗？"张伯苓听了，立即把自己的烟杆折成两截，他还让别人把自己珍藏的所有吕宋烟全部取来当众销毁，他诚恳地说："从此以后，我与诸同学共同戒烟。"打那以后，吸烟的学生都戒掉了烟。张伯苓的做法就是道的"无为"与"不言"在教育方面的落地。

老子"处无为之事，行不言之教"是针对"圣人"说的。"圣人"是什么人？老子所说的"圣人"和孔子所说的"圣人"不是一回事。孔子所说的圣人就是具备仁德的人；老子所说的圣人是指得道的人，主要是对统治者说的。老子看到当时的统治者太胆大妄为了，导致战争不断，所以希望圣明的君主出现。老子希望圣明的君主要做"无为"的事，要用"不言"的教导。"无为"是老子之道的体现。好多人以为老子的"无为"是消极的，实际上这个观点是不对的。前面讲了"无为"是不要违背自然的、本质的规律去胡乱作为，可是当时很多君主却违背了自然的、本质的规律，所以容易遭到天谴。

接下来老子一连用了四个否定，马王堆帛书本"不"写作"弗"，意思是一样的。

第一个否定是"万物作焉而不辞"，"辞"这个字在这里比较难理解，如果做推辞讲是讲不通的。通行本《道德经》"辞"字出现两次，除这次外，还在第三十四章出现过一次："万物恃之以生而不辞。"马王堆帛书本这两处都不写作"辞"，这一句写作"始"，三十四章的"辞"写作"主"，这样就好理解了，"辞"是创始、支配的意思。这一句是说，万物被创造出来但没有被谁支配。这句话反映了老子的本体论思想，这一点与基督教是不同的。广义基督教包括天主教、新教、东正教，在基督教看来，世界是上帝创造的，也是由上帝主宰的，上帝就是耶和华，上帝创造万物并主宰万物。但在老子看来，万物是被道创造出来的，但道却不支配万物，道不是一个具体的神，而是虚无的，没有具体的化身。可见老子不是一个神本论者，而是一个道本论者。

第二个否定是"生而不有",生成万物而不占为己有。没有一个最高的神创造了万物并占有万物、主宰万物。这给我们的启发是什么?比如做企业的人,为这个企业辛辛苦苦做了这么久,但一定要注意,企业不是你的,你创造了它,但是不能占有它,占有它就违背了道。

第三个否定是"为而不恃",让万物有所作为而不靠自己的帮助。恃,是依赖、倚仗的意思。也就是说,万物是自己在作为,而不是依仗别人去作为。好比一个孩子的成长,靠的是他自己发挥才能,而不是依赖父母。

第四个否定是"功成而弗居","弗"就是"不",事业成功了而不据为己有,不居功自傲。

老子用了四个否定——不辞、不有、不恃、弗居,看起来什么都没有了,其实什么都有了。最后一句总结了四个否定的高维智慧:"夫唯弗居,是以不去。"正因为不去占有,所以永远也不会失去;正因为不居功自傲,所以他的功绩永远都存在;正因为他什么都不要,所以他什么都拥有了。

《老子》这本书是写给帝王看的,是"君人南面之术"。古代帝王坐北朝南,南面称王,"南面之术"就是帝王治国之道、统御天下之术。作为君主,你不能产生占有欲,《诗经》里讲"溥天之下,莫非王土;率土之滨,莫非王臣",既然整个天下都是你的,你还去占有它干吗?你应该让利于百姓。对今天的企业家来说也是这样,你是董事长,企业是你开创的,正因为你不占有它,你想的是全体员工,给全体员工以最大的利益,看起来你吃亏了,实际上员工会竭尽全力为你的企业创造最大的效益,最终它全是你的。

老子用看上去很消极的方式,达到一种积极的效果。比如说成功了但不居功,正因为不居功,所以这个功劳就不会失去。老子在这里不厌其烦地告诫我们,要学会功成身退,否则就会死得很难看。说起中国古代最著名的美女西施,我们就会想起那个名叫范蠡的男人,传说他后来与西施一起隐居去了,不知所终。范蠡是春秋末期越国的国相,曾献计献策辅助越王勾践复国,他当年同勾践一起,以身为奴伺候吴王夫差,受尽苦难凌辱,最终辅佐勾践将吴国灭掉。范蠡最了不起的是在功成名就之后，选择了及时抽身归隐，后来又做生意成了大富豪，活成了人生大赢家。相反地，范蠡的好友文种没有听从他的劝告隐退，还做着与越王勾践同富贵的春秋大梦，最后被越王勾践逼迫自杀。"爱恨就在一瞬间"，见好就收才能扼住命运的咽喉，懂得功成身退是真切拿捏道的窍门。

第三章　怎样做才能"心不乱"？

> 不尚贤，使民不争。不贵难得之货，使民不为盗。不见可欲，使民心不乱。是以圣人之治，虚其心，实其腹；弱其志，强其骨；常使民无知无欲，使夫知者不敢为也。为无为，则无不治。

《道德经》第一章是总纲，老子开宗明义，从理论高度告诉我们道是什么。第二章，老子告诉我们在日常生活中怎样运用道。显然，这第三章，老子继续告诉我们，在日常生活中要怎样做才符合道。

首先是六个"不"："不尚贤，使民不争。不贵难得之货，使民不为盗。不见可欲，使民心不乱。"这六个"不"其实讲了三件事，首先是"不尚贤，使民不争"。"尚"是崇尚的意思，马王堆帛书写的是"上"，意思基本相同。因为不崇尚那些有才干的人，所以人民就不会去争功夺利。前后是因果关系。这一点老子很高明，他看到了人们争功夺利背后的原因，是统治者把人分出三六九等，崇尚那些所谓有才能的人，贬低那些所谓没有才干的人，这样做的结果必然是引起嫉妒与争名夺利。比如现在学校里的考试排名，老师总是表扬那些排名靠前的同学，那些排名靠后的同学就要拼命学习，拼命努力去把名次提高；等到下一次考试，又出现新的排名，你可能提高名次了，也可能更加后退了，老师又鼓励新的排名靠前者，于是又有了新一轮的竞争。再说现在的企业都在评标兵、评先进，结果是导致竞争，诱发攀比心、嫉妒心。老子看到这些情况背后的原因，所以提出"不尚贤"，这样大家就不争不抢，人心就安宁了。

"不贵难得之货，使民不为盗"，不看重那些稀有的东西，使人民不去偷盗。"不贵"的"贵"是意动用法，意思是"把……看得很珍贵"。因为人们把那些稀少的东西看得很珍贵，所以导致了人们去偷去抢。"盗"一开始的意思是偷窃，后来发展为明抢。贵重稀有物品如果不被看重，抢劫偷盗等违法乱纪的事情也就不会发生，社会安全就有保障了。

"不见可欲，使民心不乱"，不去炫耀那些能诱发人欲望的东西，使人民的心不被扰乱。"不见"就是"不现"，"不现"就是不表露，不显摆。民心是怎样被搞乱的？就是统治者太显摆私欲导致的。比如现在的某些书画作品，动辄几百万元、几千万元，很多都是炒作上去的，如果没有市场、没有买卖，就不会激发人心的贪欲，也不会有弄虚作假的赝品，更不会有人为得到它铤而走险、触犯刑律。

在对待这些乱象上，其实孔子和老子态度是一致的，只是孔子是从正面说，老子是从反面说，一正一反，一阳一阴。孔子发现当时的社会礼崩乐坏，人民为了利益去争斗、偷盗、做违背礼义道德的事，所以孔子倡导仁义、礼仪，主张要"克己复礼"，重新建立社会伦理秩序，他是从正面说的。老子恰好相反，从反面说，老子主张不要去鼓励贤德才能，不要看重稀有之物，不要过度表现欲望，这样就不会有争斗、偷盗，民心就不乱。老子看出这些社会乱象背后的原因，所以要大家返璞归真，回归到自然本真的状态，也就是道的状态。

那么具体应该怎么做呢？老子说："是以圣人之治，虚其心，实其腹；弱其志，强其骨。"这句话曾经被批判得一塌糊涂，说老子是主张愚民政策。我前面讲过老子说的"圣人"是指得道的圣明君主，和孔子讲的"圣人"不同。圣明君主治理天下要"虚其心，实其腹"，是指自己和百姓都不要有那么多欲望，只要充实自己和百姓的肚子就行了。"虚"和"实"都是使动词，"其"既指老百姓也指帝王自己，帝王要治理天下，首先自己要心放空，然后才能使老百姓的心虚空、清静，另一方面要让自己和老百姓把肚子填饱。管子不是说"仓廪实而知礼节"吗？仓库里有充足的食物，老百姓能吃饱，才会去遵守礼义。"弱其志，强其骨"，意思是要削弱自己和人民的意志，增强自己和人民的体魄。这不是愚民政策，而是要让老百姓不要有过多的欲望，头脑要单纯，只要满足饮食的基本需求就可以了，这样老百姓就回到了清静自然的原始状态，也就是回到道的状态。一个人如果需求少，心思单纯快乐，身体就健康；反过来说也成立，如果身体好，心思也就单纯快乐。这种状态就是老子所说的道。所以老子不是要人民愚昧，而是要人民吃饱穿暖身体健康舒服，这样自然就不会产生贪欲念头。只有回归道的状态，所有贪欲造成的社会难题才能迎刃而解，世界将一派祥和。

这一句"虚其心，实其腹；弱其志，强其骨"还有一个秘密，可以从我们练功时的身体上体会出来。练功，首先要虚其心，弱其志，要放松、放空，既不能有杂念，又不能过分执着，要自然而然，然后实其腹，就是进行腹式呼吸，让真气充实下丹田，充实整个腹部，使肾气、先天真气充盈。肾主骨，这样就会强其骨，我们的骨头会越来越坚实，就能身体强健，延年益寿。

最后，老子做了一个总结："常使民无知无欲，使夫知者不敢为也。为无为，则无不治。""常"马王堆帛书作"恒"。这一句是说，要永远使人民不存心机，没有欲望，使那些所谓的智者不敢去胡作非为。如果用无为的态度去治理事物，那么就没有什么不可以治理的。这句开头"常使民无知无欲"的"知"通智慧的"智"，后面所说的"知者"也就是"智者"，但要注意老子说的"智"不是指智慧，而是指心机、机巧。如果一个人心机太重、欲望太多，这种所谓的"智者"是很可怕的。老子要人们从根本上不去崇尚心机，不去鼓励欲望。"使夫知者不敢为"，使得那些有心机的人不敢去做，不能去做，不会去做。这样的结果是什么呢？老子说："为无为，则无不治。"按照无为去做，结果什么都做成了，按照无为去治理天下，结果天下什么都治理好了。老子说"无为"，其实目的是"无不为"。"无为"不是不要做，而是不要胡做乱为，不要把老百姓的心弄乱了。本来老百姓的心是清静的，结果统治者又是评比又是表彰又是竞争又是拍卖，把人心彻底搞乱了！"为无为，则无不治。"老子了不起的地方，就是看到社会现象的本质，告诉我们从反面去做，反而会取得正面的效果。

总结一下，这个世界上为什么人们要去争功夺权、争名夺利？为什么会有偷盗？这是因为有了分别，也就是说有了那些对名利的推崇、对珍宝的贪爱，所以使得人民去争名夺利，去偷盗珍宝。从根本上来说，我们要消除这种对立，要消除分别心，就不要去崇尚那些财富，不要去崇尚那些有才干的人、那些稀有的东西。所以老子提出"虚其心""弱其志"。如果没有欲望了，天下就不会乱了。这样那些所谓的"智者"也就没有了市场，也就不敢妄为了。"虚其心""弱其志"就是"无为"的体现，不要按照自己的欲望、自己的意志来做，而要按照自然本性来做，这样天下就太平，人心就不会混乱了。在这一点上，应该说老子比孔子站得更高，看得更彻底一些。

第四章　宇宙万物是由谁主宰的？

道冲，而用之或不盈。渊兮似万物之宗。挫其锐，解其纷；和其光，同其尘。湛兮似或存。吾不知谁之子，象帝之先。

我们已经学习了《道德经》前三章，知道老子所说的道，是生成宇宙万物的玄妙大门，是宇宙万物生生不息的最根本动力和能量，既是自然万物的总根源、总依据、总规律，又是指导我们做人、做事的总原则、总方法。道是万事万物背后的真相。那么，这个道究竟是个什么样子呢？《道德经》第四章做了进一步说明。

先看第一句："道冲，而用之或不盈。""道冲"的"冲"有两种写法，帛书本写作"盅"，意思是虚空，道是虚空的，道不是一个具体的东西。第二种写法是"冲"，部首是水字，其实甲骨文和金文只有"沖"字，没有"冲"字。《说文解字》解释："沖，涌摇也。从水中。"意思是水向上涌流。"从水中"的意思是，这个字是水和中的两个意思相加，这种造字的方法叫会意。表示道既有"水"的特性又有"中"的特性。那么"道冲"是什么意思呢？我认为这两种写法的意思都有，既有虚空的意思，又有守中的意思。

为什么道是虚空的？因为道是所有事物本来的样子，是自然万物的总根源，所以不可能是一个具体的事物。老子说道往往不说它是什么，而说它不是什么。这里说道是虚空的，说明道没有形体，不是一个看得见、摸得着的实物。"冲"的虚空，与后面的"盈"恰好相反。"道冲，而用之或不盈。"道虽然虚空，但它的作用却是无穷无尽的。"不盈"就是不完，正因为是虚空的，所以是无限的。正因为道是无形无状的，所以它的作用才是无穷无尽的。凡是有形的东西，作用都是有限的。

为什么又说道是"中"？因为道最中正、最公允。正因为道中正公允，万事万物才各自发展，和谐相处。其实空和中并不矛盾，它们是一致的，因为虚空，所以不执着，不偏执。这个观点实际上和儒家、佛家的观点是一致的，儒释道三家都讲"中"，儒家讲中，叫中庸，主张执中，尧舜禹提出"允执厥中"，孔夫子提出"执两用中"。佛家讲中，叫中观，主张至中，被誉为"第二代释迦"的龙树菩萨开创中观学说，不落入空有二边。道家讲中，主张守中，《道德经》第五章有"多言数穷，不如守中"。

再看第二句："渊兮似万物之宗。"这一句要和后面的"湛兮似或存"结合起来看。这两句用两个"似"字，是形容道的，一个是"似万物之宗"，一个是"似或存"。"渊"本义是深渊、大海，这里是形容词，是指道辽阔幽深，无边无际，什么都能涵盖。"似万物之宗"，好像是万物的祖宗、万物的宗主，是说道创造了万物，又是万物的主宰。"湛兮似或存"，"湛"是指水很深，同时又很透明清澈。有一个词叫深湛。"似或存"，"或"是有时的意思，好像有时存在有时又不存在，好像有又好像没有。当然这句意思不是指道有时不存在，道是真实存在的，一种恍恍惚惚、若隐若现的存在，有的人能感觉到道的存在，有的人却感觉不到道的存在。虽然道的本体是虚空的，但道的作用是无限的。虚空并不是一无所有，它蕴涵着无限的力量。这是一种创造的力量。它看上去是"渊兮""湛兮"，深不可测，似有似无。请注意这两句用了"渊""湛"二字，都是带"水"字旁的字来描述道的特征。

老子在描述道时，往往用"水"字旁的字和"女"字旁的字，这是因为在物体中"水"最接近于道，而在人类中女人最接近于道。《道德经》第一章说道是玄之又玄，"玄"除了玄妙的意思，还表示黑色。水就是黑色的，在五行中水配的就是黑色。好多人问我，为什么水是黑色的，是不是污染了？当然不是。大家想一想水在什么时候是黑色的？有人说在晚上。那我问你，除了火和光，其他东西在晚上不都是黑色的吗？为什么单单要说水是黑色的呢？其实这是说水在幽深的地方是看不见的，好比是黑色的。所以黑色是指水的幽深、神秘，功能无限。水是最低的，是最广阔的，所以黑色又是最普遍、最高贵的颜色。道也是黑色的，幽深辽阔，看上去很神秘，若隐若现，实际上真实存在，无所不包。

再看中间这一句："挫其锐，解其纷；和其光，同其尘。"磨掉锋芒，解除纠纷；调和光泽，混同于尘世。这句话在这里，显得与前后句不太协调，如果要解释，那是在说道的状态和道的作用，也是在说人按照道来做的方法。因为《道德经》第五十六章也有这一句，所以这里不多解释。

最后一句："吾不知谁之子，象帝之先。"这句话字面的意思是：我不知道它是谁的孩子，好像出生在上帝之前。这是在说，我不知道，道是谁的孩子，也就是说我不知道，道是从哪里出来的，"象帝之先"，好像出生在上帝之前。"帝"这个字，商代甲骨文中就有，甲骨文还有"上帝"这个词，当然甲骨文中的"上帝"相当于天帝、上天，而不是基督教说的"上帝"。基督教（包括天主教、新教、东正教）说的上帝是世界的最高主宰，名字叫耶和华，是创造和主宰宇宙万物的唯一的神。老子却说创造和主宰世界万物的是道。道并不是一个具体的人，也不是一个具体的神，而是世界的本真，宇宙万物的本来面目、根本来源和普遍规律。道生成一切、统领一切、主宰一切，包括上帝、天帝。所以道不是任何事物的孩子，任何事物都是道的孩子。道不受任何事物的主宰，任何事物都被道所主宰。

显然老子的"道本论"不同于基督教的"神本论"。在老子看来宇宙万物不是由一个神或者某一个人来主宰的，而是由道主宰的，道是虚无的，是无形无体的，没有具体的化身，也不是固定不变的，而是随机而变、随时而动的存在。实际上任何一个最高的主宰都不可能是有形的，不可能是某一个具体的人，所以凡是把某一个人奉为最高主宰，或者自封为最高教主，都不符合老子的思想，都不符合宇宙万物的真相。

老子提出道在上帝、天帝之前，道创造了上帝、天帝、万物。这个观点在当时是非常了不起的。我们知道，商周时期，"上帝""天帝"崇拜普遍盛行，甲骨文中有大量"天""帝""上帝"的文字存在，《易经》《尚书》中也有崇拜天、帝的记载。春秋战国也有一些思想家对"天帝"有些怀疑或者埋怨，但还没有人敢彻底否定它的存在，也没有人敢贬低它的地位，只有老子以大无畏的精神第一次提出"天帝"在道之下、在道之后，道才是第一位的，是万物的根源和主宰。这是十分了不起的一次思想解放，是人文智慧的闪光。

结合我们现在的社会治理，怎么运用这一思想呢？我想无论哪一级领导都要充分意识到领导只不过是一种岗位，并不是最高主宰，不要按照自己的意志管理下属，而要按照事物的本来样子、本来规律，也就是按照道来管理。还有一点也很重要，那就是无论是治理一个国家、一个单位，还是治理一个企业、一个家庭，无形的东西其实都比有形的东西作用更大。有形的物质激励是必要的，但不是最重要的，无形的东西比如企业文化、企业精神才是最重要的，作用也是最大的。如果能够把符合企业发展之道的企业精神变成全体员工的信仰，全体员工就会自觉地为这个企业发挥自己无限的创造力，那么这个企业就会长盛不衰。所以道虽然是虚空的、无形的，但它的作用是无限的，是取之不尽用之不竭的。

第五章　为什么对待老百姓要"不仁"？

　　天地不仁，以万物为刍狗；圣人不仁，以百姓为刍狗。天地之间，其犹橐籥乎？虚而不屈，动而愈出。多言数穷，不如守中。

　　在《道德经》前四章，老子对道的基本内涵、道的存在方式、道的最大作用做了详细的交代。在第四章，老子告诉我们道才是宇宙万物的最高主宰，道创造了万物并且统领万物，道在有天地之前就存在了。那么道是不是独立于天地之外呢？请看第五章是怎么论述的。

　　开头一句："天地不仁，以万物为刍狗；圣人不仁，以百姓为刍狗。"天地不仁，把万物当成草狗；圣人不仁，把老百姓当作草狗。最早的郭店楚简本没有这两句，马王堆帛书本有这两句。

　　这句的"天地不仁"与"圣人不仁"往往被理解为天地和圣人不仁爱、不仁慈，冷酷无情。这样理解是不符合老子思想的。老子把天地看成一种客观存在，把"圣人"看成是得道的统治者，既然是一种客观存在，既然是得道之人，是无所谓仁慈不仁慈的，所以这里的"不仁"应该指不偏爱，不对谁特别好，也不对谁特别不好，既不偏爱，也不厌恶，一切顺其自然。"以万物为刍狗"，把万物当作草狗，刍就是草，刍狗就是用草扎成的狗，是用来祭祀神灵的，是一种没有生命的贡品。《庄子·天运》讲了一个故事，说孔子周游列国到了卫国，孔子的弟子颜回遇到了一个叫师金的人，颜回就问师金："你觉得我老师孔子这次卫国之行怎么样？"师金说："太可惜了！已经走到头了，一定会遇到大麻烦。"颜回问："为什么呢？"师金回答："夫刍狗之未陈也，盛以箧衍，巾以文绣，尸祝斋戒以将之；及其已陈也，行者践其首脊，苏者取而爨之而已。"——用草扎成的狗还没有用于祭祀的时候，一定会用竹制的箱子装着，用绣有图纹的饰物盖着，被祭祀主持人在斋戒后迎送；等到祭祀结束以后，草狗就会被走路的人踩踏头颅和脊背，被拾草的人捡回去用于烧火煮饭。师金还说："如今你的老师，就好比是已经祭祀完的草狗，必定是四处碰壁，被人抛弃。"清代魏源也说过："结刍为狗，用之祭祀，既毕事则弃而践之。"就是说用草扎的狗，是用于祭祀的，等到祭祀结束以后，就会被抛弃，任人踩踏。用的时候不怜惜、不偏爱，用了之后就扔掉了，或者烧掉了，但也不是厌恶它、憎恨它，而是任它自生自灭。天地为什么对待万物如刍狗？不是说天地不珍惜万物，而是说天地是没有偏爱的，对谁都是公平的、公正的、平等的，无心于万物，任万物自然生灭。"圣人不仁，以百姓为刍狗"，圣人是指圣明的统治者，同样，这句话也不是说统治者对待老百姓冷漠无情，而恰恰是在说统治者也要像天地对待万物那样对待老百姓，不偏爱不偏心，不要加上自己的意志和愿望，自然无为，要让百姓顺应自然之道、自作自息，按照自己的本性去生活，去生生灭灭。

接下来老子说："天地之间，其犹橐龠乎？虚而不屈，动而愈出。"郭店楚简本和马王堆帛书本都有这两句，文字差不多，通行本的"乎"字在楚简本和帛书本作"与"字，都是语气助词，意思差不多。这两句话中第一句话的意思是，天地之间，不正像一个风箱吗？橐龠是古代冶炼时用的风箱。橐指风箱外面的箱子，龠是风箱里面的送风管。风箱是用来鼓风的，中间是空的，靠龠管在里面抽动。天地就像中间空的箱子，里面充满了气。那龠管是指什么呢？古代有人认为就是"元气"。天地产生万物，孕化万物，就是靠元气的鼓动。其实人体也是一个风箱，也靠元气的鼓动，才得以生长。不仅人体的呼吸好比风箱的抽动，而且人体的精气神也都像风箱鼓风一样要不停地升降出入，不断地吐故纳新，生命才得以生生化育。

天地之间像一个风箱，风箱的特点是什么呢？老子说是"虚而不屈，动而愈出"。这个"屈"字，马王堆帛书本左边是一个水字旁，右边是一个屈字，是穷尽、枯竭的意思，"虚而不屈"——虽然虚空但不会穷尽，因为虚空所以不会穷尽，"动而愈出"——越抽动它风量就越大。老子不愧是一位辩证法大师，他总是在正面中看出反面，在反面中看出正面。这里他又从天地形状的"虚"中看出天地作用的"实"，从天地的运动中看出天地能量的产生。天地的运动看似在消耗、减少能量，其实能量反而越来越大，好比是风箱，越抽动风量越大。为什么天地这个风箱的能量不会枯竭、越抽动风量越大？就是因为一个"虚"字，"橐籥"的中间是虚的、空的，虚空不是什么都没有，而是充满了看不见的空气。空气随着风箱的抽动会产生能量。这就是"无"中生"有"，"有""无"相生。对一个人来讲，就应该像天地一样，心中要虚空，胸怀要博大，天地能包容万物，我们也要包容各种各样的人。其实越虚空、越包容，自己就越快乐、越自在。

最后老子说："多言数穷，不如守中。"说话说多了，只会加速失败，不如守着中道、守着虚静。"数"通"速"，"穷"在古汉语中没有贫穷的意思，是穷尽、到头了的意思，"数穷"就是加速灭亡。一个角度：话说多了会大伤元气，耗散精气神，加速死亡。另一个角度：话说多了，难免说一些不实的话、炫耀自己的话、伤害别人的话，或者是讨好别人的话，言多必失，就会让自己陷入困境，招致失败甚至灭亡。所以老子主张少说甚至不说，《道德经》第五十二章就说"塞其兑，闭其门"，"兑"就是嘴，闭上嘴巴，不要说话。佛家提出的五戒，是最基本的戒律，是不能触犯的。其中第四戒就是戒妄语，不能说虚妄不实的话。五戒进一步演化成十善，其中有语言的四种善，就是不两舌（不说两面三刀的话）、不恶口（不说恶毒、粗鲁、骂人的话）、不妄言（不说不实的假话）、不绮语（不说花言巧语）。总之，"多言数穷"，多言必有灾祸，所以老子主张少说、不说。值得注意的是，马王堆帛书本不是"多言数穷"而是"多闻数穷"，"多闻"就是博学，老子认为越多学识反而越加速困穷。这一点老子和孔子不同，孔子主张多闻博学、闻一知十。老子为什么提出多闻博学反而加速困穷？老子的理由是多闻博学，不免于迷惑，"少则得，多则惑"。越简单越接近真理，反过来，越接近真理的东西越简单。所以老子强调要简单、要少、要虚静。无论是"多言"还是"多闻"，问题都出在"多"字上，越求多结果收获越少，越求少反而收获越多。所以老子提出"不如守中"，马王堆帛书本作"不若守于中"，意思是一样的，就是说不如守着中道。这里的守中，还有保持虚静的意思，也就是不说话。既然话说多了会遭灾祸，那么就不要说话。要管住自己的嘴，首先要管住自己的内心，要时刻保持虚静无为的状态。

"多言数穷，不如守中"这句话是老子对世人的警告，不仅是在告诫我们普通人言多必失、言多必败，更是在告诫执政者不要按自己的主观意志多说话、乱作为，不要发布繁杂政令，否则就会导致人民的反抗，加速自己的灭亡。

第六章　道是万物和人类居住的第一个房子

谷神不死，是谓玄牝。玄牝之门，是谓天地根。绵绵若存，用之不勤。

我们已经学习了《道德经》前五章，在这五章中老子告诉我们道是创造天地万物的总源头，是天地万物的最高主宰，道是"无"中生"有"、"无"中含"有"、"有""无"相生、"有""无"混成的。老子怕我们听不懂，于是就打比喻，把"无"比喻成童女，把"有"比喻成母亲，把道比喻成祖宗，比喻成深渊大海。而在第六章中，老子又做了一个更加形象的比喻"谷神不死，是谓玄牝"，将道比喻成谷神，比喻成玄牝。

谷神，是山谷之神，山谷是虚空的，道也是虚空的，无形无声，好像山谷之神。什么是"谷"？谷，是峡谷、山谷的意思。现在有人解释为五谷、稻谷，认为谷神就是粮食之神，就是谷物的种子，表示道是供养万物的神。这种解释显然是错误的，因为古代表示五谷粮食的谷字不是这么写的，而是写成"穀"，是禾字部首，现代把表示五穀的"穀"字简化成表示山谷的"谷"字，造成了人们的误解。"谷神"的"谷"字在甲骨文中就有，上面像从山谷中刚刚流出来还没有形成河流的泉水，下面像水的出口，《说文解字》解释："谷，泉出通川为谷。从水半见，出于口。"山谷两边是山，中间是空的。王弼《道德经注》说："谷神，谷中央无者也。无形无影，无逆无违，处卑不动，守静不衰，谷以之成而不见其形，此至物也。"山谷中间空无，没有形状，没有影子，既不叛逆也不抵抗，身处低下而泰然不动，坚守安静而永不衰退。山谷靠这种特性存在而没有形状，这就是达到极致的道！"谷神"指的就是道，道是虚无、虚空的，就好比山谷的虚无、虚空，正因为虚无所以能创生万物，所以被称为"谷神"。

"谷神"帛书本作"浴神"，是以水作比喻，道就好比是水，"上善若水"，所以是浴神、水神。无论是谷神还是浴神，都是强调道的虚空、柔弱，深妙难识。

"谷神不死，是谓玄牝"，谷神不死，就称为"玄牝"。谷神不死是说道是永恒的，不会死亡。什么是"玄牝"？"玄"是黑色的，也是玄妙的、神秘的。"牝"是雌性生殖器，跟它相对的一个字叫"牡"，是雄性生殖器。道是"无"，就像神秘的、黑色的女阴，它能够孕育、创生万事万物。两座山中间是虚空的山谷，这个形状又像是女阴，所以谷神是女神。道就像谷神、女神，它是永远不死的。一切有形的东西都会消亡，只有无形的东西才能永恒。你说是"无"重要，还是"有"重要？当然是"无"重要了。这个山谷里面哪里更重要？当然是空的地方更重要。后面将会有大量的例子来告诉我们，"无"有巨大作用。

当然自古以来对"玄牝"的解释太多了，汉初方仙道开山祖师河上公解释"玄牝"为天地，在人身上为鼻口。鼻子与天气相通所以是"玄"，嘴与地气相通所以是"牝"。后世金丹修炼家把"玄牝"解释为玄关一窍，那么这个穴位具体在什么地方，又有多种不同说法。有的说在泥丸上丹田，有的说在黄庭中丹田，有的说在肚脐神阙穴，有的说在肾精所藏之处。我认为老子在这里用"玄牝"的本义，还是在强调道的虚无本性，山谷是虚空的，女阴也是虚空的。如果纠结在玄关一窍，则又太执着于"有"了。对修炼丹道来说，如果把"玄牝"理解为古人修真体悟中的一种虚无的觉知状态，倒也符合老子虚无的本义。总之老子这里强调的是道的虚无性和创生性。

所以老子接着说："玄牝之门，是谓天地根。"女阴的玄妙门户，是产生天地万物的根本，也是产生我们每个人的根本。我们人住的第一个房子是什么？

是母亲的子宫。因为子宫是虚空的，所以是孕育生命的地方，"玄牝"也是母亲的"子宫"。"玄牝之门"打开，就生出了孩子。天地和万物也都有产生自己的"玄牝之门"，"玄牝之门"一旦打开，就生出天地、生出万物，所以说"玄牝之门"是天地之根！"玄"是黑色的，说明道的神妙作用、神奇功能。道看上去是黑色的，似有似无，绵绵不绝；"玄牝"是玄妙的，看似什么都没有，看似什么都没做，但它的作用却是无穷无尽的，它是形而上的本体。

最后老子说："绵绵若存，用之不勤。"道是绵绵不绝的，好像存在又好像不存在，它的作用是无穷无尽的，怎么用也用不完。"绵绵"意思是微细、连续不断的样子，好像存在又好像不存在，虽然微小、微弱，但却是真实存在，只是有人感觉不到它的存在。"用之不勤"的"勤"马王堆帛书本写作"堇"，没有右边的"力"字，意思是完结、穷尽，"用之不勤"就是用之不尽、用不完，道的作用是巨大的，无所不在，无时不有，是无穷无尽的。

老子《道德经》是"主阴贵柔"的，借用女性以为隐喻，但是从来没有直接使用过"女"这个字，而是用了相关的一些字，比如第一章"无，名天地之始"的"始"字，"有，名万物之母"的"母"字，此外还用了"雌""阴"等字眼，这一章短短二十五个字竟然高密度地使用了"玄牝""谷神""门""根"这几个与女性生殖功能密切相关的词语。千万别以为老子是女权主义者、女性崇拜者，他如此大费周章只是为了说清楚对生生不息的渴望和敬重，老子觉得女性的生殖功能，正好表达了他对可持续的永恒存在的无限憧憬。《道德经》始终追求"长生""长久""不死""不亡""不穷""不离"等，这些通向永恒的词汇都是老子对这种憧憬的清晰描述。

"谷神""玄牝之门""天地根"都代言了女性生殖本能，这种女性生殖本能具有天然永存的生养能力，而这种永存的生养能力当然就是"玄牝之门"与"天地根"，也就是天地万物的总根源，也正是道生生不息的发力点。道本来"不可道"，老子借用"玄牝之门"与"天地根"为喻，道一下子就变得生动形象、容易理解了。更直白地说，道就是要有绵绵不断的生存能力，世间万事万物不是比谁活得更好，而是比谁活得更久，不要争一时之短长，要能够"绵绵若存，用之不勤"，绵绵不绝地生存下去才是赢家。

我说一个特别常见的现象，大家可能更好理解。常言道"相爱容易相处难"，情侣夫妻"清风玉露一相逢，便胜却人间无数"，刹那间相爱起来挺容易的，等到两个人不顾一切走到一起，日复一日，年复一年，各种生活磨砺，各种观念冲突，各种沟通艰难，各种误解摩擦，都成为朝夕相处中的重重考验。现如今，能够经得起考验，将爱情进行到底的婚恋越来越少了，这说明人们越来越不了解长长久久"绵绵若存"的生存之道了。但凡轰轰烈烈、狂风暴雨的爱情都是很难长久的，只有在日常琐碎的生活中"绵绵若存"的婚姻才能长长久久。

搞经营做生意也需要"绵绵若存，用之不勤"。现在有一种观点是，企业要做大做强，我比较反对这种说法，做大不一定能做强，很多企业因为要做大，多元化发展，结果做垮了。所以我一直主张做久才是做强。

第七章　怎样做才能够长长久久？

> 天长地久。天地所以能长且久者，以其不自生，故能长生。是以圣人后其身而身先，外其身而身存。非以其无私邪？故能成其私。

我们已经学习了《道德经》前六章，如果说前六章老子更多的是告诉我们道是什么，那么第七章就是告诉我们应该怎么按照道来做。其实前面也有告诉我们应该怎样做的，但都是用了否定句，比如第二章"生而不有，为而不恃，功成而弗居"，生育万物而不占为己有，让万物有所作为而不依靠自己，成就大业而不居功自傲。第三章"不尚贤，使民不争。不贵难得之货，使民不为盗。不见可欲，使民心不乱"，不崇尚有才干的人，使人民不去争功夺利。不看重稀有的东西，使人民不去偷盗。不显耀那些能诱发人欲望的东西，使人民的心不被扰乱。第五章"天地不仁""圣人不仁"，天地不偏爱，圣明的执政者不能有偏心。这些都强调了"不"，而第七章则从正面论证怎么做才能长长久久。

这一章以"天长地久"开头，是回答为什么天地能长久。那么天地为什么能长久呢？"天地所以能长且久者，以其不自生，故能长生"，天地之所以能长久，就是因为它们不是为了自己而生存，所以反而能长久生存。请大家注意，这就是老子的伟大之处，明明是在说一个正面的东西，结果又从反面入手。要想长生，就不要自生。什么叫"自生"？就是为了自己而生，河上公解释是"以其不求生，故能长生不终也"。老子总是看到事物的反面、事物的根本。在一般人看来，天地长久肯定是采用了各种保持长久的办法，其实不然。老子看到了更根本的原因，那就是天地的长久不是靠什么方法，而是靠自己的本性。天地的本性就是无私。天地是最无私的，它们不是为了自己而生存，它们是为了资助万物而生存的。天覆地载，天上太阳普照万物，给我们光明，天降雨水滋润万物，给我们甘露，大地承载万物、孕育万物。如果是为自己的长生着想，必定不愿意如此付出。正因为毫不考虑自己，反而能够长生不老。

其实天地并不是最长久的，《道德经》第一章说"无，名天地之始"，"无"之道是天地的开始，第四章说"吾不知谁之子，象帝之先"，道不是谁的孩子，道在上帝、在天地的前面就存在了。所以道才是最长久的。那是不是说在天地之前还有一个叫道的具体东西存在呢？不是！道不是天地之外的一个具体东西，而是天地所以生成的依据、条件，没有这个条件，不具备这个依据，就不会产生天地。所以天地是由道而生，道就在天地之间。在所有事物中，天地还是最长久的，道也是最长久的。道是通过天地、通过万事万物、通过我们每一个人体现出来的，道是无形的，所以它是无限的，含在天地里，也藏在每个人心中。天地为什么能长久？因为符合自身生成的条件，符合自身运行的规律，符合道，所以长久。一旦这个条件没有了，不符合规律了，天地就失去了自己生存的依据，那天地也就消失、毁灭了。

接着老子说："是以圣人后其身而身先，外其身而身存。"所以圣明的统治者总是把自己放在后面，反而能领先；把自己置之度外，反而能保全自己。这就是老子说天地长久的目的，老子并不是为了说天地而说天地，而是为了教导我们应该怎样做才能像天地那样长长久久。正如河上公所说："说天地长生久寿，以喻教人也。"教导的这个人是"圣人"，也就是圣明之人，指得道的统治者。得道的统治者要像天地一样无私，"后其身而身先，外其身而身存"，"后""外"都是使动词，把自己的身体放在后面，意思是不要处处与百姓争先进；把自己的身体放在外面，意思是不要处处与百姓争利益。结果怎么样？结果恰恰相反，越甘居人后，越不争先，越被百姓拥戴敬仰，越领先当了领导；

越不顾及自己，把自己置之度外，越能保全自己、成就自己。"外其身而身存"，还可以理解为越不怕死，往往越不会死；越怕死，往往越会死。有一个成语叫"置之死地而后生"，说的就是这个道理。就像天地一样，越不自生，就越长生。我们再来看一下西汉的两位道家学者的解释，河上公解释："圣人为人所爱，神明所佑，非以其公正无私所致乎？"严遵解释："圣人……后己以安人，故不为而成，不言而信，人愿为主。"

我经常开玩笑地说："越要脸越没有脸，越不要脸越有脸。"其实这不是玩笑，是真话。好多人总是太要脸，太顾及自己的面子，结果往往丢了面子。有的人总是觉得自己了不起，眼高手低，自视很高，往往成功不了，反而被别人瞧不起。而那些不把自己当一回事，谦虚卑下的人，反而能学到很多东西，能有所成就，被人敬重。

最后老子得出结论："非以其无私邪？故能成其私。"不正是因为没有私心吗？反而成就了自己的私心。天地正因为没有私心，不偏爱万物中的某一种事物，反而使万物各自都能得以发展，呈现出一派欣欣向荣的景象。天地的这种精神，是完全符合大道的，因为大道本来就是无私的，就是不自生的。如果说天地有私心，那就是使万物生长的私心，结果实现了这个私心。

有不少学者认为，老子这一章是讲，人要谦逊、不争、无私，这是圣人的美德。谦逊、不争、无私，当然是老子的思想，可是千万不要以为老子是消极的，是不作为的，恰好相反，老子的目的是要领先，要作为、要有私。但不是我们理解的争先、霸道、自私，而是自然而然地有所作为、有所成就。所以我曾开玩笑地说：老子是大大的"狡猾"，老子是一个伟大的"阴谋家"！请注意，"狡猾"和"阴谋家"是打引号的，我是带着无限敬仰的语气说这两句话的，所谓"狡猾"其实是常人没有的智慧，所谓"阴谋家"其实是以阴柔的手段战胜刚强。你看他说的是，要"后其身""外其身""无私"，可最终的目的、最终要达到的结果却恰恰是"身先""身存""成其私"，这就是从阴性入手达到战胜阳性的目的。这真是一种伟大的智慧啊！

这种智慧可以应用在我们生活的每一个方面。比如我们现在很多人一心想赚钱，为了赚钱不择手段，只要有利可图，就不顾一切去争、去抢，结果引起众人的反感，也引起老板的反感，本来应该有的机会老板也不会给他，本来应该得到的项目众人也不会参与、不会帮他，到头来反而赚不了大钱。还有人总是一心为自己着想，为自己的子女着想，留财富、金钱给子女。结果呢？往往事与愿违，子女有了很多钱以后往往不思进取，不再愿意吃苦，不再想着怎么创新发展，结果就应了中国那句老话"富不过三代"。为什么？就是私心太重了。越想拥有往往越没有。而那些真正成功的企业家，往往不会把钱都视为己有，有的人就悟出"财散则人聚，财聚则人散""钱越分越多"的道理。钢铁大王安德鲁·卡内基曾说："如果一个人到死的时候还拥有巨额财富，那是一种耻辱。"

第八章　老子为什么说道像水？

> 上善若水。水善利万物而不争，处众人之所恶，故几于道。居善地，心善渊，与善仁，言善信，政善治，事善能，动善时。夫唯不争，故无尤。

老子《道德经》前七章有很多关于道的比喻，比如把道比喻为母亲，比喻为谷神，比喻为玄牝和玄牝之门，比喻为天地之根。第八章则把道比喻为水。

"上善若水"，最高的"善"就像水一样。"上善"是指最上等的善德，多数人的解释是具有完美道德的人，也有人认为是指具有完美道德的事物。我认为"上善"应该是指道，道具有最完美品性，就像水一样。这是一个著名的比喻。其实在第四章有过相同的比喻："道冲，而用之或不盈。渊兮似万物之宗……湛兮似或存。""冲"本来是三点水的"沖"，表示水向上涌流，"渊兮""湛兮"都是比喻道像深渊、大海一样辽阔无边、深邃难测。但这些词还比较隐晦，这里则毫不隐晦、直截了当提出"上善若水"这一命题。

为什么"上善若水"——道像水？老子回答："水善利万物而不争，处众人之所恶，故几于道。"水善于滋润万物但却不与万物相争，总是处在众人所厌恶的地方，所以最接近于道。"几"是接近的意思。"几于道"就是接近于道，在所有的事物中只有水接近于道。老子以高维的眼光俯视万物，发现在万物中只有水和其他事物不同。老子发现了水的三大本性：第一是利万物，第二是不争，第三是居下。水总是处在众人所厌恶的地方。俗话说"人往高处走，水往低处流"，人喜欢高处，厌恶低处，而水恰恰相反，不喜欢高处，喜欢低处，总是处在众人所厌恶的低处，所以它最接近于道。可见老子的道是不争的道，是居下的道，也是利万物的道。

值得注意的是"上善若水"这四个字，马王堆《老子》帛书甲本作"上善治水"，帛书乙本作"上善如水"。"上善如水"就是"上善若水"，意思完全相同，可"上善治水"的意思却不同。"上善治水"意思是，最完美的德性就好像治理河水一样。也有人认为"善"通"缮"，是修缮、治理的意思，最上等的治理就是治理河水。"治"，本义是指依据水的特性进行疏导、疏通。我们都知道大禹治水的故事。大禹的父亲鲧治理洪水采用"堵"的办法，在岸边设置河堤，虽然缓解了中原洪水泛滥，但水却越淹越高，历时九年也未能彻底平息洪水灾祸，引起舜帝的愤怒，于是把鲧给杀了。后来鲧的儿子禹奉命治理洪水，改堵的方法为疏导的方法，三过家门而不入，历经十三年的时间，终于治理了洪水。因治理洪水有功，舜帝把王位禅让给了禹，后来禹成为夏朝的第一位君王。"上善治水"告诉我们，按照道治理国家就像治理洪水，首先要处理好君主与百姓的关系，君为舟，民为水，水可以载舟，也可以覆舟，君主要爱戴百姓，感恩百姓，对待民情要疏导，而不能一味地堵截，要像治水一样，让水充分地滋养万物，让百姓充分得到养育。

再看"上善治水"后一句，帛书甲本是"水善利万物而有静"，帛书乙本是"水善利万物而有争"，这和通行本"水善利万物而不争"完全不同。"水善利万物而有静"是说水善于滋养万物，并且静静地流动而不泛滥。"水善利万物而有争"是说水善于滋润万物但也有所争取。水争取什么？很显然，不是争取利益，而是争取下一句的"居众人之所恶"，水争取处在众人厌恶的地方。

"上善治水"是个深邃的命题，它教我们要效法水的行为，要以水为榜样疏导百姓、滋养百姓，同时要我们保持内心的平静与冷静，要甘居人后，不要与人争功夺利。这是我们为人处世的基本原则。而"上善若水"是希望我们像水那样保持居下不争、滋养万物的特性，是效法水的品性，甚至把自己变成水。

有人认为"上善治水"比"上善若水"思想更深刻，更能代表老子的智慧，我认为两者表述的侧重点不同，一个偏行动，一个偏品性，无所谓孰优孰劣。

水原本是一个常见的、普普通通的自然事物，但被老子赋予了深刻的哲学内涵。1993年10月在当时的湖北省荆门市沙洋县郭店一号楚墓发掘出了八百多支竹简，经过专家们长达五年的艰辛整理，确定这批楚简有十六篇先秦时期的文献，其中儒家的有十二种，道家的有三种。道家的三种就是《老子》甲乙丙三组、《太一生水》、《说之道》，它们是用同一种字体写成的。其中《太一生水》是一篇极为珍贵的文献，此前一直没有传世本，这是第一次发现，写在十四支竹简上，共三百五十字左右，缺损二十字左右。《太一生水》是和《老子》丙组合抄在一起的，很可能就是老子的著作。

"大一生水，水反〔辅〕大一，是以成天。天反〔辅〕大一，是以成〔地〕。天〔地〕（相辅）也，是以成神明。神明复相〔辅〕也，是以成〔阴〕〔阳〕……"

这里提出了"太一"这个概念，太一是指宇宙万物生成的本源，也就是道。太一和水是什么关系？太一生成水，水反过来辅佐太一，然后依次生成天地、神明、阴阳、四时、寒热、湿燥、一岁。太一和水是先于天地而存在，不是先有天地然后再生成水，说明水已经不是万物中的一种，而是生成万物的本源。《太一生水》反映了老子对宇宙自然生成本源的认识。

古希腊哲学之父泰勒斯第一个提出"世界的本源是什么"的问题。他提出的第一个哲学命题就是"万物源于水"，也就是"水是万物的本源"。正因为这个命题，使他成为哲学之父——"哲学史上第一人"。

这让我想起商周时期箕子说的"一曰水"，第一位是水。我们都知道商纣王是历史上最有名的暴君、昏君，他残害忠良，连自己的亲人都不放过："殷末三贤"比干是商纣王的叔叔，被挖心而死；微子是商纣王的大哥，被迫出走；箕子也是商纣王的叔叔，被贬为奴隶。后来周武王姬发兴兵伐纣，在牧野决战中，纣王兵败自焚。武王攻入商都朝歌，建立周朝。周武王打下江山，求贤若渴，找到了隐居的箕子，向他请教治国的道理。箕子见他态度诚恳又很虚心，于是便将夏禹传下的《洪范·九畴》告诉了武王。"洪"是大的意思,"范"是规范、法则,九畴就是九种,后来就有了"范畴"这个词。箕子告诉武王,治理国家有九种大法,其中第一大法就是五行,"五行,一曰水",水的作用是"润下",滋润万物,往低处流,有利于万物又低调不争。这段描述记载在《尚书·洪范篇》中。

也就是说,早在三千多年以前,箕子就提出水在五行中是第一位的,虽然箕子还没有明确提出水是万物的本源,但这一思想影响了老子。老子是第一个提出本源论的哲学家,道是万物的本源,道就是太一,太一和水生成了天地万物。

前面老子提出了"上善若水"的伟大命题,然后展开论述,列举水的三种功能:"利万物""不争""处众人之所恶"。那么水的"上善"究竟表现在什么地方呢?老子连用了七个"善"字,讲了水的七种德行,那就是:"居善地,心善渊,与善仁,言善信,政善治,事善能,动善时。"

第一是"居善地",居住善于选择地方,"善"解释为"善于"。也就是居住在善地,水选择的最好的地方就是低处。人总是喜欢往高处走,把高处当作"善地",讨厌低处;而水却喜欢低处,把低处当成"善地",偏偏要选择人们所讨厌的地方。这体现了水的不争、谦卑的精神。水能够养育万物,它的功劳最大,但是它却不与万物相争。我们要向水学习,低姿态,高境界。越把自己放得低,其实你的人格就越高。当代有一位著名的企业家就说过企业要学会不争,不要企图吃掉别人,不去寻求垄断的机会,只有共赢才能可持续发展。

第二是"心善渊",心善于深沉包容。水是有心的,水具有大海、深渊一样博大、深沉、清澈的心胸。河上公注:"水深空虚,渊深清明。"水宽广无边,能容纳万物,具有最大的包容性,无论是清澈还是污浊,都能包容。我们在河水里洗衣服,水把不干净的东西清洗掉,自己还是那么清澈而悠然。水不仅自己纯洁,还能洗涤污浊。人要效法水,要开阔自己的心胸,学会包容,做到自己心地纯净,并且使别人清洁,净化人的心灵。

第三是"与善仁",这三个字《老子》帛书乙本作"予善天",意思是水滋润万物像天一样功遂身退。通行本"与善仁",意思是说水待人接物善于仁爱,水是仁爱的,具有女性温柔、慈爱的特性,水的仁爱是一种母爱。水总是无私地滋润万物,好像母亲用乳汁哺育我们成长。水是生命之源,无论是地球还是人体,水的含量都是最高的,水以它的慈爱孕育了地球、万物和人类。爱是人性中最耀眼的光芒,我们要向水学习爱的能力,学会关心、尊重和信任,学会付出和奉献,让别人感到温暖和幸福。

第四是"言善信",言语善于诚信,言语的"善"表现为真实、诚信。水会言语说话吗?会的,水流动的声音就是它的语言。声大水大,声小水小,你听到水发出哗哗的声音时,就是发大水;你听到滴答滴答的声音时,肯定是在滴水。绝不会声大水小,声小水大。水的言语是常人听不懂的,一般认为"言善信"和后面的三个"善"都是采用拟人化的说法。其实水也是有生命的,水是在用流动的声音说话,真实不虚。反而是我们人类有的人却言行不一,所以佛家提出五戒十善,其中口业有四种,也就是不两舌、不恶口、不妄言、不绮语。

第五是"政善治","政"马王堆帛书甲乙本作"正",《说文解字》说:"政者,正也。""政"和"正"两字相通。"政善治"是说为政善于治理。这个"治"字说得太好了,中国人说"治理",西方人说"管理",一字之差,却反映了中西方管理的不同。"治"字从水,"管"字从竹,说明中国人重视水性管理——柔性管理,西方人重视刚性管理、阳性管理。两者当然都不可或缺,但治理是更高一级的,是道这个层面的。"治"字反映了水的顺势而为,水的流动总是顺着地势走的,地势往左它就往左流,地势往右它就往右流,总是在不断寻找前进的方向和路径,说明水具有高度适应性。这一点给我们现代的管理者以深刻启发,比如企业的发展一定要符合时代发展趋势,要及时调整,顺势而为,同时要学会柔性管理,尤其要重视企业文化建设。

第六是"事善能",做事善于发挥才能。在万物中,水的才能是最强的,水的能量是最大的。水滴石穿，水可以把石头给滴穿，而石头不可能把水斩断。把石头一撤掉，水又天衣无缝地合起来了，这叫"抽刀断水水更流"。水无孔不入，渗透性极强。水遇到障碍反而能激起百倍努力，激发出巨大潜能。水安静时犹如明镜，发怒时势不可挡。水可以载舟，也可以覆舟。水可以搬运泥沙、侵蚀岩石、改变地表形态……水最善于变化，水的变化是所有事物当中最大的，水可以变化出三种形态：液态、气态和固态。水结为雨雪，化为云雾，凝固成冰，蒸腾为汽，上至九天之上，下至地球之底。但无论变化多大，终究不会失去自己的本性。水分子永远不变，本质永远不变，既具有多变的变通性，又具有不变的原则性。水最好地诠释了《易经》变易与不易的辩证关系。所以我们在做人做事做管理时要向水学习，既要坚持原则，又要学会变通，不能墨守成规，要善于变易创新。

第七是"动善时"，行动善于掌握时机。水怎样把握时机？你看水涨水消、潮起潮落，都是顺应不同季节、不同时令而动的，绝不会违背时令。一般来说，春天河水逐渐增多，到夏季进入汛期，秋天河水开始减少，到冬季进入枯水期。再比如钱塘江潮水，在每年的农历八月十八最大，农历八月十八日前后三天是观潮的最佳时间，而农历每月初（初一到初五）与月中（十五到二十）都会有大潮。年复一年，月复一月，永不变化。以至于千古第一大文豪苏东坡晚年一首诗破天荒地前后两次重复提到"庐山烟雨浙江潮"。老子早就发现水的顺时而动的特性，总结出"动善时"的规律，这也体现了中国人重视时间超过重视空间的价值取向。我们做人做事也应该学习水的"动善时"，养生也要顺应天时，春夏养阳、秋冬养阴，才能保持机体与自然的平衡，让身体保持健康。

老子的"七善"其实揭示了水的七大特性，我把它概括为谦卑性、包容性、慈爱性、真实性、适应性、变通性、顺时性，这七大特性反映了水是有灵性的。万物有灵，诚不可欺。水的七大特性正是我们做人做事的七大法宝！

最后老子总结说："夫唯不争，故无尤。"正因为不和万物相争，所以没有过失。"尤"这个字商代甲骨文中就有了，字形是"又（手）"上加一短横，这一短横就像是长出来的疣瘤，也像多出来的指头。疣和多指在人体是多余的、不正常的，所以引申为过错、过失。"夫唯不争，故无尤。"老子将水的最大特性概括为"不争"，要想没有过失，就要"不争"。

"上善若水"这一思想深深影响了历代统治者。古代有多位皇帝给《老子》作注，对这一章的解释各有特色，比如唐玄宗李隆基说以水性接近于道作比喻是为了阐明"至人上善之功"。宋徽宗赵佶从水能化成雨露、霜雪、江河、泉海，说明水有滋养万物之性，没有谈论到人。明太祖朱元璋认为这是老子教导人要行道养性、修德行仁、利人济物。清世祖顺治皇帝福临则关注水的"不争"。对"上善若水"的不同解释也反映在他们的治国方略上，形成了不同的治国风格。

第九章　为什么说财富是守不住的？

>　　持而盈之，不如其已。揣（zhuī）而锐之，不可长保。金玉满堂，莫之能守；富贵而骄，自遗（wèi）其咎（jiù）。功遂身退，天之道也。

一个人在成功的时候，往往总想着更大的成功；一个人在拥有巨大财富的时候，总想要永远拥有。那么这种愿望能不能实现呢？老子《道德经》第九章给出了回答。

郭店楚简本《老子》有这一章，写在三支竹简上："持而盈之，不若其已。揣而群之，不可长保也。金玉盈室，莫能守也；贵富（而）骄，自遗咎也。功遂身退，天之道也。"马王堆帛书甲本有几个字空缺，乙本和郭店楚简本基本相同。楚简本、帛书本和通行本相比只是个别字词不同，意思完全相同。可见这一章的思想早已有之，并且很重要。

第一句："持而盈之，不如其已。"用手拿着并把它装满，不如及时停止。"持"是用手拿的意思，"盈"是满的意思，"持而盈之"就是拿着一个器皿并要把它装满。"已"是停止的意思，荀子的《劝学》第一句"君子曰：学不可以已"，就是说学习不能停止。"不如其已"就是不如马上停止。比如紧紧拿着一只碗，碗里盛满了水，这个时候马上就会溢出来了，一不小心就会打翻，此时赶快停止，还能保住水。否则的话，水就会溢出来，甚至碗会打翻，水就一点都没有了。"持而盈之"，说的就是那些贪得无厌的人手里已经拿了很多东西了，还想继续拿更多的东西。贪得无厌，必有凶险。"不如其已"，不如适可而止，才能化险为夷。

第二句："揣而锐之，不可长保。"锤打金属使它锐利，不可能保持长久。"揣"，锤击、捶打的意思。如果一件铁器被捶打得过于锋利，是不可能长久的，越锋利的东西越容易折断。三国时，有个大才子杨修，博学多才，但恃才傲物，锋芒毕露，看不起曹操身边的人，连曹操也不放在眼里，甚至捉弄曹操，最后曹操以惑乱军心罪把杨修给杀了。现实生活中，我们会看到有些才华出众的人因为不懂内敛，锋芒毕露，本该大有作为，却得不到领导赏识、同事拥护，最终庸庸碌碌一生；而有些才华一般的人因为谦虚谨慎、内敛低调，受到大家拥戴，最终干出一番大事业。

第三句："金玉满堂，莫之能守。"金玉满堂，没人能守得住。《红楼梦》中的贾家是"贾不假，白玉为堂金作马"，史家是"阿房宫三百里，住不下金陵一个史"，王家是"东海缺少白玉床，龙王来请金陵王"，薛家是"丰年好大雪，珍珠如土金如铁"，他们每一家都是金玉满堂，富可敌国，可惜到了后来他们没有一家能守住，全部被抄家。从古至今这种事例不计其数，我们都听说过"富不过三代"这句话，这是对多少血泪家史的总结啊。

第四句："富贵而骄，自遗其咎。"富贵骄傲，自己招来灾祸。富和贵意思是不同的，富是指有钱财，贵是指有地位，富、贵连用，表示既富裕又有显贵的地位。"自遗其咎"的"遗"本义是给予、赠予，这里指招来、招致。"咎"是灾祸的意思。历史上因"富贵而骄"招来灭顶之灾的例子数不胜数。所以河上公说："富当赈贫，贵当怜贱，而反骄恣，必被祸患也。"

最后老子总结说："功遂身退，天之道也。"功业完成就退位归隐，这就是天之道、自然大道。"功遂身退"的"遂"就是成功的意思，"功遂身退"就是功成身退，也就是第二章所说的"功成而弗居"。为什么这是天之道呢？王弼说："四时更运，功成则移。"春夏秋冬四时更换，就是功成身退的表现。其实自然界功成身退、满盈则亏的现象比比皆是，比如水盈则溢——水满了之后，就会溢出来，月满则亏——月亮最圆的时候就会亏损，日中则昃——太阳升到最高的时候就会西斜。一年中夏至白天时间最长，预示白天会渐渐变短；冬至黑夜时间最长，预示黑夜会渐渐缩短。还有潮起潮落、水涨水消、云卷云舒、花开花落，无不告诉我们功成身退的道理。花无百日红，人无千日好，要懂得及时隐退，这就是天之道。可见老子的"天道"不仅是天地万物的本源、依据和规律，而且也是天地万物的法则。天之道如此，我们为人之道也应该如此。老子说天道，最终是为了说人道。

功成身退则避免凶险，功成身不退则难以善终。以汉初三杰为例，西汉三位开国功臣张良、萧何、韩信厥功至伟，汉高祖刘邦评价三人："夫运筹策帷帐之中，决胜于千里之外，吾不如子房；镇国家，抚百姓，给饷馈，不绝粮道，吾不如萧何；连百万之军，战必胜，攻必取，吾不如韩信。"张良是军师，为刘邦出谋划策，战略决胜；萧何是后勤部长，筹集粮食，后来任相国，镇守国家，安抚百姓；韩信是大将军，冲锋陷阵，战无不胜。可是三人的结局却大相径庭，张良精通黄老之道，懂得功成身退，谢绝封赏，晚年云游四海，逍遥自在，深得刘邦尊重。萧何深知伴君如伴虎的道理，没有被胜利冲昏头脑，所以在被刘邦三次怀疑时做出正确选择，终于化险为夷，幸免于难。韩信不懂功成身退之道，反而向刘邦伸手要官，以战功要挟封他为齐王，最终招来杀身之祸。

当今社会，不少成功者总是创造各种机会炫耀自己，不少富豪总是一掷千金，极尽享乐之能事，更多的人总想着不断积攒财富留给子女。殊不知，老子说的"功遂身退，天之道"，这个"退"并不是主观的消极谦让，而是客观的自然法则、自然规律，不是想不想"退"的问题，而是必然要"退"、必须得"退"的问题。因为天下万物是平等的，不可能永远让少部分人独享巨富，当你把巨富留给子孙后代的时候，就预示着剥夺了子孙后代吃苦奋斗、拼搏进取的权利，必然养成享受挥霍、富贵而骄的习性，最终财富"不可长保""莫之能守"，落得"自遗其咎"的下场。

学了第九章，大家是不是觉得老子讲的道并不那么玄呢？其实老子讲的道就是天道，这个天道不在天地之外，不在万物之外，也不在我们之外，不要在人之外、万物之外去找一个叫道的东西，那是绝对找不到的。老子的道是天地万物产生的总源头，也是天地万物生存发展的总依据、总规律，离开了道，万物就不会产生，也不会存在。反过来说，万物既然产生了就是符合道的，万物产生了，在该结束的时候结束了，就是符合道的，但如果在不该结束的时候提前结束了，就说明不符合道了。作为人来说，要按照天道来做，不要离开人世间去找道，就好像六祖惠能说的："离世觅菩提，恰如求兔角。"离开人世间去找佛法就好比在兔子头上找犄角，是永远找不到的。我们的日常行为要服从天道、顺应天道，要把天道作为人道效法的对象。

第十章　魂和魄怎样才能不分离？

　　载营魄抱一，能无离乎？抟气致柔，能如婴儿乎？涤除玄览，能无疵乎？爱民治国，能无为乎？天门开阖，能为雌乎？明白四达，能无知乎？生之畜之，生而不有，为而不恃，长而不宰，是谓玄德。

我们常常听到"失魂落魄""魂飞魄散"，有人可能还听说过"三魂七魄"，那么魂魄究竟是什么呢？

郭店战国楚简本没有这一章，马王堆汉初帛书本有这一章，但甲本缺字太多，乙本个别字不同，其他基本相同。帛书乙本和通行本开头一连用了六个反问句。

第一句："载营魄抱一，能无离乎？""载"是个发语词，没有意义。"营"就是魂，"营魄"就是魂魄，"抱一"就是合一。这句意思是魂魄合一，能不离开吗？古人认为，魂魄是人体中一种看不见也摸不着的精神灵气，但"魂"和"魄"功能不太一样。《黄帝内经·灵枢·天年》说："随神往来者谓之魂，并精而出入者谓之魄。"伴随着神气往来存在的精神灵气，叫作魂；伴随着精气出入流动的精神灵气，叫作魄。魂主宰着人的精神，魄主宰着人的物质。肝藏魂，肺藏魄。魂在外，为阳；魄在内，为阴，魂魄是阴阳合体的，一个主外一个主内，两者是合在一起的，中间是不阻断的。道教把人的魂魄分作"三魂"和"七魄"。魂魄在后天逐渐分离了，所以老子主张要"抱一""能无离乎？"什么是"一"？河上公解释是"道始所生，大和之精气也"，严遵解释是"去华离末，归初反始"，王弼解释"一，人之真也"，总之是要回到生命初始、本真状态，要回到魂魄合一的初始状态。魂魄合一是天人合一、阴阳和合的整体思维。

第二句："抟气致柔，能如婴儿乎？""抟"通"团"，就是聚合的意思，婴儿的阴阳二气，即元精、元神是最纯真的，两者一定不能分离，只有合起来，才能达到柔和之境。聚合精气达到柔和之境，能像婴儿那样吗？老子是要我们像婴儿一样，把生命之精气团聚起来，内收，不让它发散掉。这样人体才变得柔软、柔弱。俗话说"一把老骨头"，人越老骨头越硬，越容易骨折，身体也越僵硬，预示着真气越来越耗散了，所以要像婴儿那样聚气而柔软。婴儿的柔软、柔弱正是生命力强大的表现。到第五十五章，老子又说到婴儿的四大秘密，十分精彩。

第三句："涤除玄览，能无疵乎？"洗除杂念静心内观，能没有瑕疵吗？"涤除"就是用水洗涤。"疵"就是瑕疵、污垢。水是最纯净的，可以洗掉一切污垢，我们要经常用水来清洗我们自己的心灵。就像禅宗北宗神秀大师作的偈子："身如菩提树，心似明镜台，时时勤拂拭，莫使惹尘埃。"《周易》中也说要"洗心"，当然这是一个形象的说法。洗心就是老子说的"玄览"（马王堆帛书本写作"玄监（鉴）"），"玄"是幽深、黑色的意思，"览"就是看，幽黑地看。当然不是睁开眼睛往外看，而是闭着眼睛往里看，就是内视、返观。李时珍说过，中医的脏腑经络是"内景隧道，惟返观者能照察之"。往里看，气血的通道就是经络，这就是玄览的方法。玄览，是一种道家内修的功夫，不是嘴上说说而已。只有通过玄览，才能使自我内心纯净，不染一丝灰尘，不着一点瑕疵，进入无思无为、清明虚空的境界。

第四句："爱民治国，能无为乎？"爱护百姓治理国家，能做到无为吗？你要治理这个国家，要爱护你的老百姓，那一定要无为而治。"无为"是老子治国的最高理念，不是不作为，而是不要违背自然去妄为。

第五句："天门开阖，能为雌乎？"马王堆帛书乙本写作"天门启阖，能为雌乎？""启"就是开，开启。天门一开一合，能保持安静吗？雌和雄是相对的，雌为阴，主安静；雄为阳，主活动。"为雌"就是守雌，守住雌性的东西、阴柔的东西，意思就是要守静。那么"天门"究竟是指什么呢？各家解释不一。河上公解释："天门谓北极紫微宫，开阖谓终始五际也。"什么是"五际"？五际是汉儒阴阳五行说中的一个说法，是说每逢卯、酉、午、戌、亥这五年，是阴阳终始交会之年，政治上一定会发生重大变动。王弼解释："天门谓天下之所由从也，开阖治乱之际也。"河上公和王弼的意思是说，天象运行阴阳交会治乱更替，能尽量守静不要剧烈变动吗？这是借天地运行说治国。如果用于治身，河上公说："治身天门，谓鼻孔，开谓喘息，阖谓呼吸也。"我认为在自然界，天门就是天地之门，天门开合就是天地运行，天地运行要守雌守静，正常运转。否则，就是狂风暴雨、电闪雷鸣、飞沙走石，沙尘暴、雾霾、地震海啸、洪水泛滥、地动山摇……这肯定是老天发威，天怒人怨。如果用在人身上，天门就是人的天门盖，也就是头顶盖骨，也叫囟门。小孩子出生时，前后囟门都很软，好像打开的；出生后三个月左右，后囟门慢慢闭合，一岁半左右前囟门慢慢闭合，变硬。修炼道教内丹功，天门会慢慢变软，这就是"能为雌乎"，雌就是柔软，天门好像重新打开，接受天地日月的精气能量。

第六句："明白四达，能无知乎？""知"通"智"，这里是指机巧、心机，这句意思是明白事理通晓四方，能够不用心机吗？老子反对利用心机、挖空心思去追求所谓的知识，通晓所谓的事理，主张无知无虑地明白四达。老子看到，人们的机心太重，清静的本心丧失了，所以主张要回归到人的本心、本性，这样社会才安宁。从人体修炼的视角看，"明白四达，能无知乎"说的是，只有在无知无虑、虚无入定的境界，人才能头脑极度灵敏，明白事理，通达四方。

这六句既是在说宇宙自然的正常运行状态，也是在讲治国理政无为而治，还是在讲修身养性的方法、真气修炼的过程。既是天道，又是人道。

最后老子总结："生之畜之，生而不有，为而不恃，长而不宰，是谓玄德。""生之畜之"，生万物养万物。"之"是指万物，"畜"即畜养。"生而不有"，生养了万物但不占有。"为而不恃"，让万物自作自为而不自居其功。"长而不宰"让万物成长但不去支配。以上这些就叫玄德。"生而不有，为而不恃，长而不宰"这三个"不"，《道德经》多次提到，比如第二章"生而不有，为而不恃，功成而弗居"，第五十一章"生而不有，为而不恃，长而不宰。是谓玄德"。"玄德"是老子提出的重要概念。

第十一章　为什么说无用才是大用？

　　三十辐共一毂，当其无，有车之用。埏埴（shān zhí）以为器，当其无，有器之用。凿户牖以为室，当其无，有室之用。故有之以为利，无之以为用。

　　生活中经常有这样的现象：一对看上去非常般配的恋人，结婚生子后，最终还是选择离婚；几个志同道合的人合伙开了公司，发展顺利，越做越大，但最后还是分道扬镳；有的人在学校学习时成绩一般，但走向社会后却顺风顺水，事业红红火火；有的人在学校学习时成绩拔尖，但在社会上却总是吃不开，最终庸庸碌碌。这些奇怪现象背后，究竟是什么东西在起决定作用呢？老子在第十一章中给出了回答。

　　马王堆帛书本，文字和通行本基本相同。老子在这一章举了三个例子，也是用三个比喻，说明什么是"无"，"有"和"无"是什么关系。

　　第一个例子："三十辐共一毂，当其无，有车之用。"三十根辐条凑到一个车毂上成为轮，正因为毂中间是空的，所以才有车的作用。古代的车轮是用木头做的，由轮、辐、毂三部分组成，其中轮是最外面的部分，辐是连接轮和毂的木条，毂在最里面，中空，可以套在轴上。两个车轮以轴相连，再加上舆、辕、轭等部分，就是车。《诗经》里面有一首著名的诗叫《伐檀》，里面说："坎坎伐檀兮，置之河之干兮……坎坎伐辐兮，置之河之侧兮。"就是砍伐檀木，削成辐条，做成轮子。三十根辐条共同凑合到毂上。毂的中间必须是空的，如果毂中间是实的，就不能套上轴，车就无法连成一体，也就用不成了。毂中间空的部分，就是"无"，正因为毂中间是空的，所以整个车子才起作用。所以"当其无，有车之用"。这中间的"无"是最重要的，就是因为这个"无"才有了车子的用处。

第二个例子："埏埴以为器，当其无，有器之用。"揉和黏土做成器具，正因为中间是空的，所以才有器具的作用。"埏埴"这两个字都是土字旁，"埏"是一个动词，和泥的意思。"埴"是一个名词，一种黏土。"埏埴"就是揉和黏土。去"陶吧"玩过的人都知道，制一个陶器，比如说做一个杯子，要把泥和一和，然后要把中间掏空。杯子的作用在哪里？就在于中间空的部分。所以"当其无，有器之用"。如果中间全是实的，那这个东西还有什么用啊？

第三个例子："凿户牖以为室，当其无，有室之用。"盖成一个房子，凿了门窗，正因为中间是空的，才有房子的作用。"户"是门，"牖"是窗户，我们盖好房子必须凿开门和窗，古时候建造房子是用土砌墙，整体砌完后才开窗和门。房子有用就在于中间空的部分，窗和门也要空。所以"当其无，有室之用"。试想，如果房子中间用泥巴石头塞得严严实实的，或者中间是空的，但没有门和窗，那这个房子还有什么用啊？

最后，老子总结："故有之以为利，无之以为用。"因此"有"带给人们便利，"无"才是最大的作用。究竟什么是"无"呢？"无"是无形的，虚空的，看不见摸不着的；"有"是有形的，实在的，看得见摸得着的。"无"和"有"究竟是什么关系呢？"无"和"有"是相对的，好比阴和阳，两者相辅相成、缺一不可。"无"看起来没有用，其实才是最大的作用，"有"能带来直接的利益，看起来很有用，可是离开"无"就不能发挥作用了。因为"无"是宇宙万物的本质，所以能够发挥最大的作用。

无用才是大用。学国学、学哲学，最大的作用就是无用，正因为无用，所以是最大的作用。哲学、国学它不能告知你具体做什么、怎么做。哲学、国学告诉你无形的东西，比如价值观念、思维方式、审美情趣等，这些东西不是一招一式的东西，也不是学了就马上可以操作的，它是一种潜移默化、润物无声的东西。

再来回答开头提的问题。当代社会为什么有那么多夫妻离婚？为什么有那么多合伙人分道扬镳？分析一下，根本原因还是三观不合。世界观、人生观、价值观看上去是虚无的东西，房子、车子、金钱、财富都是有形的东西，在结婚之前、在创业之始，人们往往更看重这些有形的东西，而忽略了那些无形的东西，久而久之，因三观不合导致矛盾越来越大，最终只能选择分离。为什么有的学习成绩差的人反而风生水起，有的学习成绩好的人反而庸庸碌碌？说到底是志向信念、道德修养的问题，有的人是以学习成绩为志向信念，一心为了成绩，忽略了人格教育，走向社会后自私自利、一心向上爬，没有团队合作精神，结果庸庸碌碌。有的人是以干一番事业为志向信念，不看重成绩，而看重与人相处，乐于助人，走向社会后顾及他人利益，有很好的团队合作精神，结果事业大成。所以说，归根结底，无形的东西才起主导的、根本性的、决定性的作用，无用才是最大的用。

关于有用与无用这个话题，庄子有过精妙的阐述。《庄子·山木》有一个寓言故事：

有一天，庄子在山中行走，看到一棵大树，枝繁叶茂，伐木工人打量了这棵树，但停在它的旁边不动手砍它。庄子就问他其中的原因，伐木工人说，这棵树没有什么用处。庄子感慨道："这棵树正因为它对人来说没有什么用处，反而得以享尽天年。"

庄子从山里出来，去看望一个朋友，住在这个朋友的家里，朋友非常高兴，于是让儿子杀一只鹅来招待庄子。儿子问："家里有两只鹅，一只会叫，一只不会叫，杀哪一只更好呢？"朋友说："杀那只不会叫的吧。"

第二天，跟随庄子出行的一位弟子有点纳闷地问庄子说："昨天山里面的那棵大树，因为没有用处，所以能够享尽天年。现在主人的鹅，却又因为没有用处而被杀掉。请问先生，我们做人应该是做一个有用的人，还是应该做一个无用的人呢？"庄子听后笑着说："我将处在有用与无用之间。不过，有用与无用之间这种说法并不符合真正的大道，还会受世俗的拖累。假如能顺应自然而自由自在地游乐，就不会有这样的拖累了。"

庄子认为，按有用、无用以及有无之间的标准去处世，实际上都摆脱不了尘俗的拖累，说明无用和有用是相对的，也是相互转化的。无用的东西有时候反而有大用，有用的东西有时候反而毫无用处，这都是人为的判断，都不符合自然大道。同样，"无"和"有"也是相对的，是相互转化的，老子强调"无"才是宇宙自然的本质，"有之以为利，无之以为用"，只有保持一种虚无的心，保持心灵的"无"，顺应虚无的天道，才能真正地拥有一切，获得因为虚无而带来的巨大利益。要把一切放"空"，越把自己放"空"，心量就越大，作用也就越大，人生就越富有。

第十二章　为什么说物质享受会让人行为失常？

　　五色令人目盲；五音令人耳聋；五味令人口爽；驰骋畋（tián）猎，令人心发狂；难得之货，令人行妨。是以圣人为腹不为目，故去彼取此。

　　随着科学技术的发展、生活水平的提高，不少人总是追求更高的物质享受、感官刺激，比如美味佳肴、美景美色、震撼音效，那么结果会怎么样呢？《道德经》第十二章给出了回答。

　　这一章用了五个"令人"，表明五种日常喜好会让人行为失常。一开头的"五色""五音""五味"显然是受到五行的影响，五行是木、火、土、金、水，五行表面上是五种基本物质，其实是五大属性、五大功能分类。五行最早的文献记载是《尚书·洪范篇》。在殷商时期，商纣王的叔叔箕子，看到商纣王整天酗酒淫乐，挥霍无度，暴虐无道，苦心谏阻，商纣王不仅不听，反而把箕子贬为奴隶，箕子假装发疯才躲过被杀。后来箕子趁着乱世逃到箕山，在箕山他用黑白石子摆卦演算，观测星象变化，参悟阴阳五行的道理。当年周武王姬发打败了商纣王，建立了周朝，他求贤若渴，找到了隐居的箕子，恳切向箕子请教治国的道理，箕子就把夏禹传下的《洪范·九畴》告诉了周武王。《洪范·九畴》记载了治理国家的九种大法，其中第一大法就是五行。五行学说到了春秋末期老子那个时代已经非常盛行了，所以老子在这一章中提到"五色""五音""五味"。

第一句："五色令人目盲。"五色指青、赤、黄、白、黑五类基本颜色，分别配上五行木、火、土、金、水，木青色、火赤色、土黄色、金白色、水黑色。实际上五色代表了所有的颜色，注意并不是五种颜色，而是指五大类颜色，代表所有颜色，比喻绚丽缤纷的色彩。"五色令人目盲"字面意思是五色让人眼睛瞎，其实不是真的使人眼瞎，而是使人眼花缭乱。什么东西具有绚丽缤纷的色彩？比如说珍贵的图画、绚丽的珍宝、名贵的服饰等，当然还包括美色美女，这些都会使人眼花缭乱。

第二句："五音令人耳聋。"五音是宫、商、角、徵、羽五个基本音阶，类似现在简谱中的1、2、3、5、6。五音和五行相配：宫为土，商为金，角为木，徵为火，羽为水。这里的五音比喻纷繁、悦耳、迷人的音乐。"五音令人耳聋"，字面意思是五音会把人的耳朵弄聋，这里特指弄得不灵敏了。五音组合成音乐，这个音乐如果不是正音，而是靡靡之音或者狂躁之音，听了就会使人听力受损。现代社会不少人由于沉湎于各种强烈刺激的音乐，结果不仅听力大大受损，而且容易心绪不宁，有的甚至得了精神分裂症。

第三句："五味令人口爽。"五味指酸、苦、甘、辛、咸五种味道，五味和五行相配：酸为木，苦为火，甘为土，辛为金，咸为水。五味入五脏：酸入肝，苦入心，甘入脾，辛入肺，咸入肾。五味这里比喻丰盛的美味佳肴、肥甘厚味的食物，"口爽"的"爽"可不是爽快、畅快的意思，而是丧失、失去的意思。"五味令人口爽"意思是经常吃肥甘厚味的食物会使人丧失正常的口感。现代有人总是喜欢吃过辣、过咸、过甜的食物，不仅损伤味觉，而且伤害了相对应的脏腑。

说起五色、五音与五味，这让我想起《孙子兵法·兵势篇》中的一段话："声不过五，五声之变，不可胜听也；色不过五，五色之变，不可胜观也；味不过五，五味之变，不可胜尝也。"这里的"胜"读shēng，是完、尽的意思。这几句的意思是，音阶不过五种，可是五种音阶的组合变化，你永远也听不完；颜色不过五种，可是五种颜色的搭配变化，是永远也看不完的；味道不过五种，可五种味道的组合变化，是永远也尝不完的。孙子举这三个例子，目的是讲用兵的战势不过两种，就是奇和正，但奇正的变化却是无穷无尽的，"战势不过奇正，奇正之变，不可胜穷也"。"正"是指用兵的常法，"奇"是指用兵的变法。奇正就是阴阳，奇正阴阳的变化是永远也穷尽不了的。要想取得战争的胜利，其实就六个字"以正合，以奇胜"，用正兵作正面交战，用奇兵去出奇制胜。也就是正确地使用兵力，灵活地变换战术。我这里引用这段话，是想说明五色、五音、五味组合变化是无穷无尽的，给人带来的感官刺激也是无穷无尽的，如不及时制止，最终会导致目盲、耳聋、口爽。

第四句："驰骋畋猎，令人心发狂。""驰骋"都是马字旁，骑在马上奔跑，"畋猎"就是打猎。骑马奔跑捕杀猎物、纵情围猎会使人心发狂。苏东坡写过一首词《江城子·密州出猎》，其中有句"老夫聊发少年狂，左牵黄，右擎苍"，老夫我姑且发一次少年狂，左手牵着黄狗，右臂托起苍鹰——说明打猎可以使人心发狂。现代社会有人过分迷恋、沉湎于打猎、打牌、打球等游乐活动，进而将游乐变成赌博，结果是人心躁动不安，甚至造成仇杀、自杀等后果。

第五句："难得之货，令人行妨。""难得之货"就是难以得到的东西，就是奇珍异宝，"行妨"就是行为变坏。难得的珍宝会使人行为变坏。因为是稀罕的宝物，价值一定高，人们就会想尽办法得到它，在用正常的手段得不到的时候，就会采用不正常的违法手段，行为就变坏了。古今中外多少人为了获得难得宝物，坑蒙拐骗、假冒伪造、偷窃盗取，最后锒铛入狱。

最后老子总结："是以圣人为腹不为目，故去彼取此。"马王堆帛书本作"是以圣人之治也，为腹不为目。"是指得道的统治者治理百姓要"为腹不为目"，"为腹"就是为了填饱肚子，获得基本的物质保障。"为目"就是为了满足高级的感官享受。"为腹不为目"，指得道圣人治理百姓，只让他们获得基本的物质保障，而不让他们去追求高级的感官享受。"故去彼取此"所以要抛弃后者（为目），选取前者（为腹）。王弼注："为腹者以物养己，为目者以物役己，故圣人不为目也。"这和第三章"虚其心，实其腹；弱其志，强其骨"是一致的。

"为腹"也代表关注内在，"不为目"代表不要关注外在。用于丹道修炼，"为腹"表示重视腹式呼吸、充盈内在元气；"不为目"表示不要受外在环境影响。

"为目"还有一种解释，就是目的性太强，目的高于现实。一心想着达到目的，结果导致心跳加速、精神焦虑、精力分散，这就是心理学所说的"目的颤抖"。有人拿一根线要穿过绣花针的针眼，由于目的性太强了，他的手就颤抖，离针眼越近越抖，越紧张，越焦虑。

老子从色、声、味、打猎、珍宝五个方面说明声色犬马的物质享受、感官刺激违背了人之道，具有极大的危害性。老子是从道的层面说明这个问题的。人的本性、基本生理需求、感官功能本来就是清静的。现代社会充满了各种物欲诱惑，更需要"为腹不为目"，保持清静本性，安于满足基本的生理需求，不去追求过度的物质享受，这才符合人之道。

第十三章　怎样才能做到宠辱不惊？

宠辱若惊，贵大患若身。何谓宠辱若惊？宠为下，得之若惊，失之若惊，是谓宠辱若惊。何谓贵大患若身？吾所以有大患者，为吾有身；及吾无身，吾有何患？故贵以身为天下，若可寄天下；爱以身为天下，若可托天下。

我们都知道一个成语叫宠辱不惊，有这样一副对联：宠辱不惊，闲看庭前花开花落；去留无意，漫随天边云卷云舒。自古能做到宠辱不惊的人不在少数，比如陶渊明"纵浪大化中，不喜亦不惧。应尽便须尽，无复独多虑"，范仲淹"不以物喜，不以己悲"，苏东坡"一蓑烟雨任平生""也无风雨也无晴"……

两千五百多年前，老子提出的命题却是"宠辱若惊"。

郭店战国楚简本有这一章，除了个别地方有缺字，几乎完全相同。马王堆汉初帛书本除个别用字不同，其他也都相同。

这一章提出了两个命题，一个是"宠辱若惊"，一个是"贵大患若身"。

先看第一个命题："宠辱若惊。"无论是受宠还是受辱都感到很吃惊。"何谓宠辱若惊？宠为下，得之若惊，失之若惊，是谓宠辱若惊。"什么叫受宠和受辱都吃惊？因为受宠是卑下的，得宠了会感到惊恐，失宠了也会感到惊恐，这就叫受宠和受辱都吃惊。什么是宠？什么是辱？河上公解释："宠者尊荣，辱者耻辱。"宠就是处于尊位，辱就是处于卑位。什么叫"若惊"？河上公解释："得宠若惊，处高位如临深危也。失者，失宠处辱也。惊者，恐祸重来也。"王弼解释:"宠必有辱,荣必有患。惊辱等,荣患同也。"道出了受宠和受辱的等同关系、辩证关系。

为什么"宠辱若惊"?因为受宠和受辱都是人为因素造成的。从宠辱得失来说,有四种情况:受宠和失宠,受辱和失辱。其中失宠和受辱时感到惊恐,这好理解,但受宠和失辱时也感到惊恐则难以理解。老子了不起的地方就是看到了常人所看不到的东西。就受宠而言,宠爱你的人总是高高在上,受宠爱的人总是居在下位,这本身就是一种不平等的关系,所以老子说"宠为下",是说受宠从本质上说是卑下的、不公平的,与受辱一样是有损自我尊严的,因此不要沾沾自喜,反而要感到惊慌,要战战兢兢、诚惶诚恐。你想,人家宠爱你,给你高位,或者是因为你有可爱之处,或者是因为你有可利用之处,而可爱是一种感情,可利用是一种需要,感情和需要总是短暂的、可变的,一旦变化了,当然就失宠了。当年张良就是因为受宠时有清醒认识,所以避免了像韩信那样被刘邦杀害的结局。至于失辱,是指洗刷了耻辱,同样也要有恐惧之心,仍然要保持忧患意识。吴王夫差就是在打败了越王勾践,洗清了自己父亲阖闾兵败的耻辱之后,松懈大意,而反遭失败、蒙羞而亡的。

在老子看来,万事万物都是公平的,"天地不仁以万物为刍狗",本来就不应该有高低贵贱之分,也就不应该有宠辱之别。如果你受宠受辱的时候就会惊恐,那怎么样才能保持一颗平常心呢?很简单,没有受宠的感觉。突然有一个重要领导要接见我了,那他就应该见我,不觉得受宠。突然得到一个东西,那我就该得到;突然失去一个东西,那我就该失去。"得之我幸,失之我命",得与失是一回事,"有无相生",宠辱相形,保持同样的淡泊和从容,这就是大道。所以,只有做到"宠辱若惊",才能真正"宠辱不惊"。

再看第二个命题:"贵大患若身。""贵"在这里是个动词,意思是重视,"若"是好比。要重视大的祸患就好比重视自己的身体。"何谓贵大患若身?吾所以有大患者,为吾有身,及吾无身,吾有何患?"什么叫重视大的灾祸就像重视自己的身体啊?我之所以有那个大的灾祸就是因为我有这样的身体,要是没有了身体还担心什么灾祸呢？老子告诉我们，不要太看重自己的身体，过分看重自己的身体，总担心自己身体这里有问题那里有问题，久而久之就真的有问题了。据统计，癌症患者有三分之一是被吓死的。相反有的癌症患者看得开，放下手头工作去游山玩水，回来一检查，病情反而减轻了，有的甚至好了。心情放松了，不把病当一回事，病反倒好了；你越担心，病越重，所以要无身，无身了还有什么灾祸呢？这与第七章"后其身而身先，外其身而身存"讲的不正是一个道理吗？

最后老子总结说："故贵以身为天下，若可寄天下；爱以身为天下，若可托天下。""贵"是重视，所以只有像重视自己身体一样来治理天下，才可以把天下托付给他。这个"若"是才的意思。马王堆本"若"写作"女"（汝），隋唐之际的傅奕本写作"则"。所以只有像重视自己的身体那样治理天下，才可以把天下交付给他；只有像爱惜自己的身体那样爱惜天下，才可以把天下托付给他。这里是在说要爱惜自己的身体，和前面说的不要太看重自己的身体似乎矛盾，其实不矛盾，只是角度不同，意思是一样的，都是在说不要把身体看成是自己私有的东西，不要重视自己的私欲，前面说的"贵大患若身"是说太自私必有大患，越重视自己越有灾祸，这里讲的是要重视天下百姓，爱护天下人就像爱护自己的身体。你把自己的身体和天下看成一回事，这正是一种无私的表现。

那么老子讲的"身"究竟是什么意思？老子究竟是在讲"贵身""爱身"还是在讲"无身"？不少人认为老子是讲"无身"，"及吾无身，吾有何患？"这一点和佛家不重视身体是一样的，佛家说身体就是一个臭皮囊，是一切烦恼和灾祸的根源。这种观点是不全面的，这是把"身"完全等同于"肉体"，其实人身包括精神和肉体两部分，老子讲"无身"偏于精神方面，是指不要追求荣耀、显赫的东西，不要追求声色犬马之类的物欲享受（第十二章"不为目"）。老子讲"贵身"指爱惜自己的身体，偏于肉体方面，是指要满足自己最基本的生活需求（第十二章"为腹"）。"无身"和"贵身"都是在讲一种平衡适度，两者不仅不矛盾，而且还互为因果关系：正因为"无身"，所以"贵身"；正因为"贵身"，所以"无身"。两者所达到的目的是一致的，都是安逸、恬静、平淡，是生命的返璞归真，是生命的最高境界。

  了不起的是，老子进一步把"贵身""无身"的思想推广到"贵大患""治天下"，这体现了老子"身国一体""身国同治"的思想，体现了老子以天道明人道、以人道证天道的思维方式。试想一个连自己的身体都不重视的国君，他怎么会珍惜自己的百姓以及天下的人民呢？反之，一个重视自己身体而不追求声色物欲的国君，他怎么会不珍惜自己的人民而去侵略别人、扰乱天下呢？

第十四章　道是我们做人做事的总纲领

　　视之不见，名曰夷；听之不闻，名曰希；抟之不得，名曰微。此三者，不可致诘（jié），故混而为一。其上不皦（jiǎo），其下不昧。绳绳（mǐn mǐn）兮不可名，复归于无物。是谓无状之状，无物之象，是谓惚恍。迎之不见其首，随之不见其后。执古之道，以御今之有。能知古始，是谓道纪。

　　在前面十三章中，老子从不同角度为我们描述了道的本质、道的作用、道的形状。总的来说，老子的道是真实的，存在于天地万物之中，存在于我们的人体生命之中，道就是天道，既是万物之道，也是人之道，是我们做人做事的总纲领。道既然是真实存在的，那么能不能看得见、听得到、摸得着呢？

　　这一章描述道是什么样子。开头用了三个"不"字，"视之不见"，"听之不闻"，"抟之不得"，也就是说，看它是看不见的，听它是听不到的，抓它也是抓不住的。说明道的神妙，不是人的感官——眼睛、耳朵、手所能把握的。"视之不见，名曰夷。""夷"这个字最早见于金文，从大从弓。本义是讨平、平定，引申为除去、诛灭等义，这里的意思就是没有，看不见。说明道是无形的，用肉眼去看是看不见的。"听之不闻，名曰希。""希"是个形声字，从巾，爻声，本义是麻布织得不密，引申为稀疏，稀少，这里是指声音太小，听不见。说明道是无声的，用耳朵去听是听不到的。"抟之不得，名曰微。""微"也是个形声字，商代甲骨文就有了，本义是隐蔽、深奥、细小，这里的意思就是微小，小到你根本抓不住它。说明道是无形的，道不是一个有形的东西。"抟之不得"现在往往误写为"搏之不得"。"抟"的繁体字"摶"和"搏"字形差不多。"抟"是什么意思？手字旁，是用手抓的意思。道用手去抓，是抓不住的。"夷""希""微"分别是对不可见、不可听、不可抟的称呼。河上公解释，"夷"是指无色，"希"是指无声，"微"是指无形。

马王堆帛书本这三句是："视之而弗见，名之曰微；听之而弗闻，名之曰希；捪（mín）之而弗得，名之曰夷。"和通行本"视之不见""听之不闻""抟之不得"意思相同，"捪"是抚摸的意思；不同点是命名，"视之不见"和"抟之不得"，通行本分别对应"夷"和"微"，帛书本对应"微"和"夷"，不过意思并没什么大的区别。

这让我想起五代时期有一位非常有名的道士，叫"陈抟老祖"，他的号就叫希夷先生。他的名号就与这三句话有关，与道有关。从这里也可以看出应该是"抟"字。从名号上看，他就是一位得道高人。他用易学把儒、释、道三教学说融为一体，创立了"先天易学"。他著有《无极图》《先天图》《易龙图序》，中国文化第一图"太极图"还有"河图洛书"相传就是由他传承下来的，所以说陈抟老祖是中国太极文化、河洛文化的代表人物，他深深影响了周敦颐、邵雍，他的学说经过周敦颐《太极图说》、邵雍"先天易学"的推演，最终发展为宋代理学。他虽然是个隐仙，却是一个名闻天下的丹道理论家和实践家，他活了一百一十八岁，写了丹道修炼的书《指玄篇》《观空篇》《胎息诀》，并亲自实践，发明了睡功，传说他睡觉可以一百多天不醒，成为天下第一睡仙。可以说他是"夷""希""微"三者结合的化身。三者结合是什么形象呢？

老子接着说："此三者，不可致诘，故混而为一。""诘"是追问的意思，"致诘"就是追究。这三方面都不可以去追究，所以是混而为一、浑然一体的。王弼解释道是"无状无象，无声无响，故能无所不通，无所不往。不得而知，更以我耳、目、体不知为名，故不可致诘，混而为一也"，说得很好。

接着老子说："其上不皦，其下不昧。绳绳兮不可名，复归于无物。"这个

"皦"是个白字部首，就是明白、明亮的意思。"昧"是日字部首，是天色还没有明亮的意思，引申为昏暗。这两句是说道从上面看是不明亮的，从下面看又不昏暗，既不明亮也不昏暗，恍恍惚惚的。"绳绳兮不可名"，"绳绳"是绵绵的意思，也就是细小微弱但连续不断。道是绵绵不断，始终存在的，不可名状，说不清楚。也就是第一章所说"道可道，非常道"，如果能说清楚，就不是真正的、永恒的道了。最终"复归于无物"，又回归到无形无物之中。道的本体不就是"无"吗？

"是谓无状之状，无物之象，是谓惚恍。"道是没有形状的形状，是没有物质的形象，这就叫作惚恍，也就是恍惚、恍恍惚惚。这里为什么不说恍惚，要说惚恍？其实非常简单，那是为了押韵，前面一句是"无物之象"，句尾"象"与"恍"韵母相同，惚恍其实就是恍惚的意思。道是恍恍惚惚的，难以把握、难以捉摸。

"迎之不见其首，随之不见其后。"在前面迎接它却看不见它的头，在后面跟随它又看不见它的尾。这也说明了道的神秘性。

我这里要说一说无物之象的"象"。老子将道归为"象"，而不是归为"形"：道是"无状之状，无物之象"。西方人重视形，是形思维；东方人重视象，是象思维。"形"和"象"的最大区别在于"形"是可以看得见摸得着的，有一个外在形体的，可以测量的。"象"是看不见摸不着的，但却是真实存在的，是可以感受的，可以体悟的。"形"是静态的，"象"偏向于动态，它是流动的，是"恍惚"，是"混一"，恍恍惚惚，混混沌沌，只有静心地去体察、内观、内听才可以感觉得到、体悟得到。

最后老子说："执古之道，以御今之有。能知古始，是谓道纪。"把握古代的道来驾驭现代的具体事物。能够认识宇宙的起始，就叫作道的纲纪。请大家注意"道纪"这个词，就是道的总纲领，包括总源头、总规律、总法则。道是超越时间的，无论是远古还是现在乃至未来，道始终存在，始终是我们做任何事情的总纲领。比如说你养生可以按照这个总纲领来做，你治国可以按照这个总纲领来做，你做企业也可以按照这个总纲领来做。

因为道就是万物本来的样子、本来的规律，也是为人做事本来的法则，所以真正得了道之后，就不会陷于那些有形的琐事上，什么得失、成败、荣辱，这些都没有了，不会去计较了。什么有无、长短、高下、深浅，这些都无差别了。因为我们回到最根本的状态上去了，所以就解脱了，真正快乐了，就不会被有形的东西束缚住了，这就是得道。道，是真实不虚的。

第十五章　得道的人长什么样子？

古之善为道者，微妙玄通，深不可识。夫唯不可识，故强为之容：豫兮若冬涉川，犹兮若畏四邻，俨兮其若客，涣兮其若凌释，敦兮其若朴，旷兮其若谷，混兮其若浊。孰能浊以静之徐清？孰能安以动之徐生？保此道者不欲盈。夫唯不盈，故能蔽不新成。

老子《道德经》第十五章这一章，郭店楚简本《老子》中有，一开头是"古之善为士者，必微弱玄达，深不可识。是以为之颂"，把得道之人称为"士"，"微弱玄达"，和通行本不同的是一个"弱"字、一个"达"字，弱就是柔弱，"达"就是通达。马王堆帛书本是"微妙玄达，深不可志"，和通行本意思大体相同。

"古之善为道者，微妙玄通，深不可识。"古代善于把握道的人，也就是得道的人，是非常微妙的、神秘的、通达的，因为太精深了所以难以识别。这里一连用了五个词"微""妙""玄""通""深"，其中"微""妙""玄""深"前面几章中都出现过。"通"是第一次出现，是指得道之人通达天地万物一切事理。"玄通"可理解为又玄妙又通达，也可理解为无论多么玄妙的东西他都能通达。河上公把"玄"解释为天，那么"玄通"，就是通达天道。所以这种人是"深不可识"的，太精深了，难以认识，不可识别。那怎么办呢？老子说："夫唯不可识，故强为之容。"正因为无法识别，所以勉强来形容。怎么形容？只有打比喻。接下来老子用了七个"若"，打了七个比喻，来形容得道之人。

"豫兮若冬涉川。""豫兮"有两种解释，一种是悠闲自得的样子，另外一种是犹豫不决、谨慎小心的样子。这两种理解都可以。得道的人是悠闲的，也是犹豫不决的、谨慎小心的，就好像冬天的时候踏冰过河，就怕掉下去。

"犹兮若畏四邻。""犹兮"就是警觉的样子。得道之人是警觉的，好像害怕四周的邻居，战战兢兢，非常谨慎。

"俨兮其若客。""俨兮"就是庄重的样子。得道的人是庄重的，就像客人。客人对待主人要庄严慎重。

"涣兮其若凌释。""涣"就是涣散开来，"涣兮"形容开放、舒展，说明得道之人心灵的自由自在。"凌"就是冰，"凌释"就是冰化开了。六十四卦有个涣卦，风水涣，春风一吹冰就融化了。这里是说，得道之人自由自在就像冰雪消融。

"敦兮其若朴。""敦"是敦厚。郭店楚简本作"淳兮其若朴"，"淳"淳良。马王堆帛书本作"沌兮其若朴"，"沌"混沌。三个字意思基本相同。"朴"是没有经过雕琢、保留原始状态的树木。得道之人敦厚的样子就像没有雕琢的树木。发现没有？老子的道是原生态的。

"旷兮其若谷。""旷"是旷达，得道之人旷达的样子就像幽深的山谷。

"混兮其若浊。""混"混沌，得道之人混混沌沌就像一汪浊水。

你看这七个比喻，把得道者的各个方面都形容到了。翻译一下：慎重啊像冬天踏冰过河，犹豫啊像提防四邻，庄重啊像尊贵的宾客，自在啊像冰河消融，敦厚啊像未经雕琢的树木，旷达啊像幽深的山谷，混沌啊像一汪浊水。

这七句写得很美，像一首诗。这七个形容词没有一个是对外貌的描述，全是对得道之人精神风貌、人格特征的描绘。

汉代高道严遵严君平说得道之人："上通道德之意，下达神明之心，秉天地之常，挟阴阳之变，犹以隐匿形容，绝灭端绪，作事由反，不可识知。"

当代学者陈鼓应先生将老子的得道之"士"与《庄子·大宗师》的得道之"真人"作了比较：老子所描写的人格形态，较侧重于宁静纯朴、谨严审慎的一面；庄子所描述的人格形态，较侧重于高迈凌越、舒畅自适的一面。庄子那种超俗不羁、"独与天地精神往来"的人格形态是独创一格的。老子的描写，朴素简单，他的素材都是日常生活和自然风物；庄子则运用浪漫主义的笔法，甚至于发挥文学式的幻想，将一种特殊而又突出的人格精神提升出来。

的确，老子这里描写的得道之人其实就是对他自己的描绘，在我看来，老子就像一个有点糊里糊涂的"糟老头"，他敦厚、庄重、纯朴、旷达，又混混沌沌、谨慎小心。庄子则是一个潇洒飘逸的中年美男子，就像他自己在《逍遥游》中描述的"邈姑射（yè）之山有神人居焉，肌肤若冰雪，绰约如处子，不食五谷，吸风饮露"，逍遥、飘逸、自由自在，鲁迅称赞他"汪洋辟阖，仪态万方"。虽然庄子的超凡脱俗与老子的质朴敦厚有很大的不同，但他们都是真正的得道高人，又都是把握天地大道、"独与天地精神往来"的凡人。庄子精神是对老子精神的继承和发挥。在我们今天的生活中，老子这个"糟老头"比起庄子这个"美男子"或许更高一等。老子"大隐隐于市"比庄子企求"邈姑射山之神人"更有现实意义吧。

老子在描述完得道之人后，用了两个反问句："孰能浊以静之徐清？孰能安以动之徐生？"（郭店楚简本作："孰能浊以静者将徐清？孰能牝以主者将徐生？"）"孰"就是谁，"徐"就是慢慢地。谁能够在混沌中安静下来慢慢地变清澈？谁能够在安逸中活动起来慢慢地生长？这是说只有得道之人才能以"静"的功夫使污浊变清澈，以"动"的功夫使安逸变生长。"静"和"动"是对立的，也可以互动、互换。"静"到了极点就变为"动"了，"动"到极点就变为"静"了。"动"和"静"是促进生命生生不息的两大动力。在动荡不安的时候要修炼"静"的功夫，在安逸不进的时候要修炼"动"的功夫，当然两者并不是截然分开的，往往是合在一起的，或者是"内静外动"，或者是"外静内动"。总而言之，精神的清静、心灵的淡定是生命修炼的总纲，所谓"动"绝不是心灵的浮动，而是建立在心静基础上的外在运动。

最后老子说："保此道者不欲盈。夫唯不盈，故能蔽不新成。"保有这种道的人是不要求盈满的,"不欲盈"就是不要求盈满。道是虚空的,不是饱满的。正因为不要求盈满,所以能够"蔽不新成","蔽"就是旧,"蔽不新成"就是保持原样。帛书本作"蔽而不成",意思是保持旧有的样子,不追求圆满、完美。我觉得"蔽而不成"更符合老子本意。如果把"成"字再引申一下,成功、成就,"不成"就是不要去追求成功。现在很多人把人生目标定位在成功,成功的标准就是物质财富,一心只想到成功,导致"压力山大",痛苦抑郁,有的人为了成功不择手段,违法犯罪。我常说,所有人来到这个世上最终都不是要成功,而是要成空,归于空亡。我们所有人都是攥着拳头而来,最后撒手而归,最后手里什么都没有。所以要学会"不成",要勇于"不成"。一旦我们学会"不成",心就放下了,就不会有压力了。结果平平静静、平平淡淡、平平安安走完一生,这不就是最大的成功吗?

第十六章　为什么岁月静好必须从静心开始？

致虚极，守静笃。万物并作，吾以观复。夫物芸芸，各复归其根。归根曰静，是谓复命；复命曰常，知常曰明。不知常，妄作凶。知常容，容乃公，公乃全，全乃天，天乃道，道乃久，没（mò）身不殆。

"只求身静心安好，不羡门前车马喧"，这是明代书法家文肇祉写的诗句。人人都希望有一个岁月静好的人生，尤其是在当今这个瞬息万变的社会，我们几乎每天都会遇到烦恼，我们的心总是躁动不安。怎么才能让心静下来？这是我们大家都关心的问题。老子《道德经》第十六章就是教我们怎么静心的。

首先老子提出一个六字法则："致虚极，守静笃。"极，是极点；笃，是深沉。"致虚极"就是要达到极度的虚无，"守静笃"就是守住深度的清静。虚要虚到极点，静要静到极点。这个要求是很高的。

郭店楚简本《老子》这句是："至虚，恒也；守静，笃也。"达到虚无要永恒，守住清静要深沉。"至虚，恒也"，是从时间上来说，而通行本"致虚极"是从程度上来说。这是道家一种十分重要的修道功夫。"虚极静笃"是一种得道的境界，"虚静"比较容易达到，但"虚极静笃"却很难达到，需要长期修炼。按照道家内丹派的说法，经过炼精化气、炼气化神、炼神还虚三个阶段才可以达到这个境界。按照佛家的说法，叫戒、定、慧三学，先要五戒十善，然后"入定"，"入定"就是达到"虚极静笃"的境界，然后就能觉悟智慧。

也许你会有所怀疑，这可能吗？那我就用弗洛伊德心理学潜意识理论来说明这个问题。弗洛伊德将意识分为潜意识和显意识两个部分，潜意识是指人类心理活动中未被觉察的部分，"虚极静笃"相当于潜意识部分。人的潜意识占到百分之九十五以上，人的显意识只占不到百分之五，显意识好比冰山一角，潜意识才是水面下的冰山山体，"虚极静笃"好比是冰山的最底部。潜意识里蕴藏着巨大的潜能。我们的潜意识里储存着我们听过的、看过的、经历过的所有信息，还有我们祖先流传下来的信息，有我们的祖先本来具备但后来却消失的各种潜能，平常它们不会浮现出来，只有在你遇到特殊情况的时候，比如极度危险的状态下，你的潜能才会发挥出来。当然我们不可能以生命为代价来开发我们的潜能。"致虚极，守静笃"就是老子教导我们开发潜能的最好办法。其实，儒、释、道三家共同的修行方法，如果用一个字来说，就是"静"；用两个字来说，就是"虚静"。老子首先提出的更高要求是"虚极静笃"。虚静要达到极点，才能开发和释放潜意识中的潜能，才能充分发挥人的直觉、体悟、灵感思维。如果你能学会这种方法，你的心就会静下来，就不会浮躁、焦虑、抑郁，你的生活一定会变得更加美好、更加幸福。

人在极度虚静之后会看到什么现象呢？老子接着说："万物并作，吾以观复。夫物芸芸，各复归其根。""并"是一起、同时的意思，"作"本义是发生，引申为运动变化。"复"就是回复、回归、循环往复。万物一起生长，我因此观看它们的循环往复。万物纷纷纭纭，各自回归到自己的根本。这两句，郭店楚简本是："万勿（物）旁作，居以须复也。天道员员（圆圆），各复其堇（根）。"前一句意思相同，后一句意思是天道好比一个圆在不停滚动，万物各自都会回归到根本。

这是在极度虚静的状态下才能看到的天道运动规律，这个规律老子用一个"复"字做了总结，"吾以观复""各复归其根"，也就是说，万事万物的运动变化最终表现出一种循环往复的规律。比如太阳东升西降，月亮阴晴圆缺、晦朔弦望，一年四季春生、夏长、秋收、冬藏，接着又是春生、夏长、秋收、冬藏，还有潮起潮落、云卷云舒、花开花落等，永远都是循环运动的。万事万物、芸芸众生，最后都会回归到根上去。你看树木长高了，长得很高很高，但是到最终，树上的叶子还是要落在根上，叶落归根。那么我们人是不是也是循环往复呢？人从婴儿到少年、青年、壮年、老年，最终死亡，按照《黄帝内经》的说法"人生于地，悬命于天，天地合气，命之曰人"，人从大地上降生，最终回归大地，"入土为安"。我们人都是从无中来的，最终还回归于无。佛家讲"六道轮回"，这辈子做善事，下辈子就能进入"上三道"（阿修罗、人、天），这辈子做恶事，下辈子就进入"下三道"（恶鬼、畜生、地狱），都在六道里循环往复。当然成佛、成道就摆脱轮回之苦了，叫寂静涅槃。

老子了不起的地方在于明确提出"万物并作，吾以观复。夫物芸芸，各复归其根。"指出天道万物周而复始、循环往复的大规律。那么这个规律是不是老子发现的呢？我认为不是，应该是老子受到《周易》的启发，是对《周易》的解释。"周易"是什么意思？就是周期变化。《周易》第二十四卦是复卦☷☳，卦象是上面五根都是阴爻，最下面一根阳爻，表明阴气到极点的时候阳气就来了，一阳来复了，卦辞就说"出入无疾，朋来无咎。反复其道，七日来复"。"出入"有出就有入，"朋来"的"来"隐含往来，有往就有来，"反复"就是循环往复、周而复始，"七日来复"字面意思是七天就会回复，重新来过，其实这个"七天"表示一个周期，因为一个卦是六根爻，好比六天，所以第七天就是新周期的开始。这个规律《象传》解释："复，其见天地之心乎？"循环往复大概就是天地的大规律吧？可见老子讲的"复"明显是受到《周易》的影响，是对《周易》的进一步阐发。

现代大儒，被称为"现代三圣"之一的马一浮先生就曾经比较过老子的《道德经》和孔子的《易传》，他说："老子说吾以观其作复，是万物作复之外别有一个能观之我。"也就是说，老子是把"吾"和万物分开对立的，马一浮还举《道德经》第七章"圣人无私，故能成其私"为例，说明老子是"己与物终成对待，此其所以失之也"。孔子《易传》说："圣人感人心而天下和平，观其所感天地万物之情可见矣。"马一浮说：孔子"是在自己身上看"，天地万物之情"不是离了自心恒、感之外别有一个天地万物"，所以孔子是"物我一体"，"老子的病根所在只是外物"。我是很尊敬马一浮先生的，他对《周易》极为推崇，他说："天下之道统于六艺而已，六艺之教终于《易》而已。"六艺就是六经。天下之道最终归于大《易》，包括这里对《易传》物我一体的说法，我都是高度赞同的。但他对老子的评价我却不敢苟同，老子的"吾"其实是道的化身，既超然物外，又融入物中。这个"吾"已经是"致虚极，守静笃"，物我合一，没有任何分别心。《道德经》第七章老子说的"圣人无私，故能成其私"，这个"圣人"也是道的化身，因为"无私"，所以能"成其私"，既然都无私了怎么还自私呢？显然"成其私"并不是指成就自己的私心，而是成就"圣人"的本心，"圣人"是得道之人，他的本心就是无私之心，物我合一、天地混同、万物虚静之心。

要真正入静，还得从根本上知道虚静的道理。让我们接着看《道德经》第十六章后一部分："归根曰静，是谓复命；复命曰常，知常曰明。不知常，妄作凶。知常容，容乃公，公乃全，全乃天，天乃道，道乃久，没身不殆。"

郭店楚简本有这一章的前一部分，没有后面这一部分，但马王堆帛书本有："（归根）曰静，静是谓复命。复命，常也。知常，明也。不知常，邙。邙作凶。知常容，容乃公，公乃王，王乃天，天乃道，道乃久，没身不殆。"文字稍有区别。但无论是通行本还是帛书本，大家在读这一部分的时候有什么感觉？是不是语气特别流畅？在遣词造句上很特别，上一句末尾的字词是下一句开头的字词，后一句的第一个字词就是前一句的最后一个字词，这样一句顶一句，这种修辞方法叫"顶针"。就像一串串珍珠似的，上传下接，首尾相连，语势贯通，音律优美，给人以强烈的艺术感染力。

第一句老子说："归根曰静，是谓复命。"回归根本叫作"静"，这就叫作回复本来状态。前一句说"夫物芸芸，各复归其根"，那么"归根"的本质是什么呢？是"复命"。什么是"复命"？"命"指天命，是天地自然变化的规律，又是天地自然的本源，它不受人的主观意愿支配。《中庸》的第一句就是"天命之谓性"，天命既是天地万物的本性，也应该成为人的本性。"命"就是在天道支配下的命运和最终归宿。"复命"就是要遵循天地自然的周期变化规律，最终回复到天地自然的本性、本根、本来状态。天地万物的本来状态是虚静的，所以掌握万物本根、本性的方法也必然是虚静。

老子接着说："复命曰常，知常曰明。不知常，妄作凶。"回复本来状态叫作"常"，了解常道叫作"明"，不了解常道就会招来凶险。"常"是什么？"常"就是道，因为只有道是恒常不变的。循环往复的运动就是道。了解这个道，就明白、就透亮了。佛家说人生痛苦的最大原因就是"无明"。"无明"的表现就是"贪嗔痴慢疑"，我们要是了解了道，知道一切都是循环往复的，不就明了吗？还去求什么呢？就不会为一己之私利而蝇营狗苟了。反之，"不知常，妄作凶。"不懂得道，就是"无明"的人，就有凶险了。可见了解常道是多么重要。

最后老子说："知常容，容乃公，公乃全，全乃天，天乃道，道乃久，没身不殆。"这段话是一个六连环哲学思辨，一环紧扣一环，意思是，了解常道才会包容，包容才会公正，公正才会周全，周全才会符合自然，符合自然才会符合大道，符合大道才会长长久久，终生不会有危险。马王堆帛书本是"知常容，容乃公，公乃王，王乃天，天乃道，道乃久，没身不殆"，中间是"公乃王，王乃天"，河上公注"公正无私，可以为天下王"，公正才会成为天下的王，为王才会符合自然。最后"道乃久，没身不殆"，符合大道一定能天长地久，永恒不变，终生不会有危险。"没身"的"没"通"殁"，就是死了，"没身"就是从生到死，也就是终生。认识了自然规律，按照自然规律来做事，当然终生都不会有危险。

总结一下知晓道之后的六个字："容""公""全""天""道""久"，包容、公正、周全、自然、大道、长久。我反复琢磨这几句话，发现倒过来读也是完全讲得通的："久乃道，道乃天，天乃全，全乃公，公乃容，容常知。"要长久必须符合大道，要符合大道必须符合自然，符合自然才能周全，周全才会公正，公正才会包容，包容就要了解常道。这就是一首回文诗，可以顺着读，也可以反着读。读来回环往复，绵延无尽，荡气回肠，最重要的是我们要反复揣摩其中的哲学道理、逻辑关系。总之，关键是要掌握"天道"的虚静本性，一旦知晓道，那么必然就会包容、公正、周全、为王、长久。

再来看这一章的开头"致虚极，守静笃"，为什么说这六个字是悟道、得道的根本功夫？因为道本身就是"虚极静笃"的。老子的道其实就是《易经》的"易"。《周易·系辞传上》说："易，无思也，无为也，寂然不动，感而遂通天下之故。"易，没有思虑，没有妄为，是寂静不动的，这样才能感应并通晓天下的道理。只有极度虚静才有这种高维的感应能力，才能与天地万物的能量相贯通。由此可见老子和《周易》不仅在终极大道上完全一致，而且在求道、悟道、得道的方法上也完全一致。

那么在浮躁的社会我们怎么才能让心静下来呢？怎么以内心的静来制服外界的动呢？我教大家一种静坐法。我们都听说过打坐，是要双盘的，两只脚的脚背分别叠压在两腿的膝关节上，这个一般人很难做到，练习时要有技巧，方法要得当。我这里只介绍一种比较简单的"三调"静坐法。所谓"三调"就是调身、调息、调神。第一步调身，调整身体。坐在椅子前二分之一处，自然垂坐，两腿与肩同宽，大腿与地面平行，小腿与地面垂直，两手结定印，就是禅定的手印，男子左手抱右手，女子右手抱左手，拇指微微相触，手掌心朝天，手背放在大腿根，含胸拔背，头正颈松，下颌内收，两眼微闭，全身从头到脚一个部位一个部位放松。第二步调息，就是调整呼吸。腹式呼吸，关注腹部，自然而然地呼吸，不要故意拉长或者缩短，慢慢体会随着一呼一吸，肚子微微隆起收缩，注意是吸气的时候肚子微微隆起，呼气的时候肚子微微收缩，这是顺呼吸。肚子随着呼吸在动，不是控制呼吸，而是顺应呼吸，全身心体会自己在呼吸就可以了。调整呼吸十到十五分钟之后，进入第三步调神，就是调整意念。这时要忘掉呼吸，将所有的意念集中在头顶百会穴，想象百会穴正上方一轮红日发出金色温暖的光，照耀头顶百会穴，百会穴微微发热，然后将百会穴的金光沿着中脉往下引，一直到会阴穴，意想会阴穴微微发热。这种感觉一定是恍恍惚惚、隐隐约约的。不要太执着。最后慢慢收功。

　　静坐时，要找一个安静的环境，放下俗务，按照这三个步骤来做就可以了。这样我们浮躁的心就会慢慢静下来。练功贵在坚持，久而久之，就可以达到"致虚极，守静笃"的境界。

第十七章　老子为什么叫太上老君？

> 太上，不知有之。其次，亲而誉之。其次，畏之。其次，侮之。信不足焉，有不信焉。悠兮其贵言。功成事遂，百姓皆谓：我自然。

我们都知道老子叫太上老君，那么老子为什么叫太上老君？太上老君究竟是什么意思呢？

《道德经》这本书是写给君王看的。班固《汉书·艺文志》说："道家者流……此君人南面之术也。"就是指君王的统治之术、治国之术。第十七章一开头，老子给君主划分了四个等级，最高等级是"太上，不知有之"，最好的统治者，人们不知道有他的存在。

"太"是什么意思？我的师爷冯友兰先生说："这个'太'就是'太上皇''老太爷'那个'太'。""太"表示"最高级"，"太上"就是"最高明的君主"或者"最好的君主"。"不知有之"的"之"就是指代君主。最好的君主，下面的老百姓都不知道有这个君主存在。这是什么意思呢？说明这个君主是无为而治，是按照人的本性、按照事物发展的规律在统治老百姓，让老百姓自由地生活。对这样的统治者，老百姓就不会感觉到他是在欺压自己、剥削自己，当然就不会感觉到还有君主的存在。假如这个君主是用强暴的手段在欺压百姓，百姓就会觉得头上压了一座大山。

"不知有之"是管理的最高境界。对今天的企业管理来说也是这样，最高明的老板，你下面的员工都不知道你的存在，一问"你们老板是谁"员工们回答

"不知道",那就要恭喜你了,说明你已经是"太上"了,已经到达最高境界了。所以我经常和老板们开玩笑说:"你的任务就是和我到山上吃茶去。"你随时离开企业,你这个企业运转得照样正常,说明你这个企业不是人治,而是道治;不是人管人,而是道管人。管理可以分三个层面,最低层是人管人,稍高一层是制度管人,最高层是文化管人。当然最高明的文化就是天地自然之道,就是按自然法则、按人的本性来管理。这样员工就不会觉得是在为老板打工,而会觉得是在为自己工作,为自己的兴趣、本性工作,会快乐地、自觉地工作,就会最大程度发挥自己的潜能、潜力。

不过值得注意的是,早期版本不是"不知有之"。郭店楚简本和马王堆帛书本,这一句写的都是"大上,下知有之","大"就是"太","下知有之"是什么意思?这个"下"就是指下层的老百姓,"下知有之",意思是老百姓只知道有这么一个君主,但和自己没什么关系,既不感激他,也不怨恨他,仅仅知道有个君主存在。这样的君主采用的方法同样是无为而治。所以"下知有之"和"不知有之"在深层次上意思是一样的。

"太上"不仅是指最高的君主,也是指得道的最高境界。老子为什么叫"太上老君"?就是指老子已经达到道的最高境界。老子什么时候被称为太上老君的呢?是东汉末年,张道陵创立道教,为《老子》重新做解释,写了《老子想尔注》。这本书第一次把老子神化为太上老君:"一者道也……一散形为气,聚形为太上老君。"道是一个最高的本体,这个道散开之后就变成气了,气又融化在万事万物当中,也融化在我们每个人的心里。道汇聚起来,就变成太上老君,太上老君就是老子。老子成为大道的化身,大道就是太上之教,也就是道教。张道陵尊老子为教主,实际上张道陵才是道教的创始人,是第一代张天师。现代道教界一般称张道陵为教祖、老子为道祖、轩辕黄帝为始祖,合成"道教三祖"。

再回到《道德经》第十七章,通行本开头是"太上,不知有之",接下来为"其次,亲而誉之",楚简本和帛书本是"其次,亲誉之"。其次一等,人民亲近并赞美他。"誉"就是赞誉、赞美。在我们平常看来，下属又亲近又赞美的领导应该是最好的领导，应该是第一等的，但老子却说："不，这是第二等的。"因为他不是无为而治，是有为而治。

"其次，畏之"，楚简本和帛书本也都是"其次，畏之"。再次一等（第三等），人民害怕他。有一次我讲课的时候，有一位老板跟我说，他管理企业特别严格，他检查卫生，总要用手往边边角角的地方摸，一看脏的，马上进行处罚。他的企业制度严格，赏罚分明，管理得井井有条，下面的员工都怕他。我跟他说，你这样的领导在老子看来属于第三等。

"其次，侮之"，楚简本也是"其次，侮之"，帛书本作"其下，母（侮）之"。最次一等（第四等），人民轻侮他、瞧不起他。"侮"，轻慢，轻蔑。大家都蔑视他，瞧不起他，甚至于侮辱他、骂他，这样的领导肯定是最差劲的。

总结一下四个等级领导的管理方式，第一等肯定是道家管理，第二等是儒家管理，第三等是法家管理，最后一等是让大家骂的，哪一家都算不上。

老子接着说："信不足焉，有不信焉。悠兮其贵言。"一般人都理解为君主如果诚信不足，那人民就不会信任他。"信不足焉"的主语是君主，是统治者诚信不足；"有不信焉"的主语是老百姓，老百姓就不会信任他。这种说法似乎有道理，但我认为"信不足焉，有不信焉"主语都是百姓，老百姓对于君主有的是信心不足，有的是完全不信任。为什么这么说呢？我们来看一下楚简本和帛书本就清楚了，这两个版本写的是："信不足，安有不信。""安"怎么理解？如果理解为"怎么"，那么这句话就讲不通了，其实"安"在这里是"于是"的意思，老百姓信心不足，于是就不信任君主。这是对第四等的统治者而言的，老百姓首先是没有信心，然后是不信任，结果是"侮之"，就瞧不起统治者。

所以，老子要统治者"悠兮其贵言"。这一句楚简本是"犹乎其贵言也"，帛书本是"猷（yóu）呵其贵言也"。"悠"是悠闲，"悠兮""犹乎""猷呵"都是悠闲的样子。"贵言"就是把语言看得很珍贵，那就是少说话，这里是指少发号施令。这一句是说，统治者应该悠闲自如，不要随意发号施令。领导者的"悠兮"很重要，优哉游哉，就是庄子所说的"逍遥"，这肯定是所有领导者都想追求的境界。怎样才能做到"悠兮"？当然就是无为而治。你"悠兮"了，老百姓才可以"悠兮"。老子一直主张"贵言"，后面会讲到"塞其兑，闭其门"，"知者不言"。"贵言"是无为的表现之一。

最后老子说"功成事遂，百姓皆谓：我自然"，这一句郭店楚简本是"成事述功，而百眚曰我自朕（然）也"，马王堆帛书本是"成事遂功，而百姓曰我自然也"。事业成功、事情顺遂，老百姓都说"这是我们自然而然的事"。"成事遂功"和"功成事遂"意思相同，就是事业成功了。成功是多层面的，国家成功了，家庭成功了，企业成功了，个人成功了，这是统治者的功劳吗？"百姓皆谓：我自然。"老百姓都说：这是我们自然而然的事，我们本来就是这样的啊。这个"自然"当然不是大自然，而是自然而然。这里有两层意思：一层是因为我是按照自然之道来做事，取得成功也没必要大惊小怪，这是自然而然的事；另一层是因为我是按照自然之道来做事，不是什么领导教我们做事，与领导无关，不是什么领导管理的结果，我都不知道还有一个领导啊。

这样的领导就太成功了，就是"太上，不知有之"。老子的"悠兮贵言""无为自然"的大智慧，值得我们今天做领导的好好学习。

第十八章　为什么说越提倡什么就越缺少什么？

　　大道废，有仁义；智慧出，有大伪；六亲不和，有孝慈；国家昏乱，有忠臣。

　　大家有没有发现一个现象，就是越提倡什么就越缺少什么，口头越强调某一个东西的重要性，就说明这个东西在人们心目中越不重要。这样的现象是什么原因导致的呢？请看《道德经》通行本第十八章，老子列举了四种情况，分析了各自的原因。老子不愧是一个洞察世事的高人，他总是能从表象看出本质，从结果看出原因，这个本质往往就在表象的反面，这个原因也往往就在结果的反面。

　　第一种情况："大道废，有仁义。"大道废弃了，于是就有了仁义。什么是"大道"？大道是指自然社会的本来样子，天地自然本来就有的公平准则、公平秩序。为什么要提倡仁义道德？就是因为社会不讲仁义道德了。为什么社会不讲仁义道德了？就是因为"大道"被废弃了，社会政治的公平准则、公平秩序被抛弃了。由此可见仁义道德的存在，反而证明世界没有大道了。当年孔子周游列国，宣传仁义礼乐，就是因为当时礼崩乐坏，道德沦丧，所以孔子才四处奔走，倡导仁义，克己复礼。仁义是好的，倡导仁义是对的，老子为什么说大道被废弃了？这就是老子的超人之处，他看到了深层次的原因，那就是比仁义更好的是大道，大道是自然社会的正常秩序、公平法则。如果大道存在，天下人自然而然就仁爱和谐，何必还要去提倡仁义呢？所以说与其提倡仁义，不如恢复大道，恢复自然而然的公平秩序。

第二种情况："智慧出，有大伪。"智慧出现了，于是就有虚伪。这里的"智慧"是指机巧、小聪明。"大伪"一般解释就是大的虚伪，"伪"有虚伪、伪装、欺诈的意思。在今天看来，智慧是好的，机巧、小聪明也没有什么不好，但老子看问题很透彻，原本天地自然和人的本心是纯朴的，不需要什么机巧、聪明智慧，如果出现所谓聪明智慧，那就说明整个社会有"大伪"。比如当今书画界为什么会有各种临摹、仿制的赝品出现，说明社会上有买卖字画的需求，为了赚钱，发明各种技术，用尽心机，坑蒙拐骗，说明社会已经人心不古、不纯朴了。所以"智慧出，有大伪"，深层次的理解是反对人为，"伪"的本义是"人为"，这个字的结构就是单人旁加个"为"字，意思就是人为，是人做的，而不是天然的。所以这一句说明老子是在反对人为，主张要回归无为。人之所以变得越来越聪明，就是因为不按照天地自然之道来作为，而是按照自己的欲望来有为。这种所谓的"智慧"其实不是真正的智慧，真正的智慧在于不人为，在于顺其自然，无所作为。所以说与其有各种聪明"智慧"出现，不如世人都真诚、返璞归真、无为而治。

第三种情况："六亲不和，有孝慈。"六亲不和睦，于是有孝慈。什么是"六亲"？就是六种亲属关系，说法不一。《左传》的解释指父子、兄弟、姑姊（父亲的姐妹为姑，自己的姐妹为姊，同姓）、甥舅（母亲的兄弟为舅，自己姐妹的子女为外甥，异姓）、婚媾（妻子的家属）、姻娅（有婚姻关系的亲戚）。《汉书》的解释指父、母、兄、弟、妻、子。王弼注："六亲，父子、兄弟、夫妇也。"为什么六亲不和睦，才有孝慈？老子叫我们要反向思维。为什么要提倡六亲和睦？不就是因为社会上子不孝父不慈、夫妻不和谐、六亲不和睦了吗？如果家家都六亲和睦，哪里还需要讲什么孝慈不孝慈？所以老子的意思是，与其提倡家庭孝慈，让某些人评为孝慈模范，还不如回到父子、兄弟、夫妻的本心，回到六亲和睦的本来状态。

第四种情况："国家昏乱，有忠臣。"国家昏乱了，于是就有忠臣。为什么会有忠臣出现？就是因为奸臣当道、国家太昏乱了。本来做臣子的都应该是忠臣，可是事实却并非如此，尤其是在乱世会有忠臣和奸臣的对立。在乱世才比较容易识别忠臣和奸臣，反过来，如果很容易识别忠臣和奸臣，也就说明国家昏乱了。与其出现所谓的忠臣，不如国家就不昏乱。

以上就是《道德经》通行本上的四种情况："大道废，有仁义；智慧出，有大伪；六亲不和，有孝慈；国家昏乱，有忠臣。"可是1973年湖南长沙马王堆出土的汉初帛书本，1993年湖北荆门郭店出土的战国时期楚简本，这两个版本文字和通行本不同，写的是："故大道废，安有仁义；智慧出，安有大伪；六亲不和，安有孝慈；邦家昏乱，安有贞臣。"这个"安"字是什么意思？"安"字放在句子开头，有哪里的意思，是反问句。比如李白的诗："安能摧眉折腰事权贵，使我不得开心颜！"怎么能卑躬屈膝去侍奉权贵，让我不能欢心笑开颜！如果这么理解，"故大道废，安有仁义"意思就变成了，大道废弃，怎么会有仁义？跟"大道废，有仁义"意思恰好相反。显然把"安"理解为"怎么"是不妥的。其实"安"通"乃"，"故大道废，安有仁义"也就是"故大道废，乃有仁义"，意思是，大道废弃，于是有了仁义。后面也一样，等于"智慧出，乃有大伪；六亲不和，乃有孝慈；邦家昏乱，乃有贞臣"，句子意思和通行本是一样的。

表面上看，老子否定仁义、智慧、孝慈、忠诚，是对孔子思想的否定，因为孔子恰恰就提倡仁义、智慧、孝慈、忠诚，但实际上老子和孔子并不矛盾，因为他们的目的都是想要社会更公平、公正、和睦、和谐，只是孔子强调要建立社会的公德，要人们遵循伦理道德、行为准则；而老子则主张直接回到人类社会公平、公正、清静无为的本然状态，反对提倡仁义、孝慈这些表面的做法。孔子是从正面说的，老子是从反面说的。老子认为人的自然之性（本性）就是清静无为的，本来就不会有那些不忠的、虚伪的、混乱的现象，社会只有彻底回归自然大道，才不会产生什么仁义、智慧、孝慈、忠诚这些表面的东西。总的来说，老子和孔子的目标还是一致的，只是老子比孔子更加彻底一些。

第十九章 返"朴"归真的三大法则

> **绝圣弃智，民利百倍；绝仁弃义，民复孝慈；绝巧弃利，盗贼无有；此三者，以为文不足，故令有所属。见素抱朴，少私寡欲，绝学无忧。**

上一章老子列举了四种现象，一针见血地指出背后的原因：倡导仁义说明大道废弃了，倡导智慧说明人为太过了，倡导孝慈说明六亲不和谐了，倡导忠臣说明国家昏乱了。那么应该怎么做才能不出现这种怪现象呢？老子《道德经》通行本第十九章给出了回答。

这一章一开头提出了"三绝三弃"，即"绝圣弃智""绝仁弃义""绝巧弃利"，这是治疗上一章所说的奇怪现象的良方。上一章说各种不和谐、不公平现象就是因为统治者太提倡仁义、智慧、孝慈、忠诚了，那怎么做才能杜绝这些现象发生呢？很简单，就是把这些东西统统都抛弃掉。

"绝圣弃智，民利百倍"，"绝"是断绝，"弃"是抛弃，"圣"指圣明、聪明，"智"是智慧。断绝、抛弃聪明、智慧，人民才可以收获百倍利益。河上公认为这是"绝圣制作，反初守元"，这个"圣"是指上古圣人，比如"五帝画象，仓颉作书"，不如回到没有符号文字的三皇时代。这样人们就能自给自足，不会有什么过多欲望，不会斗智斗勇，反而能安居乐业，这样才能得到最大的利益。

"绝仁弃义，民复孝慈"，断绝、抛弃仁和义，人民才能回归孝慈。说明倡导仁义反而是造成不孝慈的原因。

"绝巧弃利，盗贼无有"，断绝、抛弃机巧和利益，盗贼才不会出现。说明机巧和利益是产生盗贼的原因。

值得注意的是，1993年湖北荆门郭店出土的竹简本《老子》中，这三句是"绝智弃辨，民利百倍；绝巧弃利，盗贼亡有；绝伪弃作，民复季子"，除中间一句与通行本几乎相同外，其余两句并不相同，而这一章出现在郭店楚简本的第一支和第二支竹简上。"绝智弃辨""绝伪弃作"意思是抛弃聪明才辩，抛弃虚伪造作（"作"也可以看成是"诈"，抛弃虚伪欺诈）。楚简本出土后，专家看到这两句很震动，这和通行本大不一样啊。通行本是"绝圣弃智""绝仁弃义"，圣智、仁义是孔子提倡的，说明通行本《老子》是反对仁义的，老子是反对孔子的，道家和儒家是对立的。但楚简本的出土打破了人们的旧有观念，楚简本是"绝智弃辨""绝伪弃作"，而不是"绝圣弃智""绝仁弃义"，说明楚简本《老子》是不反对仁义的，这与《史记》记载孔子问礼于老子是一致的。如果老子反对礼仪或不懂礼仪，那孔子怎么会不远千里去向老子讨教呢？说明老子和孔子并不对立，反倒是友好相处、互相尊崇的。只是后来道家和儒家才对立起来的。

从时间上看，竹简本是战国中期的，帛书本是秦代至汉初的，帛书本已与后来的通行本相同了。由此看来，《老子》的文本经过了一个演变的过程，也说明人们对仁义礼智的态度有一个演变过程。春秋末期至战国中期，仁义礼智还处于形成初期，其负面属性还没有暴露出来，而到了战国晚期，仁义虚伪、自私的负面属性逐渐暴露，所以当时《老子》的整理者——可能就是《史记》中说的老莱子或太史儋，就将"绝智弃辩""绝伪弃作"改为"绝圣弃智""绝仁弃义"。这一点并不说明版本的优劣，而恰好说明社会与时代的变迁，说明《老子》一书被后世修改过。

最后老子总结："此三者，以为文不足，故令有所属。"楚简本这里是"三言以为辨，不足。或命之，或呼嘱"，马王堆帛书本读起来比较流畅，是"此三言也，以为文未足，故令之有所属"，意思是，这三个方面全是文饰，不足以治理天下，所以要使老百姓有所归属（归属到根本大道上去）。哪三个方面？楚简本指的是智辩、巧利、伪作，帛书本和通行本指的是圣智、仁义、巧利。"文"，是文饰、巧饰。"文"，是孔子所提倡的。孔子讲"文质彬彬"，文采和实质要配合得当。老子则反对任何文饰，因为文饰的东西都是人造出来的，如果统治者用圣智、仁义、巧利这些文饰来治理天下，是远远不足的。"故令有所属"，"令"就是使的意思，要使老百姓有所归属，当然就是归属于清静无为的根本大道上去。

那怎么才能回到根本上去呢？老子提出三点要求："见素抱朴，少私寡欲，绝学无忧。"最后这四个字"绝学无忧"，马王堆帛书本和王弼通行本都是在下一章的开头，但从文义和文气看，放在这里才比较顺畅。

第一点要求是"见素抱朴"。"素朴"现在一般说朴素。"素"这个字金文中就有了，注意下面是绞丝，表示丝绸，本意是没有染色的丝绸、没有加工过的丝织品。"朴"是木字部首，是指没有加工过的木材。朴素，就是指不加修饰，保留原始本色。《庄子·天道》说："朴素而天下莫能与之争美。"《淮南子·原道训》说："所谓天者，纯粹朴素，质直皓白，未始有与杂糅者也。"再看，"见素抱朴"的"见"通"现"，就是表现在外，"抱"就是怀抱在内。"见素抱朴"是说，外在要素净，内在也要质朴，内外都要纯真自然。东晋道士葛洪，给自己取了一个号叫"抱朴子"，就取自于"见素抱朴"。朴素是万物的本质，也是人类的本性。老子本人就是一个不雕饰不做作、返"朴"归真的人。

第二点要求是"少私寡欲"。"寡"就是少。减少私心，减少欲望。老子并没有说灭绝私心、灭绝欲望，说明人正常的欲望是可以的，只要满足基本的饮食男女之欲就可以了，如果超出了基本欲望，就太过了，就会导致争斗、混乱。

第三点要求是"绝学无忧"。抛弃学问没有忧愁。这一点似乎与孔子的说法不相同，孔子倡导要为学、要博学，老子却说要绝学、要不学。看似对立矛盾，其实两个人所说的对象是不同的。孔子是从为学角度说的，做学问要日积月累，越积累越有知识；老子则是从为道角度说的，求道就要简单，越简单越能把握天道，越简单就越有智慧，也就越快乐，这就叫"绝学无忧"。

"仁义""圣智"本是儒家所推崇的美德，通行本《老子》却主张彻底抛弃，为什么？因为仁义、圣智、巧利是道的反面，是违背本性、产生虚伪的根源，是社会混乱、道德败坏的原因，所以一定要抛弃。从本性上说，人是真纯质朴的，是清静淡泊的，只是后来随着人类知识和智慧的产生，随着人类欲望的扩大，人类的本性被污染、被损害了，所以才形成追逐名利、尔虞我诈，甚至刀枪相加的局面。通行本《老子》发现社会在强调仁义礼智的同时，那些不仁、不义、非礼、非智的人和事反而有所增加，一些口口声声仁义的人却做着不仁、不义的事情，说明仁义礼智有自私性与虚伪性，因而主张绝圣弃智、绝仁弃义、绝巧弃利。这就从根源上，也就是天性与人性上解决了问题。只有这样做了，人们才能回归到清静不争、无知无欲的本性中去，人类质朴虚静的本来面目才会得以回归。

第二十章　为什么说人要有敬畏之心？

　　唯之与阿，相去几何？善之与恶，相去若何？人之所畏，不可不畏。荒兮其未央哉！众人熙熙，如享太牢，如春登台。我独泊兮其未兆，沌沌兮如婴儿之未孩；儽儽（lěi）兮若无所归。众人皆有余，而我独若遗。我愚人之心也哉！俗人昭昭，我独昏昏；俗人察察，我独闷闷。澹（dàn）兮其若海，飂（liù）兮若无止。众人皆有以，而我独顽且鄙。我独异于人，而贵食母。

　　对中国人而言，最大的危机是什么？是信仰危机！信仰危机的最大表现是什么？是没有敬畏心。那么自古以来中国人有没有敬畏心？有！敬畏什么？敬畏天道！孔子说"君子有三畏"，第一就是"畏天命"。老子说"天网恢恢，疏而不失"，真是天道好轮回，苍天饶过谁？老子所说的道就是天道，老子本人其实就是天道的化身。老子语重心长地向我们发出"人之所畏，不可不畏"的警告。

　　这一章比较长，我把它分成两大部分，第一部分是开头三句："唯之与阿，相去几何？善之与恶，相去若何？人之所畏，不可不畏。"后面的内容为第二部分。在1993年郭店出土的楚简本中只有这三句，没有后面的内容，而1973年马王堆出土的帛书本全章内容都有。而且在"唯之与阿，相去几何"前面还有一句"绝学无忧"，通行本前面也有"绝学无忧"四字。我认为"绝学无忧"放在上一章的最后更好，文义更加顺畅。最早的楚简本，在乙组第四支、第五支竹简上写了这三句："唯与诃，相去几何？美与恶，相去何若？人之所畏，亦不可以不畏人。"前面并没有"绝学无忧"四个字。

先看第一句："唯之与阿，相去几何？"楚简本是："唯与诃，相去几何？"帛书本是："唯与诃，其相去几何？""唯"与"阿"，都是应答的声音。"唯"是恭恭敬敬的答应声，"阿"，是傲慢的答应声，两者恰好相反。先看"唯"，我们都知道有一个词叫唯唯诺诺，"唯"就是"诺"。我们现在看古代剧，会看到大臣回答皇帝说话时要说"诺"。"阿"楚简本和帛书本都写作"诃"，"诃"是怠慢的回应声。恭敬谦卑的应答与傲慢无礼的回答，相差有多少呢？河上公解释："同为应对，而相去几何？疾时贱质而贵文。"两种应对方式相差多少呢？不正常的时候，往往轻视真实重视虚假，听不出哪是谦卑哪是傲慢，真假不辨，尊卑不分。"唯与诃"的"诃"也可以理解为大声呵斥，小心答应和大声呵斥，也是相差无几的。

再看第二句："善之与恶，相去若何？"就是说善良与邪恶相差有多少呢？意思是说两者相差并不多。河上公解释："善者称誉，恶者谏诤，能相去何如？疾时恶忠直、用邪佞也。"称颂赞美被看成是善的，劝谏力争被看成是恶的，其实这两者相差多少呢？不正常的时候，总是讨厌忠诚正直而任用邪恶小人。这一句楚简本是："美与恶，相去何若？"帛书本是："美与恶，其相去若何？"通行本是"善"与"恶"相对，楚简本和帛书本是"美"与"恶"相对，意思是一样的，是说美善与丑恶相差多少呢？其实差不多。老子告诉我们看似相对的概念、相对的价值判断，其实都是相反相成的，不是截然对立、不可改变的。这种相对观念，其实在《道德经》第二章就已经说得很清楚了："天下皆知美之为美，斯恶已；皆知善之为善，斯不善已。"美与丑、善与恶都是相对的，还有"有无相生，难易相成，长短相形，高下相倾，音声相和，前后相随"，相对的东西是相反的，又是相互依赖、相互补充、相互形成的，还是可以相互转化的。对这一点庄子有很好的发挥，《庄子·齐物论》有一句名言："天地与我并生，而万物与我为一。"天地与我和谐共生，而万物与我合为一体。"齐物论"

的"齐"就是齐等、相同的意思，"齐物论"是说一切事物归根到底都是相同的、浑然一体的，都在不断向其对立面转化，因而没有什么差别。庄子讲"毛嫱丽姬，人之所美也，鱼见之深入，鸟见之高飞，麋鹿见之决骤"，有两位和西施齐名的美女叫毛嫱、丽姬，人人都愿意看见她们，但是鱼儿看见她们就吓得潜到水里，鸟儿看见她们就高飞入云，麋和鹿看见她们就急速逃去。这和一个丑女有什么区别呢？一个丑女，鱼儿看见她就吓得潜到水里，鸟儿看见她就高飞入云，麋和鹿看见她就急速逃去，她跟美女不是一样的吗？所以世间万物的美与丑，都是人为区分而来的。同样一个女人，在情人眼里就是西施，在仇人眼里就是东施。什么美与丑、善与恶，都是人为区分出来的，都是相对的。

庄子这种相对论的思想源于老子，老子认为无论善还是恶、美还是丑，都是人为论定的，事物本来无所谓美还是丑、善还是恶，美丑、善恶都是人的主观判断、主观区分，对同样一个事物，有人觉得美善，有人觉得丑恶。可见这已经偏离了事物的本质、事物本来的样子。事物本来摆在那里，无论你说它是丑还是美，是好还是坏，它就是那个样子，所以老子主张不要评判，就让它自生自灭，让它回归于本质，回到自然无为的原始状态。

最后看第三句："人之所畏，不可不畏。"人们所畏惧的东西，就不能不畏惧。这一句楚简本和帛书本都是"人之所畏，亦不可以不畏人"。意思是人们所畏惧的，是不可以不畏惧的。究竟是畏惧什么呢？河上公解释："人谓道人也。人所畏者，畏不绝学之君也。不可不畏，近令色，杀仁贤。"意思是得道的人所畏惧的是不"绝学无忧"的君主，也就是不践行无为而治的君主，这种君主是任性的、霸道的，"近令色，杀仁贤"，接近巧言令色、阿谀奉承的奸臣，杀害爱戴百姓的忠臣贤人，所以老百姓会感到畏惧。王弼解释："故人所畏者，吾亦异焉，未敢恃之以为用也。"没有说畏惧什么，只是说人们都畏惧的，我也会感到与众不同，不敢依靠他重用他。

"人之所畏，不可不畏。"老子这句话原本是对统治者说的，老百姓都敬畏的东西，统治者也要敬畏。是要统治者关注民意、重视民意，不能违背民意。

老百姓都这么去做的，你为什么搞另类呢？你也这么去做不就完了吗？如果你搞另类，不按照百姓的意愿做事，结果一定会被百姓所推翻。当然我认为这个"畏"字值得深思，人是要有敬畏心的，举头三尺有神明。"人之所畏，不可不畏。"究竟"畏"的是什么？那就是敬畏天道。自古以来，我们中国人，人人都敬畏天道，今天我们也不可以不敬畏天道。举头三尺有神明的"神明"就是天道。天道信仰使得中华文明生生不息数千年，也必将一代一代持续传承下去，并造福于全人类。

记得在序言里我问过一个问题：在你的心目中老子是个什么样的人？显然老子是个老先生、老头子、白胡子、白头发，长得清瘦，个头不太高。老子两眼是不是炯炯有神？这一点我可能和你想的不一样，在我的心目中老子两眼并不是炯炯有神，而是浑浊无神，昏暗无光。为什么这么说呢？请看老子《道德经》第二十章，前三句"唯之与阿，相去几何？善之与恶，相去若何？人之所畏，不可不畏"前面我们已经讲过了，这后面就是老子的自我介绍、自我描述。老子并不是一个喜欢谈论自己的人，在《道德经》全文中，只有这一章谈了他自己和众人的不同。这后一部分文字很美，就像一首散文诗，也像一篇赋文，很多句子中都用了"兮"字。"兮"是个语气助词，相当于现代汉语的"啊"，是诗赋中经常用的词。读完之后，老子这个人物形象就栩栩如生地浮现在我们面前了。

开头一句："荒兮其未央哉！""荒"本义是荒芜，荒芜就是一种原始的状态，这里意指道是最原始的。"荒"又引申为广大。帛书本是："恍呵其未央哉！"头一个字是恍惚的"恍"，在先秦时期，恍和荒通用，是指广大无垠，恍惚无边。"未央"就是没有结束，长长久久。这个词赋文中经常使用。"荒兮其未央哉"，是说天道广大深远、浩瀚无边、恍惚玄妙、永不停息。北宋名相王安石为这一句解释："荒兮其未央哉，道之荒大而莫知畔岸。""畔岸"就是边界，是说天道广大无边无际。

老子接下来把自己和众人、俗人作比较："众人熙熙，如享太牢，如春登台。我独泊兮其未兆，沌沌兮如婴儿之未孩；傫傫兮若无所归。"这段大意是，众人都熙熙攘攘、兴高采烈，好像去赶赴盛宴享受美味，又好像春天登上高台。唯独我淡泊恬静，无动于衷，混混沌沌就像初生的婴儿，闲散游荡好像无家可归。下面一句一句解释。"众人熙熙，如享太牢，如春登台。""众人"当然是没有得道的人。"熙熙"，是纵情欢乐的样子，河上公说"淫放多情欲也"，是淫荡放纵情欲的样子。"太牢"是指古代祭祀时牛羊豕（猪）三牲（牺牲）具备，如果只有羊、豕（猪）二牲叫少牢。"如享太牢"，如同享受最丰盛的食物。"我独泊兮其未兆"，唯独我很淡泊寡欲。"未兆"就是还没有萌动，无动于衷。"沌沌兮如婴儿之未孩"，混混沌沌好像刚生下来的婴儿。什么是"未孩"？"孩"这里是笑的意思，"未孩"就是还不会笑。婴儿刚出生是不会笑的，一般要三个月以后才会有意识地微笑。表示老子始终保持婴儿纯真无瑕的本心。"傫傫兮若无所归"，好像在外面游荡，无家可归。"傫傫"是一种懒懒散散的样子，看上去懒懒散散，找不到归宿，找不到知音，其实是一种自由自在、无拘无束的状态。

老子接着比较："众人皆有余，而我独若遗。"众人都觉得富足有余，唯独我好像被遗弃，好像还远远不足。河上公解释："我独如遗弃，似于不足也。""我愚人之心也哉！"我真是愚蠢之心啊！放着与众同乐的路子不走，却要踽（jǔ）踽独行在求道的路上。实际上，老子所表达的是，在众人看来是愚蠢之心，实际上却拥有最大的智慧，这就是大智若愚。"俗人昭昭，我独昏昏；俗人察察，我独闷闷。""俗人"就是众多庸俗的人。俗人都明明白白，唯独我却糊里糊涂；俗人都能洞察精明，唯独我懵懂无知。当然这个"我"既可以看成是老子的自称，也可以看成是所有已经得道的人，还可以看成是道本身，正如第十四章所说道是视之不见、听之不闻、抟之不得，是混混沌沌、糊里糊涂、恍恍惚惚的。

老子接着形容："澹兮其若海，飂兮若无止。""澹"是深远的意思。"飂"是飘的意思。这两句是说，我深沉得就像大海，我飞扬起来就不会停止。"澹兮""飂兮"一静一动，恬静的时候像大海，活动的时候像不停的疾风，形容自由奔放，动静自如。

最后老子说："众人皆有以，而我独顽且鄙。我独异于人，而贵食母。"众人都有所作为，而唯独我愚笨而且浅薄。只有我与众不同，我重视的是享受母亲的滋养。"有以"河上公说是有为，王弼说是有用。众人都有作为、都有用，唯独我"顽且鄙"。"顽"是愚笨，"鄙"本义是边远的地方，引申为粗俗、浅薄。"我独异于人，而贵食母。"只有我与众不同，"贵食母""贵"是意动用法，意思是认为很珍贵。"食母"是什么意思？历代学者解释并不一致，可以说是一个千古之谜。"母"是母亲，指的就是道，这一点大家的观点是一致的。《道德经》第一章说道是"万物之母"，第二十五章说道"可以为天下母"。但"食母"的"食"是什么意思，却有不同观点。河上公认为："食，用也。母，道也。""食母"就是用道，使用道、利用道。现代有学者认为就是守道。王弼说："食母，生之本也。"没有明确解释"食"字是什么意思。我认为这里的"食"用的就是饮食的引申义，是食养、滋养、享受的意思。"食母"就是享受母亲的滋养，"食母"就是"食于母"，被母亲所滋养。从前面和众人的比较可知，众人都在忙忙碌碌，努力而为，为什么只有我可以这么悠闲懒散、无所作为？不正是享受着道这个伟大母亲的滋养吗？

我每次读到这一章时，脑海里总是浮现出老子和屈原这两个形象，他们两人和"众人"的形象是截然不同的，他们都超凡脱俗、卓尔不群。不同的是：屈原是"众人皆醉唯我独醒，举世皆浊唯我独清"；老子却恰恰相反，如果套用屈原的话，老子就是"众人皆醒唯我独醉，举世皆清唯我独浊"。这是老子的自谦还是自嘲呢？其实都不是，这是老子对众人"熙熙""昭昭""察察"行为的嘲讽和反对。在老子看来，众人的行为是不符合道的，众人的价值判断是错误的。其实这一点他和屈原是一致的，所以屈原和老子一样都绝不从俗，绝不同流合污。

老子说自己是"沌沌""儽儽""昏昏""闷闷"，是愚钝、木讷、浅薄，这是站在俗人的角度看"我",是众人眼中的"我",其实老子在说这些话时心情是悲凉的,他为众人迷恋于物质享受不能自拔而痛心、无奈。同时老子又是潇洒的、超脱的,因为他在洞察世事人情之后,已经认清了天地万物、生命和人生背后的真相,他已经获得大觉悟、大智慧,已经得道了,所以他才能回归质朴、淳厚、恬淡虚无,才能活得自由自在。

第二十一章　为什么说恍恍惚惚是得道的状态？

孔德之容，唯道是从。道之为物，唯恍唯惚。惚兮恍兮，其中有象。恍兮惚兮，其中有物。窈（yǎo）兮冥（míng）兮，其中有精。其精甚真，其中有信。自古及今，其名不去，以阅众甫。吾何以知众甫之状哉？以此。

我们都知道一个词叫"恍恍惚惚"，通常用来形容一种模糊不清的状态。在医学上，指由于神经衰弱或自主神经功能紊乱表现出来的神志不清、心神不定、精神迷糊的症状。这些当然都是不好的。可是老子告诉我们，还有一种"恍惚"却是得道之后的高维体验，是一般人难以体会到的美妙状态。这究竟是一种什么样的"恍惚"呢？

这一章除最后一句外，都是四个字的句子，好比一首优美的、押韵的四言诗歌。第一句："孔德之容，唯道是从。"老子一开始就阐明道和德是什么关系，意思是，大德的状态完全跟随着道。"孔德"就是大德。"孔"为什么是大呢？我们看"孔"这个字的金文，是"子"上加上一段弧线，这段弧线指出婴儿头部囟门所在的位置，表示小儿头上的囟门。由于小儿的囟门还没有合拢，即头上像是有个洞，所以"孔"义为孔穴、洞；又引申为通达，许慎《说文解字》："孔，通也。"通达的东西是美好的，美好是大的，所以"孔"是大的意思，"孔德"就是大德。"孔"由"大"的意义又转为一个程度副词，表示很、非常的意思。如"孔武有力"就是很威武、有力量的意思。"唯道是从"是古汉语常见句式，现代汉语就是"唯从道"，就是只服从道、跟随道。"孔德之容，唯道是从"意思是，德顺从于道，道统领德。道是看不见、听不到、摸不着的，是无形的、恍惚的；德是看得见、听得到、摸得着的，是有形的、有容的。"容"就是形状。道外显出来就是德，德是道显现出来的功能属性，是道落实在人、万物层面的具体行为。道是恍恍惚惚，不可捉摸的，而德却是实实在在，可以看见的。道通过德的表现，证明是真实可靠的。按照中国哲学的术语来说，道和德是体用关系，道是德的本体，德是道的作用。"体"是根本的、内在的，"用"是"体"的外在表现，是表象。注意这里讲的德是"孔德"，大德，言外之意，小德就不能完整地反映道的本体。

下面就是老子对道的描述："道之为物，唯恍唯惚。惚兮恍兮，其中有象。恍兮惚兮，其中有物。窈兮冥兮，其中有精。其精甚真，其中有信。"对道的总体描述就是"唯恍唯惚"。道这种东西，是恍恍惚惚的。因为道是无形的，看不见、听不到、摸不着的。但道却是真实存在的，道是一种恍恍惚惚、隐隐约约的存在，"惚兮恍兮，其中有象。恍兮惚兮，其中有物"。好多人问我，为什么前面说"惚兮恍兮"，后面又说"恍兮惚兮"，为什么要颠倒过来？两种说法是不是不一样？其实是一回事，意思是一样的。那为什么倒过来说？是为了押韵。有人说哲学就是诗歌，这一点，在老子《道德经》上就充分体现出来了，哲学是很美的，不仅是真善美，而且还有一种韵律美。"惚兮恍兮，其中有象"，"恍"和"象"押韵，都是平水韵养部；"恍兮惚兮，其中有物"，"惚"和"物"押韵，都是入声字。其实意思都一样，就是恍恍惚惚。"惚兮恍兮，其中有象。恍兮惚兮，其中有物"，意思是，恍恍惚惚啊，这当中又有形象；恍恍惚惚啊，这当中又有实物。什么是"象"？这个象就是可以感受到的景象、形象。"象"和"形"又不一样，形偏于静态，象偏于动态。

"窈兮冥兮，其中有精。""窈"是幽远、幽深。"冥"是混沌、昏暗。"窈兮冥兮"是对恍惚的进一步描述，但恍惚、窈冥不等于什么都没有，而是"其中有精"。"精"是什么？它原意是一种细米，"精"所对应的词是"粗"。粗，就是一种粗米。"精"后来引申为精细、精微的东西，这个东西也可以叫精气。"其精甚真，其中有信"，这个精微的东西（精气）是很真实的，是非常可信、可靠的。老子用了四个"有"，说明道有象、有物、有精、有信。"其精甚真"的"真"也可以引申为真气，"其中有信"的"信"也可以理解为"神"。那么道在恍恍惚惚、幽远昏暗中不仅有形象、有物质，而且有精气神。

其实恍恍惚惚、窈窈冥冥不仅是道的存在方式，而且也是得道的一种状态。道是可以在身上体会出来的，后来的道教有一种内丹功夫，经过炼精化气、炼气化神、炼神还虚三个步骤，就可以"炼虚合道"了，就是进入极度的虚空状态，就是得道了。而在极度的虚空状态，就是恍恍惚惚、窈窈冥冥的状态。好像有又好像没有。通过练功你会有这种体会，这种恍恍惚惚的感觉是非常真实的，也是非常可信的。因为道是真实存在的，但是它的存在方式是说不清楚的，也是看不见、摸不着的，只能去感受它、体悟它。当然我们千万不要以为自己看不见甚至感觉不到，就觉得它没有。请相信只要你静下心来，你一定能体悟到。

最后老子总结："自古及今，其名不去，以阅众甫。吾何以知众甫之状哉？以此。"这当然是指道，从古到今，道的名字永远也不会消失，根据它可以认识万物的本质。"以阅众甫"，"甫"在马王堆帛书本写作"父"，两字意思相同。"众甫（父）"就是万物之父，万物的起始，万物的本源。按照这个道可以看到芸芸众生、万事万物的开端，所有生命的本质。"吾何以知众甫之状哉？以此。"我怎么知道万事万物的本质和开端呢？就是凭借道啊。"以此"的"以"就是凭借的意思，"此"就是道的意思。凭借这个道去认知万物的本源。

我们再回过头来看"道之为物，唯恍唯惚"。道究竟是不是一个物？这里说道是一个物，是一个东西。而第十四章却说道是"无物"："复归于无物。是谓无状之状，无物之象，是谓惚恍。"道又不是一个东西，不是一个物。那么道究竟是一个物还是不是一个物呢？进而好多人就问，老子的道究竟是唯物的还是唯心的呢？有的人按照道是"无物"的说法，说道是唯心的，道是"无"，"无"

就是唯心的。有的人按照这一章的说法，"道之为物……其中有物"，说道是唯物的。两派吵得很厉害。有的学者一会儿说是唯物的，一会儿说是唯心的，自相矛盾。这其实已经陷入唯物与唯心二元对立的怪圈里，无法自拔。其实用唯物和唯心的分类法来分析《道德经》本身就不合适。这种二元对立的分类方法本身就不符合老子哲学。那是西方哲学的一种分类法，根本不能用来套用老子这个道。道既不是唯物的也不是唯心的，而是"物心合一"的，物里面有心，心里面有物。没有分别，不能分别。

那么《道德经》这里说的"道之为物……其中有物"的"物"是什么意思呢？这个"物"并不是指一个有形体的东西，而是指有内容的、有精气的、真实可信的存在。

第二十二章　为什么要"少"不要"多"？

　　曲则全，枉则直，洼则盈，敝则新，少则得，多则惑。是以圣人抱一为天下式。不自见，故明；不自是，故彰；不自伐，故有功；不自矜（jīn），故长。夫唯不争，故天下莫能与之争。古之所谓曲则全者，岂虚言哉！诚全而归之。

　　有一年冬天，北京已经是冰天雪地，我和一位朋友去拜访当时的中国佛教协会会长一诚长老。他的房子里非常暖和，我拉着他的手感觉好温暖、好柔软。和他聊天，听他开示，他说的很多话已经记不清了，但有一句话却是永生难忘，他缓缓地说："现代人啊都不是饿死的，都是撑死的。"当时听到这句话时，我心里特别震撼，这不就是老子说的"少则得，多则惑"吗？

　　这一章的开头老子一连用了六对反义词："曲则全，枉则直，洼则盈，敝则新，少则得，多则惑。"先看"曲则全，枉则直"，委屈才能保全，弯曲才能伸直。"曲"和"全"是一对反义词，"枉"和"直"也是一对反义词。一般来说，弯曲的东西总被人看成是不完全、不完美的。可老子却说弯曲的东西是完美的，太直了反而容易折断。对做人来说，委曲求全，能委屈才能保全。"枉则直"，"枉"也是弯曲的意思，只有弯曲才能伸直。马王堆帛书甲本是"曲则金，枉则定"，能够曲折才是金贵的，能够弯曲才能稳定。马王堆帛书乙本是"曲则全，汪则正"，曲折才能保全，弯曲才能摆正。这对我们现代人来说尤为重要，我们处在一个竞争时代，内卷得这么厉害，怎么办？老子告诉我们要反向去做，要委屈、谦卑、退让，不要硬碰硬，这样就会避免受到外界伤害，就能保全自己。这也是一种以屈为伸、以退为进的处世策略，委屈、退让其实是在积蓄力量，等到时机成熟时，就会伸展、前进。"曲"和"全"、"枉"和"直"是相反的又是可以转变的，"委屈"可以变为"完全"，所以从人的一生来说，委屈本身就是完美，弯曲本身就是伸直。要开阔我们的心胸，不必拘泥于一时一事。

再看"洼则盈，敝则新"，低洼的反而能充满，破旧的反而能出新。"洼"和"盈"是一对反义词，"洼"就是低洼，"盈"就是满，越是低洼的地方积蓄的水就越多。所以我们要有空杯心态，只有把杯里的水全部倒掉才能装新水。学习也是如此，"我知道我不知道"，完全把自己当成无知者，才能学到新的知识。"敝则新"，"敝"和"新"是一对反义词，"敝"是破旧的意思，破旧的才能创新。为什么？因为万物变化的规律就是破旧之后必然会新生，比如冬天草木凋零枯萎，之后必然是春天草木再生。做人也是如此，经历失败打击之后，要汲取教训，谋求改革创新。更重要的是，要把自己放在破旧的位置，也就是放在最低的位置，谦虚、低调、不争，这样才能得到别人的支持、吸引优秀人才、得到更好的资源，从而赢得崭新的局面。

"少则得，多则惑"，越少越有收获，越多越迷惑。"少"和"多"是一对反义词，"得"和"惑"也是一对反义词。这句话真是治疗当代人的一剂良药啊！大家想一想，我们现代人做事情谁不是贪多？财富要多，存款要多，物质享受要多……现代社会可供选择的机会太多太多，对人的诱惑也太多太多，在这些诱惑和机会面前，我们往往会迷失自己，不知如何选择，陷于迷惑之中，导致烦恼丛生。怎么办？老子说"少则得"。你只要心静，少选择就行，欲望一定要少，计较一定要少，幸福不在多得，而在少计较。

举个例子，很多企业在做品牌的时候也是贪多，总以为一个品牌包含的品类越多力量越大。品牌向不相关产品的多元化发展，最终的结果是什么呢？必然是这个品牌甚至于这家企业被"撑死"，垮掉。"少则得，多则惑"。一个品牌包含的品类越少力量反而越大，越多力量反而越小。你可以看看排世界前一百位的品牌，百分之九十五以上都是单一品牌。当一个品牌可以成为某一个品类的代名词的时候，那你的力量就是最大的。

老子叫我们要求少不要求多，那么最少是多少呢？老子接着说："是以圣人抱一为天下式。"所以圣人持守"一"作为天下的准则。可见当时最少就是一。为什么不是零？零这个数字很晚才有的。先秦时期还没有零的概念，最小的数字是一。通行本这句话是"是以圣人抱一为天下式"，马王堆帛书本是"是以圣人执一以为天下牧"。这个"一"其实就是道。"抱一""执一"都是坚守道。"式"是范式、法则，"牧"是治理。这句话的意思就是：圣人坚守道并把它作为治理天下的法则。

老子接着说："不自见，故明；不自是，故彰；不自伐，故有功；不自矜，故长。"不自我显示（"见"同"现"），反能昭明；不自以为是，反能彰显；不自我夸耀（伐，夸耀），反倒有功劳；不自骄自傲，反而能长进（长，长进）。这句话给我们的启示就是，你越是去求，就越是得不到；你越是不求，反而就越能得到。前面老子要我们不要贪多，这里告诫我们不要自我表现，不要自以为是，不要自我夸耀，不要自我骄傲。不要自我表现这一点与西方人的思维习惯不同，西方人往往鼓励自我表现，有什么就说什么，不要客气，要善于表达。现代好多年轻人学习西方人的表达方式，有的还要夸大其词，结果往往招来大家的反感。为什么？这是两种文化的不同。如果一味学习西方人这种张扬的个性，在中国的社会环境中往往难以立足，难以成功。

好多人以为，谦虚了、谦让了、不与人抗争了是不是就吃亏了？老子回答："夫唯不争，故天下莫能与之争。"正因为不跟人争，所以天下没有人能争得过它。老子最后说："古之所谓曲则全者，岂虚言哉！诚全而归之。"古人所说的委曲才能保全，难道是虚假的话吗？不，这是真理啊！它实实在在能使人保全而回归大道。"诚全而归之"，"诚"是实实在在；全，全部；归，归属；之，代指道。

老子的伟大之处就在于他的与众不同，在于他能看到常人所看不到的地方，能在日常琐事当中发现本质规律。比如我们看到弯曲、低洼、破旧的东西，总觉得这些是不完善、应该修补的，老子却看出，这些东西反而具有重大功能，这些东西恰恰是它们的对立面——所谓完善、满盈、崭新的根源。这正是对第二章"有无相生，难易相成，长短相形"的进一步阐释，说明正反两面并不是截然对立的，而是相互依存、相互转化的。这里更是强调反面的、阴性的、低下的东西能生成正面的、阳性的、高尚的东西。在同一个事物正反、阴阳两方面的属性中，反的一面能生成正的一面，阴的一面能生成阳的一面，这是老子崇阴思想的体现。老子曾反复强调柔弱胜刚强、无中生有、下能生上的道理。这里更是明确提出"夫唯不争，故天下莫能与之争"。

第二十三章　为什么说狂风暴雨不可能持久？

希言自然。故飘风不终朝，骤雨不终日。孰为此者？天地。天地尚不能久，而况于人乎？故从事于道者，同于道。德者，同于德。失者，同于失。同于道者，道亦乐得之；同于德者，德亦乐得之；同于失者，失亦乐得之。信不足焉，有不信焉。

话说有一个叫王蓝田的人，脾气特别急。急到什么程度呢？有一次吃鸡蛋，他用筷子扎鸡蛋没有成功，又急又气就把鸡蛋扔到地上。鸡蛋落地之后欢快地旋转不停，在王蓝田看来就是故意示威，他腾地跳下床来用脚踩，还是没有踩到。王蓝田勃然大怒，又从地上捡起鸡蛋放入口中，把鸡蛋嚼碎了再吐掉，最终也没吃到鸡蛋，还气了个半死。这个故事记录在距今将近一千六百年的一本故事集《世说新语》中。我看到《道德经》第二十三章"飘风不终朝，骤雨不终日"，马上想到这个故事。

这一章一开头四个字"希言自然"是一个著名的金句。字面意思是少言语才合乎自然。"希言"的"希"是少的意思，"自然"不是大自然，而是自然而然，是天地万物本来的样子。前面几章老子多次提到要少言少说甚至不说，比如"行不言之教""悠兮其贵言""多言数穷"，这里又一次提出"希言自然"。这几个"言"字，按字面解释，就是说话。言多必失，要少说多做。言多，往往会浮夸，会说大话，说假话，说谄媚的话，说伤害人的话，所以要"希言""少言""贵言"，甚至"不言"。为什么说少言语才合乎自然呢？因为一个正常的人在正常状态下，不必说浮夸的话、大话、假话、谄媚的话、伤害人的话，凡是喋喋不休都不是正常的状态，现实中我们都会讨厌那些喋喋不休的人。这是"希言自然"的第一层意思。但要注意老子主要是针对统治者说的，所以这个"言"字含有政教法令的意思。"希言"的意思就是少推行政令，少使唤百姓，不要朝令夕改。"希言自然"，就是不扰民，让百姓过上恬淡自然的生活。否则就像十七章所说的，百姓会对统治者"畏之侮之"。

老子接着说："故飘风不终朝，骤雨不终日。"狂风不会持续吹整个早晨，暴雨不会持续下一整天。"飘风"是一种什么风？就是疾风、旋风、龙卷风一类的风。河上公注："飘风，疾风也。骤雨，暴雨也。言疾不能长，暴不能久也。""飘风""骤雨"是一幅多么形象的画面！看起来真是汹涌、猛烈，可是却不可能长久。越凶猛的东西寿命越短，越柔静的东西反而寿命越长。我们的人生也莫不如此。我们会有成功辉煌的时刻，但那是不长久的，最后还是要返璞归真，回归宁静。老子为什么要说到狂风暴雨？这是用自然界狂风暴雨来做比喻，"飘风""骤雨"比喻暴政。老子给当政者提出一个警示，如果用暴政、苛捐杂税剥削人民，用严酷政令束缚人民，那么必然不会长久。狂风暴雨必定不会长久，说明统治者施行暴政、强取豪夺，虽能逞凶于一时，但不能逞凶于一世，必定不会长久。所以要"希言自然"，要"清静无为"。

接着老子分析这种现象的原因："孰为此者？天地。天地尚不能久，而况于人乎？"谁造成这种现象？是天地。天地尚且不能长久，何况是人呢？河上公解释："天地至神，合为飘风暴雨，尚不能使终朝至暮，何况人欲为暴乎？"天地神灵，造出狂风暴雨都不能够让它持续一整天，何况人施行暴政呢？就更不能长久了。老子不愧是一个伟大的预言家，后来的事实确实如此。以两个大一统的朝代秦朝和隋朝为例，由于施行暴政、苛政，人民被迫揭竿而起、奋起反抗，结果秦朝只存在了十五年，隋朝只存在了三十八年。

有人可能会问了：这里说天地不能长久，可是前面第七章却说"天长地久"，那么天地到底能不能长久呢？其实这两个地方说的"天地"的内涵是不同的，"天长地久"说的是天地之道，强调的是天地之道"不自生"，不是为了自己而生存，所以才能长久。这里说的是现象，飘风骤雨是天地造出的一种现象，当然不可能长久。就是天地本身也是不能长久的，从现代科学角度来说，日月星辰和地球都有毁灭的一天。人更是不可能长长久久的，个人寿命最长也不过一百多岁。直立人生存年代大概在一百七十万年至三十万年前，人类到目前为止也不过几百万年，以后还能不能延续一百万年还是个问题。天地万物的生生灭灭本身就是天地之道，天地之道是公平的，是有规律的，有生必有灭，有盛必有衰，成熟越早衰退越快，来得越猛去得越快。

所以老子说："故从事于道者，同于道。德者，同于德。失者，同于失。"所以按道做事的人，就会与道相同；按德做事的人，就会与德相同。失去道和德的人，也就是不按照道和德做事的人，他的行为、结果也会失常。这三句话说明人的行动是跟随目标而变化的，设定什么目标就会采取什么行动，也就会导致什么结果。这里同样是针对统治者说的，如果统治者设定道为目标，按照道来做事，就会遵循天地自然规律，他的施政策略也就会无为而治，百姓的生活也会自由自在、悠然自得。这里用了三个"同于"。就是要混同，不要隔着一层。比如求道的人，就要与道融合成一体，那么他的所有行为自然都是道的体现；从事德性修养的人，就要与德性融为一体，那么他的所有行为自然都是符合德性要求的；想要失去道与德的人，就会与道和德相分离，那么他的所有行为就自然不会符合道和德的要求。

反过来说："同于道者，道亦乐得之；同于德者，德亦乐得之；同于失者，失亦乐得之。"行为与道相同的人，道也乐于帮助他、接纳他；与德相同的人，德也乐于帮助他、接纳他；与失道、失德相同的人，失道、失德也乐于跟随、接纳他。这三句话其实就是《周易》所说的"方以类聚，物以群分""同声相应，同气相求"，你是什么样的人，就会招来同类的人，就会做同类的事情，采用同类的行为，这就是同频共振，最后会有同类的结果。

最后老子说："信不足焉，有不信焉。"如果诚信不足，那么别人必然不信任他，不会以诚相待。统治者没有诚信，老百姓就不信任他，也不会对统治者讲诚信。对普通人来说也是如此。反之，"信足焉，有信焉"，如果有诚信，别人就会信任你，也会以诚信对待你。

　　老子是在强调一个铁的规则，那就是"因果报应"的规则。如果某一位统治者遵循的是清静无为的道和德，那么老百姓必定会回报你清静、柔顺的道与德；你以诚信对待人民，人民必然回报你诚信，你的统治才能长久。这个因果律，佛家说的是"善有善报，恶有恶报；不是不报，时候未到；时候一到，立即就报"，儒家说的是"积善之家，必有余庆；积不善之家，必有余殃"。种瓜得瓜，种豆得豆，它是规律之道。这一点任何人都改变不了。

第二十四章　为什么定高目标会无功而返？

　　企者不立，跨者不行，自见者不明，自是者不彰，自伐者无功，自矜者不长。其在道也，曰：余食赘形。物或恶之，故有道者不处。

　　钱钟书小说《围城》的主题可以概括为一句话："婚姻是一座围城，城外的人想进来，城里的人想出去。"生活中，有许多把婚礼办得高调奢华的夫妻不久就闹矛盾甚至离异了，而那些在婚姻里低调、不张扬、平平淡淡的夫妻却能白头偕老。究其原因，很多是操办婚礼的时候，为了讲排场、充面子，借钱办婚礼，打肿脸充胖子，把婚礼当成炫耀财富、算计利益、满足虚荣心的主场，导致债台高筑，婚后争吵不断。人们往往把目标定得太高，超出了自己的能力，结果反而无功而返。这种现象老子早就告诫我们了。

　　我们先来看第一句："企者不立。""企"上面是"人"字，下面是"止"字。"止"就是脚趾。"企者"就是踮起脚后跟的人，踮起脚后跟站立叫作"企"。"不立"，就是站不住、站不稳。"企者不立"就是踮起脚后跟的人站不稳。意思是把目标定得太高了，不是正常站着就能达到，而是要踮起脚后跟才能达到，那么最终将达不到，即使达到了也很快就会失去。河上公本作"跂者不立"，河上公解释为，一个"贪权慕名，进取功荣"的人，是不可能"久立身行道"的。马王堆帛书本这一句写的是"炊者不立"。"炊"就是烧火做饭。马王堆帛书本出土以后，专家看到这几个字，就犯难了。"炊者不立"究竟是啥意思呢？有人说"炊"通吹牛的"吹","炊者"就是吹牛的人。"炊者不立"就是自我吹嘘的人在社会上是不能立身的。也有人解释,"炊"表示流动的、有所偏向的,比如炊烟。"炊者"表示一时的、有所偏向的观念。"炊者不立"意思是一时的、有所偏向的观念不能长久。还有人解释,"炊者"就是烧火拉风箱的人,"炊者不立"就是烧火拉风箱的人是不能站着的,因为拉风箱就要矮下身来,或蹲或坐。我认为,把"炊者"直接解释为烧火拉风箱的人比较符合原意,但"炊者不立"不是指烧火拉风箱的人不能用站立的姿势,而是指烧火拉风箱这件事情不可能长久。为什么这么说呢?我们比较一下第五章就清楚了,第五章说"天地之间,其犹橐龠乎?虚而不屈,动而愈出",把天地之间比喻成一个大风箱,因为天地之间是虚空的所以不会穷尽,越抽动它风量就越大。可是这里的"炊者"烧火拉风箱,是人为的,人为的东西是不可能长久的。

再看后面是:"跨者不行。""跨"是迈大步,两步并作一步。大踏步走的人反而走不远、走不快。有一个成语叫"欲速则不达",与"跨者不行"意思是相同的。老子反对急功近利、浮躁冒进,这是老子自然、虚静、无为之道的反映,是符合人类本性的基本原理。

"企者不立,跨者不行",踮起脚后跟是想站得高、看得远,结果呢?反而站不稳,甚至摔跤。大跨步前进是想走得快、走得远,结果呢?反而走不远、走不快。其根本原因就在于超过了自己原有的能力,违背了自己本来的天性。"欲速则不达","拔苗助长"则苗不长。所以,你想站稳、站久,就不要"企";要走得远,就不能"跨"。做自己力所能及的事,才能站得久、走得远。

有一个故事,说有个小和尚挑着一担油,为了在天黑之前赶到城里去,走路特别快,结果迷了路。等他紧赶慢赶赶到城外,城门就要关了。正好遇到一个老和尚,小和尚就问老和尚:"我要进城去,但是时间已经晚了,城门马上就要关了,怎么才能进去?"老和尚说:"我只能告诉你一条:千万不能走快,你要慢慢走。"小和尚一听,不能理解:时间不多了,马上就要关门了,还要我慢慢走,那我肯定进不了城。所以他就挑着油往前跑,一着急,摔了一跤,这就是"跨者不行"。油全泼了，等他把东西收拾好，城门早关了，这就是欲速则不达。

对我们一般人来说，要心平气和，要稳步前进，不要躁动冒进；对统治者、管理者来说，则要无为而治，不要为追求雷厉风行而违背人的本性，给人民、给下属带来灾祸。

接下来老子说了四个"自"："自见者不明，自是者不彰，自伐者无功，自矜者不长。"意思是自我表现的人反而不能显露，自以为是的人反而不明白事理，自我夸耀的人反而没有功劳，自高自大的人反而不能长进。这四句的含义在第二十二章中已经阐明了，"不自见，故明；不自是，故彰；不自伐，故有功；不自矜，故长"，不过那是从反面说的。两处一正一反，相得益彰，进一步说明为人之道要内敛、谦和、虚心。

但凡成功的人都懂得"内敛"二字。比如三国时期刘备，胸怀远大志向，却神光内敛，在曹操以青梅煮酒论英雄时，借受到打雷惊吓巧妙掩饰了内心的惶恐，很好地保全了自己，终成大事。清代名臣曾国藩在打败太平天国以后，主动解散湘军，后来又托病让位，避开功高震主之嫌，躲掉杀身之祸，成功保住晚节和清誉。

反之，如果太高调、爱炫耀，一定没有什么好结果。以《西游记》中孙悟空为例，孙悟空是个双突出人物，本事大毛病也大，最大的毛病就是喜欢高调炫耀。且不说孙悟空遇到唐僧之前因为太过张扬、炫耀而饱受"社会毒打"，就说他护送唐僧一路西天取经，因为太爱炫耀无端惹了太多是非，不但熬磨自己，也把唐僧折腾得不轻。比如在观音禅院，孙悟空出于好胜心，非要与金池长老斗富，拿出唐僧的无价之宝袈裟炫富，唐僧怎么也拦不住，结果金池长老起了贪念，想尽办法要将唐僧师徒置于死地。幸好孙悟空本事大，把大家的命保了下来，也把袈裟抢了回来，但是观音禅院被烧毁了，金池长老也自杀了。最重要的是，孙悟空把观音菩萨得罪透了，他们师徒四人以后的日子就更难过了。

第二十四章这里所讲的道，就是告诉我们做人要低调，藏而不露方能长久。

千万别学孙悟空，最有本事的人并不是孙悟空那样的人，而是从不随意炫耀，且擅长不动声色地摆平一切的人。

最后老子说："其在道也，曰：余食赘形。物或恶之，故有道者不处。"如果从道这个层面来说，这种人叫作"余食赘形"。人们都讨厌这种人，所以有道的人不是这样做的。什么叫"余食赘形"？"余"是剩余，"食"是食物，"余食"就是剩饭剩菜。"赘形"的"赘"是多余的意思，"赘形"就是人身上多余的瘤子、疣子。"余食赘形"都是遭人讨厌的东西。这四种人，自见者、自是者、自伐者、自矜者，好比是剩饭和赘疣，是多余的，没用的，被人厌恶的。"物或恶之"的"物"指的是人，"或"是有时，"恶"是讨厌，"物或恶之"意思是，人们有时会讨厌那些自我表现、自以为是、自我夸耀、自我标榜的人。这是一种客气的说法，其实不是有时，而是常常。"故有道者不处"，所以有道的人（懂得道的人）是不会这么去做的。"处"就是做，"不处"就是不做。也就是说，得道之人绝对不会自我炫耀、自我标榜。

第二十五章　为什么说道是又变又不变？

有物混成，先天地生。寂兮寥兮，独立而不改，周行而不殆，可以为天下母。吾不知其名，强字之曰道，强为之名曰大。大曰逝，逝曰远，远曰反。故道大、天大、地大、人亦大。域中有四大，而人居其一焉。人法地，地法天，天法道，道法自然。

《易经》是中华民族第一经典，是先秦诸子百家的思想总源头。孔子是明解《易经》，老子是暗解《易经》。孔子明解《易经》好理解，因为孔子有《易传》，虽然《易传》不是孔子亲自写的，但反映了孔子的思想。可是好多人对老子暗解《易经》写了《道德经》这一点有疑问。《道德经》并没有解释八卦、六十四卦，怎么是暗解呢？其实老子是领悟了《易经》的精华并解释为道，把"周易"解释为"周行而不殆"。

"有物混成，先天地生。"有一个东西浑然而成，在天地之前就已经出生。这个"物"就是道。"混成"的"混"就是混沌、浑然一体。前面有很多章讲了道是说不清的，是"视之不见，听之不闻，抟之不得"的。道是"唯恍唯惚"，恍惚的，朦胧的，就像清纯朦胧的少女，就像一首朦胧多情的诗。这里又说道是浑然而成的，混混沌沌，模模糊糊。道先于天地而产生，不仅是说先有道而后才有天地，而且是说道创生了天地，道是天地万物的总源头。

那么道有什么特征呢？老子说："寂兮寥兮，独立而不改，周行而不殆，可以为天下母。"意思是道无声无形，独自确立而不可改变，周期运行而不会停止，可以成为天下的母亲。"寂兮寥兮"的"寂"是没有声音，"寥"是没有形状。道是无声无形的，第二十一章说道是"恍兮惚兮""窈兮冥兮"，这里又说道是"寂兮寥兮"。虽然道是没有声音、没有形状的，你既看不见，也听不到，但不等于道是不存在的，它不仅是存在的，而且是"独立"的，"独立而不改"，独自确立而不可改变；也就是不依靠别人而存在。它自己就能够卓然自立，独立存在，并且不可改变，是永远不变的，永恒的。它是一种常道，是一种恒道。这种道不是静止不动的，而是"周行而不殆"，"周行"就是周而复始地运行，道永远在周而复始地运行，"不殆"，不懈怠、不停止。"周行"其实就是"周易"，就是周期运行、周期变化。那么问题来了，"独立而不改"是说道永远不变，"周行而不殆"是说道永远在变化，那么道究竟是变的还是不变的？

　　我们先来看一看《周易》的"易"字就明白了。"易"有三个意思：第一个是变易——变化，第二个是不易——不变，第三个是简易——简单容易。老子说的道与《周易》中的"易"是相同的。道是宇宙万物的总根源、总规律，这个规律就是"周行"的规律，也就是周而复始、循环往复，所有事物都是如此，这个规律是不变的，是永恒的，也是至简至易的；道作为宇宙万物的总规律，是一种变化的规律，而宇宙万物是不断变化的，万事万物每时每刻都在变。道就是在万事万物变化中找出一个不变的东西，那就是规律。还有"万事万物每时每刻都在变"这句话也是永远不变的。在这里，我们可以看出道已经具有三层含义了。第一层意思：道能生出天地，天地生出万物，道为天下之母，说明道是天地万物生成的总根源。这是道的作用。第二层意思：道"周行而不殆"，道是周而复始的，是万事万物运动变化的总规律。这是道的规律。第三层意思：道"独立而不改"，不依靠任何事物而存在，但任何事物都要依靠道而存在，离开了道万事万物就不能存在了，说明道是万事万物生存的总依据。这是道的特性。

　　佛家有一个"三法印"学说"诸行无常，诸法无我，寂静涅槃"，这和"易"

有三个意思、道有三个意思，都是相对应的。"诸行无常"，一切事物无时无刻不在生住异灭中，都是变化不定的，这就是变易，"周行而不殆"；"诸法无我"，所有事物都没有独立的自我实体和主宰，都有空性，这就是简易，至简至易就是空，道的内涵就是"无"；"寂静涅槃"，是永恒不变、摆脱生死轮回之苦、不生不灭的境界，这就是不易，就是"独立而不改"。老子的道，既是《周易》说的"易"（"易"是无思无为、寂然不动、永恒存在的本体），也是佛家说的"真如"（"真如"不动，是永恒的，不生不灭）。

道"可以为天下母"，是说道是产生天下万物的总根源。老子把道比喻成女人、母亲、女婴、玄牝。道是虚空的，所以它的作用是无穷的。母亲最大的作用就是生孩子，道最大的作用就是生育万物。

老子接着说："吾不知其名，强字之曰道，强为之名曰大。"我不知道它的名字，勉强叫它"道"，再勉强取名为"大"。道是不可言说的，所以也没有办法给它取名字，但人们对没有名字的东西是无法理解的，所以只好勉强给它取一个字叫作"道"，又取一个名叫作"大"。古代人的名和字是有区别的，比如说，孔子名丘，字仲尼。屈原名平，字原。颜回名回，字子渊。一般地说，字是解释名的。老子说的大道，名大，字道，名和字在这里是同义词，"大"就是"道"，"道"就是"大"。两个字可以互为解释。如果将它合起来，就叫"大道"。

"大曰逝，逝曰远，远曰反。"从字面上解释：广大而流逝，流逝而遥远，遥远而返回。这里的"大"就是道。"逝"就是流失、逝去。"反"就是返回，循环。从内涵上解释是，万事万物的大道、大规律总是会运动变化而逐渐流逝，流逝到遥远的地方，到最遥远的地方又会返回到原点。这里用了一个"逝"字，非常生动。我想起《论语》："子在川上曰，逝者如斯夫，不舍昼夜。"孔子在河边一看，滚滚流水不分昼夜地流逝了。苏东坡《念奴娇·赤壁怀古》："大江东去，浪淘尽，千古风流人物。"明代诗人杨慎《临江仙》："滚滚长江东逝水，浪花淘尽英雄。"长江之水向东流去，风流人物、英雄豪杰也终将随之消逝。这就是规律，这就是道。其实"大曰逝，逝曰远"是所有人都能看出来的，老子了不起的地方是看到了"远曰反"，这也是来源于《易经》的复卦，世间的一切终会逝去，等逝去到最远的地方，它又一定返回来。当然人死不能复生，可是我们换个角度想想看，现在社会有没有周瑜？有没有诸葛亮？像周瑜、诸葛亮那种才能、性格、品德的人有没有？大体相同或部分相同的人应该还不少吧？从宏观的视野看，不就是周瑜、诸葛亮的循环往复吗？

最后提一下，郭店竹简本有这一章，前一部分是："有状混成，先天地生。寂（乎）窦（乎），独立（而）不垓，可以为天地母。未知其名，字之曰道，吾强为之名曰大。大曰逝，逝曰远，远曰返。"除了没有"周行而不殆"一句和个别字词差异，意思完全相同。马王堆帛书本和郭店楚简本基本相同。

《黄帝内经》第一篇《上古天真论》的主题就是"天真"。黄帝向岐伯发问的第一个问题就是：人怎么才能活过一百岁？岐伯回答，要想活过百岁，就要坚持一条总原则、四大方法、三大要素。所说的一条总原则就是养生之道，八个字："法于阴阳，和于术数。"就是效法阴阳变化规律，与术数相和谐。说到底就是老子说的"道法自然"。什么是"天真"？天真有两个意思：一是像婴儿那样天然率真的状态。没有任何做作和虚伪，心地单纯，性情真诚，保持天然性质或本来面目。二是先天的真气。真气是维持人体生命活动最基本的物质能量，是先天本源之气，也称为元气，又指一身之气，它在人体不同部位可以发挥不同的作用。其实无论是保持天真状态还是守住先天真气，都是"道法自然"。一个人要想身体健康，要想快乐，要想长寿，最重要的就是要"道法自然"。"道法自然"出自本章。

本章前半部分讲了三个问题：道的特性、道的作用、道的规律。道的特性是"独立而不改，周行而不殆"，独自确立而不可改变，周期运行而不会停止。道的作用是"可以为天下母"，道是产生天下万物的母亲，道"先天地生"，在天地之前就已经出生，说明是道生出了天地，而不是天地生出了道。道的规律是"大曰逝，逝曰远，远曰反"，万事万物广大并且运动变化而逐渐流逝，流逝到遥远的地方，最终又会返回到原点。

接下来讲本章后一部分："故道大、天大、地大、人亦大。域中有四大，而人居其一焉。人法地，地法天，天法道，道法自然。"

先看："故道大、天大、地大、人亦大。域中有四大，而人居其一焉。"字面意思比较好理解，所以说道大、天大、地大、人也大。宇宙中有四大，人是其中之一。老子的"四大"就是道、天、地、人。可是郭店楚简本和马王堆帛书本写的是："道大、天大、地大、王亦大。国中有四大焉，而王居其一焉。""四大"是道、天、地、王。可见能称为"大"的是"王"而不是普通的"人"。所以"王"后来就被称作"大王"。当然在这"四大"中王是最小的，所以说"王居其一焉"，大王只是其中之一。这是老子对统治者的一种告诫，告诫统治者不要目空一切、不要霸凌天下，比你大的还有地，还有天，还有道。在老子看来"四大"中人是最渺小的。这一点道家和儒家是不同的，在儒家看来人是最大的，要做"大人"。《易传》讲了孔子对"大人"的解释："夫大人者，与天地合其德，与日月合其明，与四时合其序，与鬼神合其吉凶。"孟子说，人要成为保持赤子之心、良知良能、浩然之气的大丈夫，"富贵不能淫，贫贱不能移，威武不能屈，此之谓大丈夫"。

老子这里提的"四大"和佛家提的"四大"是不同的。我们都知道佛教说"四大皆空"，这个"四大"指的是地、水、火、风。古希腊希波克拉底提出四种体液学说。可以把佛家的"四大"和希波克拉底的四种体液看成是"四行"，而我们中国讲木、火、土、金、水五行。五行和"四行"的区别在哪里呢？在思维方式。五行的思维偏重整体关系，偏重中道，土居中位，把处在四个方位的水、火、木、金给统一起来，构成一个有机整体，形成一种相生相克的关系。而"四行"的思维偏向于分析，不重视中道，古希腊亚里士多德就提出了"矛盾律""排中律"。

老子的"四大"之后还有一个"自然"。老子说："人法地，地法天，天法道，道法自然。"郭店楚简本和马王堆帛书本这句都跟通行本相同。字面意思是，人效法地，地效法天，天效法道，道效法自然。在《老子》这里，人是最最渺小的，其次渺小的就是地，比地稍微大一点的是天，比天大的是道，最后是自然。按照从小到大的次序就是人、地、天、道。所以老子从人说起，人要效仿大地，向大地学习，按照大地的规律来办事；大地要效法天，向天学习，按照天的规律来运转；天要效法道，向道学习，按照道的规律来运行。最后是"道法自然"，是不是自然比道还要大，比道还要高，道要效法自然向自然学习呢？其实不是这个意思。道本来是最大的了，这里怎么又出来一个比道更大的"自然"？这里的"自然"不是指大自然、自然界，而是指本然，自然而然，本来的状态，本真、本性、本质。"道法自然"是说道取法本然，道就是自然、本然。河上公说得好："道性自然，无所法也。"道的本性就是自然，没有什么需要效法。王弼也说："法自然者，在方而法方，在圆而法圆。于自然无所违也。"所谓"道法自然"就是顺应自然变化，如果是方的就随它而方，如果是圆的就随它而圆，不能违背自然本性。什么是"自然"？王弼认为"自然者，无称之言，穷极之辞也"。"自然"就是虚无，就是穷极。

"道法自然"，道就是本来的状态，永远保持自己的本性。那么人的本性应该是什么？很简单，就是本来那种清静、纯朴、简单的状态。本性究竟是善还是恶？孟子说人的本性是善的，荀子说人的本性是恶的。老子认为人的本性是善还是恶？老子认为是无。王阳明说："无善无恶心之体，有善有恶意之动，知善知恶是良知，为善去恶是格物。"王阳明认为心本体无善无恶，那为什么我们现在看到有善有恶？那是意之动。你的心意、意念一动，就有善有恶了。有的人做善事，有的人做恶事。那是意念发挥作用了。我们能知道什么是善，也知道什么是恶，那是因为我们有良知。知道善恶之后就要"为善去恶"，就是众善奉行，诸恶莫作，这就叫"格物"。道、本心、"自然"是一回事，都是无善无恶，无贫无富，是本来清静的那种原始状态。因此，"道法自然"，实际上说明道是最伟大的，是最高的，没有什么东西能超越它了，所以道效法的只能是自己。

前面讲了道是天地万物的总源头、总规律，这里讲道是自然而然，是天地万物的总本质、总依据。"自然"不是人为的，而是一种本然、本来的样子，是"天真"，是宇宙、生命、本源最天真无邪的存在，而"天真"正是道在生命规律中的体现。顺应自然、顺应天性，回归天真、回归大道，万事万物就能够生生不息。

第二十六章　为什么"重"是为人处世的根本？

重为轻根，静为躁君。是以君子终日行不离辎重。虽有荣观，燕处超然。奈何万乘（shèng）之主而以身轻天下？轻则失根，躁则失君。

我们都知道"晚清第一名臣"曾国藩，他被当成"官场楷模"，这与他为人"稳重"是分不开的。他对儿子曾纪泽说："我举止很稳重，受祖父的影响。"他在镇压太平军的战争中，采用稳扎稳打的策略，每到一处必深挖战壕，用铁桶围城的战术围困敌人。同样他在用人时，也注意此人是否稳重。凡是夸夸其谈、轻率浮躁的人一概不用。曾国藩之所以重用李鸿章，重要的一点就是欣赏他的稳重。有一次曾国藩表扬李鸿章："调度之橛向不轻发，发皆当于事理。"就是调度上的事从不轻易做出决定，一旦做出决定，都是符合实际情况的。曾国藩的一生经过了几次转折，他在人生绝境中研读《道德经》，终于开悟，他是按照道家思想带兵打仗，才从屡战屡败到转败为胜的。曾国藩崇尚稳重排斥轻率的处世观显然是受到了《道德经》第二十六章的影响。

先看本章第一句，"重为轻根"，意思是：重是轻的根本。稳重是轻率的根本。也就是说做人做事要以稳重为根本，力戒轻率。还有一个深层意思，"轻"和"重"是一对阴阳，哪一个为阳，哪一个为阴？轻的东西往上升、往上跑，往上升的就为阳，所以轻为阳。重的东西往下沉、往下降，往下降的就是阴，所以重为阴。人们往往喜欢轻巧的、上升的东西，不喜欢深重的、下沉的东西。

殊不知，深沉是轻巧的基础，没有深沉，哪来轻巧？不经风雨，怎见彩虹？"不经一番寒彻骨，哪得梅花扑鼻香？"没有经过挫折磨难，就不会有成熟坚强的人格；没有经过苦难洗礼，就承托不起太多的福气。对"重为轻根"，河上公解释："人君不重则不尊，治身不重则失神。"王弼解释："凡物轻不能载重，小不能镇大。"严遵解释："言君好轻躁，如树之根本之摇动，根摇动则枝木枯而槁矣。"

"静为躁君"意思是：静是动的主宰。"躁"就是动。"君"就是君主、主宰。"静"和"动"也是一对阴阳，静为阴，动为阳，所以静可以主宰动。"躁"为动，有一个词就是"躁动"，躁动不安，浮躁，就是心动了，不安宁了。躁动不安怎么办？当然要靠心静才能制服它，所以说静是动的君主，静可以制服动。你想，一个人在浮躁、盲动的状态下能把事情办好吗？而一个人如果心平气和、安静恬淡，那事情就成功了一半。对"静为躁君"河上公解释："人君不静则失威，治身不静则身危。"王弼解释："不行者使行，不动者制动。"不行走的东西主宰行走的东西，不动的东西控制动的东西。严遵解释："人主不静，则百姓摇荡，宗庙倾危，则失其国君之位也。"

"重为轻根，静为躁君"，如果用阴阳来替换一下，那就是"阴为阳根"，就是阴性事物是阳性事物的根本和主宰。老子崇尚阴性，崇尚稳重，崇尚安静。

老子接着说："是以君子终日行不离辎重。虽有荣观，燕处超然。"因此君子整天行动都离不开载物的车子。虽然有华丽的生活，却能安居超然。"辎"就是车子。"辎重"本意指负重的车子。车上载了很多东西，比喻稳重、厚重的品德。这句是指君子始终要坚守稳重、宽厚的美德。"虽有荣观，燕处超然"，即使有荣华富贵，也能安居超然，不为所动。"荣观"，河上公认为是"宫阙"，"燕处"是"后妃所居也"，这种解释太局限了。"荣观"泛指荣华富贵的生活。"燕处"的"燕"是安宁、平静的意思，"处"是对待的意思。"燕处"就是以平常心对待。"超然"，超脱、超凡脱俗的样子。因为荣华富贵不过是轻浮的东西，如过眼烟云，转眼即逝，而心灵的淡定、安静才是最重要的东西，所以君子要超脱,不要去羡慕、追求荣华富贵。

可是这种道理不是人人都懂的,老子感叹:"奈何万乘之主而以身轻天下?轻则失根,躁则失君。"无奈那些大国的君主却是用轻率治理天下。轻率就会失去根本,躁动就会失去主宰。"奈何",感叹词,就是无奈的意思。"万乘之主"就是有一万辆马车的君主,在古代就是一个大国的君主了。古代一辆马车是四匹马拉的,叫一乘。每辆马车配的这四匹马就叫"驷"。我们都知道一个成语叫"君子一言,驷马难追"。在西周时期,周王室军队很强大,兵力多达三千乘。到老子生活的春秋时期,一个大的诸侯国兵力可以达到一万乘,所以称"万乘之国";一个中等诸侯国就是"千乘之国";诸侯国的卿大夫有封地(采邑),拥有百乘的战车兵力,称为"百乘之家"("家"指春秋时期卿大夫的采邑,不是现在说的家庭)。老子对"万乘之国"的君主说应该"以重治天下",以稳重、厚重治理国家。稳重、厚重的方法是指那些根本的方法,也就是顺应自然、无为而治的方法。可现实却是"以身轻天下",用严刑酷法、穷兵黩武之类的轻率方法治理天下,这样导致的结果一定是"轻则失根,躁则失君"。

"轻则失根,躁则失君"字面意思是,轻率就会失去根本,躁动就会失去主宰。呼应开头"重为轻根,静为躁君"。轻率失去的根本就是重。对一个国君来说,治国理政一定要稳重,每出一个政策,一定要深思熟虑,反复调研,不要轻率地做决定,一旦做了决定绝不随意更改,尤其是不能轻率地去攻打别的国家,这就是老子的基本观点。春秋战国时期,有上百个诸侯国,如果你不稳重的话,轻率地出兵,马上就会被别人吃掉。"躁则失君",太躁动,太狂妄,反而失去了你的主宰,这个"君"是指静,也就是说君主做任何事情都要沉着冷静,遇事不乱,要有定力,这种定力源自于平常的修为。当然这个"君"也指君主,"躁则失君",如果躁动妄为,不按照清静无为治理国家,就会引起百姓反抗,最终失去君主的位子。

有人曾经说过,管理可以分三个层面:第一个层面是人管人,第二个层面是制度管人,第三个层面是文化管人。制度管人是阳性的、硬性的管理方式,文化管人是阴性的、软性的管理方式。制度管理相对比较简单，比较容易见效果；文化管理是比较难的，不能马上看到效果，但力量却是最大的。在重视文化管理、道德管理这一点上，其实孔子和老子是一样的，只是关于道德的内涵，两人的观点有所不同。孔子说："道之以政，齐之以刑，民免而无耻。"就是如果用政令、刑法这种强硬的方法治国，老百姓倒是不敢犯罪，但是没有羞耻感。又说："道之以德，齐之以礼，有耻且格。"如果用德和礼来管理老百姓，老百姓不仅不会去犯罪，而且还会有羞耻感。孔子说的德就是仁义礼智这些道德规范。可是在老子看来，要用自然无为之道来治国，德是道的具体体现，是稳重、清静等具体做法。

第二十七章　怎么才能做到走路不留下痕迹？

　　善行无辙迹，善言无瑕谪（zhé），善数不用筹策，善闭无关楗而不可开，善结无绳约而不可解。是以圣人常善救人，故无弃人。常善救物，故无弃物。是谓袭明。故善人者，不善人之师；不善人者，善人之资。不贵其师，不爱其资，虽智大迷，是谓要妙。

　　打过太极拳的人都知道"四两拨千斤"的道理，意思是太极拳不以拙力胜人，而善于顺势借力，发小力胜大力。这个道理等同于古希腊哲学家阿基米德所说："给我一个支点，我能撬起地球。"在生活中，如果一个人善于用巧妙的办法解决问题，我们通常也会用"四两拨千斤"来夸赞他。而《道德经》第二十七章却告诉我们，还有一种远远超过"四两拨千斤"的方法。

　　这一章一共用了十一个"善"字。首先老子讲了五种"善德"。第一"善行无辙迹"，善于行走的人不留下痕迹。"辙"本义是车轮碾出的痕迹。"迹"是走路留下的足迹。为什么走路不留下痕迹？河上公解释为"不下堂，不出门"，所以没有痕迹。这种解释没有领悟老子的意思。王弼的解释比较好："顺自然而行，不造不始。"善于行走的人，顺应自然而行，不用力，不造作，不破坏自然，所以能不留痕迹。就像武侠小说里轻功极高的侠客，踏雪无痕。也可以说，做善事不留名，做任何事情都不刻意留下痕迹。马王堆帛书本作"善行无达迹"，善于行走的人没有明显的痕迹。第二"善言无瑕谪"，善于言谈的人没有瑕疵。"瑕谪"就是瑕疵、过失。善于言谈的人，是没有过失的。俗话说，言多必失，那是对普通人来说的，对于真正会说话的人，说出来的话是没有漏洞的，你抓不到他任何把柄。马王堆帛书本作"善言无瑕适"，"适（適）"通"谪"。第三"善数不用筹策"，善于计数的人不用筹策。"筹策"就是古代的计算工具，这两个字都是竹字头，就是细竹枝、竹码子，是用来数数、计算的。善于计算的人，是不用借助什么工具的。第四"善闭无关楗而不可开"，善于关门的人不用门闩别人也打不开。"楗"是木字旁，关门用的木闩子，"关楗"就是关门用的门闩。善于关门的人，根本不用门闩，但是这门你怎么都打不开。第五"善结无绳约而不可解"，善于捆绑的人不用绳索别人也解不开。

这五种"善德"描绘了五种高人的五种高妙做法，虽然没有做更多的描述，但我们头脑中马上会浮现出五种高人的生动形象：有的不留下任何痕迹而飘然行走在大地、江河上；有的妙语连珠、滔滔不绝而滴水不漏，无懈可击；有的不用任何工具就能快速算出你出的每一道计算题；有的只要他轻轻关上门，门上没有任何门锁、门闩，可是你无论用什么办法就是打不开这道门；有的不用绳索就能把你捆得紧紧的，你却怎么也解不开。真是太神奇了。这不正是武侠小说中描写的神奇功夫吗？

其实老子在这里并不是在炫耀这五种人的神奇功力，不是赞美各种以巧取胜的技巧，也不是要人们修炼成这种功夫，因为老子本来就反对机心、机巧，反对人为追求。这里说的所谓"善行""善言""善数""善闭""善结"关键就在"无"字上，其实就是"自然""无为"的具体表现。所以王弼说："此五者皆言不造不施，因物之性，不以形制物也。"这五种情况都是在说不造作不强行，要依据事物的本性，不要用有形的东西来控制这个事物。其实这五种做法和第二章说的"处无为之事，行不言之教"是一样的。只要按照自然之道来做，顺势而为，不用刻意追求、刻意用功，就能自然获得这种功效。老子是希望统治者不要用强行手段去统治百姓，而是要用自然大道治理国家、治理百姓，这样百姓反而会自然而然地服从你、心甘情愿地被你领导。

老子接着说："是以圣人常善救人，故无弃人。常善救物，故无弃物。是谓袭明。"因此圣人总是善于救助别人,所以没有被遗弃的人;总是利用外物,所以没有被遗弃的事物。因为你善于救人救物,所以所有的人和物都被你拯救了。这就叫作"袭明"。"袭明"是一个非常重要的概念。"袭"是因袭,就是照原来的样子做。"明"就是明智、光明,这里指光明大道。"袭明"就是按照光明大道来做。佛家说一切痛苦的原因就是"无明",破除无明就觉悟了,这也可以看成是"袭明"。这就是一灯能破千年暗,一智能灭万年愚。

如果从现代管理上来讲,作为一个领导者怎样才能做到"袭明"?就是要人尽其才,物尽其用,最充分地发挥人和物本身的潜能,这样就不会有被埋没的人和物了。怎么发挥大家的潜能呢?需要领导者洞悉每一个人的秉性、特长,然后将他放在最适合的位置上让他发挥出最大的才能,这样才能"无弃人""无弃物"。

老子接着说:"故善人者,不善人之师;不善人者,善人之资。"意思是:所以善人是不善人的老师,不善人是善人的借鉴。什么是"善人"?"善人"就是开头所说的"善行""善言"的人,也就是善于顺势而为、自然无为的人。"不善人"不是恶人,而是不能顺势而为的人。善人是不善人的老师,是指不善人要以善人为老师,向善人学习,就可以变为善人。"不善人者,善人之资。"不善的人又是善人的借鉴。"资"本义是钱财,是贝字部首,引申为凭借、借鉴。善人以不善人为借鉴,就能避免出现不善人的缺点。这也就如孔子说的:"见贤思齐,见不贤而内自省也。"看到贤人要想到向人家看齐,看到不贤的人,就应该反思一下自己身上有没有像他一样的毛病。老子这里阐明了善与不善的关系,两者之间是相辅相成的关系。很多人将"不善"理解为"恶",是不对的。"不善"可能会变恶,也可能会变善,是善和恶的中间态。如果以一种自然、平等、符合道的眼光来看待善与不善,就能平等地对待两者的关系了。一来所谓善与不善的价值判断本身就可能有问题,二来善与不善是可以互相转化、相互借鉴的,所以都要尊重、都要善待。尤其对不善的人和事,不要鄙视他们、遗弃他们,要鼓励他们以善为师,也要把他们当作自己的一种警诫。不要区分高低、贵贱、对错，大道本身就是自然而然的，通达大道之人应该有一颗大慈悲、大平等之心。对于不善的人，不要鄙弃他，要劝勉他、引导他向善，也要以他为鉴，避免自己成为不善之人。如果善人对不善者采用不善的态度，憎恶他们，善人也就成为不善之人。

　　最后老子说："不贵其师，不爱其资，虽智大迷，是谓要妙。"如果不尊重他的老师，不珍爱他的借鉴，虽然自以为智慧，却是大糊涂，这就叫作精要玄妙。"不贵"，是不看重、不尊重。"不爱"，是不珍惜、不爱惜。老子批评了两种情况，一是不尊重他的老师，也就是不尊重善人；二是不珍爱他的借鉴，也就是不珍爱不善人，这两种行为都是自以为有智慧，实际是大迷大误的。老子把尊重对立面、换位思维叫作精妙、玄妙。要把对立面变成自己的借鉴，以督促自己时常进行自我反省。要把对立面当成一面镜子，映照自己的缺点，这样才能增进自己的品德，更超越自我。这是精要玄妙的，是多数人难以做到的。

第二十八章　为什么要回归婴儿的状态？

知其雄，守其雌，为天下谿（xī）。为天下谿，常德不离，复归于婴儿。知其白，守其黑，为天下式。为天下式，常德不忒（tè），复归于无极。知其荣，守其辱，为天下谷。为天下谷，常德乃足，复归于朴。朴散则为器，圣人用之则为官长。故大制不割。

晚清名臣曾国藩从京城回到家乡做官，他刚来到湖南的时候凭借自己是中央指定的团练大臣，整顿地方治安，敲山震虎，经常和地方上的人起冲突，在训练湘军的过程中，几乎将整个湖南做官的人得罪了一个遍。咸丰七年（1857）曾国藩父亲去世，他撂下军中事务跑回了老家，准备守孝三年。这个举动遭到了湖南官场的一片声讨，左宗棠说他"不忠不义"。在老家的一年多时间里，曾国藩开始总结经验教训，反省自己的所作所为，在好友建议下决定效仿"黄老"无为之道，他开始认真学习《道德经》，变刚为柔，开始了人生中一次重大改变，和以前简直判若两人。咸丰八年（1858）六月曾国藩复出，路过长沙主动拜访左宗棠，放下身段，态度诚恳，请左宗棠给他写一副对联：敬胜怠，义胜欲；知其雄，守其雌。终于取得了左宗棠的谅解，重新得到了左宗棠的支持。这副对联，现代有一些企业家把它作为座右铭。这副对联上联取自《周易》，"敬胜怠"就是用自己的恭敬、勤勉去战胜傲慢懈怠，"义胜欲"就是用仁义、道义去战胜自己的私心欲望。"知其雄，守其雌"这六个字，出自《道德经》第二十八章。

这一章讲了"三知""三守""三复归"。"三知""三守"就是知雄守雌、知白守黑、知荣守辱,"三复归"就是复归于婴儿、复归于无极、复归于朴。

来看"知"和"守"第一:"知其雄,守其雌,为天下谿"。字面意思比较简单,就是要知道雄性,但要守住雌性,这样就可以成为天下的溪谷。"雄"和"雌"是一对阴阳,雄代表阳性的事物,也代表事物阳性的一面,包含有刚健、强大、进取、运动、向上等含义。"雌"代表阴性的事物,也代表事物阴性的一面,包含有柔软、弱小、后退、静止、谦下等含义。按照人的一般特性来说,总是希望刚健、有力、强大、进取、运动、向上,因为刚强、进取能带来利益、好处;都不希望自己软弱、后退,因为这样的结果就是被别人欺负、掠夺、侵略。老子告诉我们,虽然刚强、进取有好处,但知道就可以了,千万不要这样去做,要守住柔弱、谦下之位,不要去逞强,更不能去侵略、掠夺别人。因为知雄守雌反而能"为天下谿",能成为天下的溪谷。"谿"是指溪谷,溪水流注的地方,本指两山之间的水流,这里指低处的河谷。也可以理解为大海,万河万流归聚的地方。只有守住雌性的东西、阴性的一面,才能成为天下万物所归赴的地方。为什么?因为天下所有的河流都流向低处,最后都归入大海。越把自己放得低,越能积蓄更多的水、更多的能量。

这里要说明的是,"雄"和"雌"并不是截然对立的矛盾关系,而是相辅相成的阴阳关系,所以"知其雄,守其雌"也不是一种"非此即彼"的选择,而是一种恰到好处、负阴抱阳的取舍原则。"知其雄"说明雄性一面并非毫无瑕疵,"守其雌"是守住被别人忽略的、低估的一面。内心要"知其雄",外在要"守其雌"。人如果内心不够强大,是很难在社会上立足的;但如果一味强悍、咄咄逼人,必然会为社会所不容。所以,在知道强大的好处、有一颗强大的心的前提下,要保持柔弱、谦下的为人处世态度,这样才能为社会所容纳,无往不利。"守其雌"结果反而能带来常人看不到的好处,那就是"为天下谿"。

接下来是"复归"第一:"为天下谿,常德不离,复归于婴儿。"意思是成为天下的溪谷,那么恒常的德性就不会离开,最后回归到婴儿的状态。只有成为天下万物所归赴的地方，才能"常德不离"。"常德不离"马王堆帛书乙本写的是"恒德不离"，因为马王堆帛书本是在汉文帝刘恒以前写的，所以不必避讳，"恒"字照样可以用，而通行本是在汉文帝之后写的，所以要避讳，一律改为"常"。这个"常"就是"恒"，就是恒常不变的意思。恒常的德性是永远不变的，因为恒常的德性就是道的外在体现。道是不变的，但是道是看不见、摸不着的，它表现出来的就是常德。"常德"是一种看得见的做法，具体说就是把自己放得最低，最大程度地包容万物，成为天下河流的归宿，这样就能永远保持德性。

"复归于婴儿"即回归到婴儿的状态。婴儿的状态是一种什么状态？是一种生命的本真状态。从雌雄的角度看，婴儿是偏雌的，婴儿在人的一生中是最柔弱的阶段。相比大人的刚健、强大、运动，婴儿是柔软、弱小、静止，但婴儿的生命力却是顽强的，婴儿精气神最足。老子发现婴儿有四大秘密，有四种超过大人的能力，这一点将在解读《道德经》五十五章时再说。

"复归于婴儿"是老子洞察人生之后智慧的呼唤。因为人们往往看不到婴儿的强大生命力，所以老子才发出这种呼唤。在现实生活当中，我们往往会看到这样的现象，越是保持童心、天真的人就越开心、健康、长寿。那些八九十岁的老寿星往往像小孩子，这就是"老还小"，老人回到儿童的状态，像小孩一样。《黄帝内经》第一篇《上古天真论》讲，天真是指先天的真气。天真还有一个意思，是指小孩天然纯真、不做作、不虚伪。老子就希望我们"复归于婴儿"。

来看一看历代大家对"知其雄，守其雌，为天下谿。为天下谿，常德不离，复归于婴儿"这两句的解释。河上公解释："雄以喻尊，雌以喻卑。人虽自知其尊显，当复守之以卑微，去雄之强梁，就雌之柔和，如是则天下归之，如水流入深谿也。"雄用来比喻尊贵，雌用来比喻卑下。人们虽然知道尊贵使人显耀，但应当守住卑微，要去掉雄性的强悍，守住雌性的柔和，如能这样，那么天下人就会归属于你，就像水流入大海一样。王弼解释："雄，先之属；雌，后之属也。知为天下之先也，必后也，是以圣人后其身而身先也。谿不求物而物自归之，婴儿不用智而合自然之智。"雄，是指领先这一类属性；雌，是指后退这一类属性。知道要想成为天下的领先者，一定要后退，所以圣人总是把自己放到后面结果反而领先。溪谷不寻求外物结果万物自然而然流到它这里，婴儿不用所谓的智慧却符合自然智慧。

我们再回到曾国藩。他之所以被誉为立德立功立言三不朽的"千古第一完人"，就在于他从老子"知其雄，守其雌……复归于婴儿"中真正领悟了为人处世、建功立业的秘诀，最后变成了道家。按照他的朋友欧阳兆熊的说法，曾国藩一生有"三变"："做京官时以程朱为依归，办理军务一变而为申韩，咸丰八年再出而以黄老处世。"他以儒家修身，以法家建功，最后是以道家处世。而这最后一变才使他成为"完人"。曾国藩带领湘军打败太平军之后，引起清政府的不安。曾国藩知道，如果这个时候不能做到老子说的"功成而不居"，那将遭到杀身之祸，这时一定要"知雄守雌"，以退为进，甘居柔弱。于是他将一切功劳归功于朝廷，让刚满四十一岁的弟弟曾国荃主动解甲归田，并且大量裁减湘军，从而消除了朝廷的猜忌，最终封侯晋爵，保全了自己的性命和家族的功名。

老子在提出"知其雄，守其雌"之后，又提出了"知"和"守"第二："知其白，守其黑，为天下式"。意思就是要知道白色，但要守住黑色，这样就可以成为天下的范式。"白"和"黑"也是一对阴阳，白是阳，黑是阴。我们中国有一张最完美、最能代表中华文化、中华民族精神的图，那就是太极图。太极图是黑白两色组成的，好比两条鱼互相纠缠在一起。老子主张要知道白的东西，但要坚守黑的东西；或者说对同一个东西要知道白的一面，但要坚守黑的一面。好比太极图，要知道白鱼的一面，但要坚守在黑鱼的位置。白色是明亮的，黑色是昏暗的。要知道明亮，但要守住昏暗。只有这样才能成为天下的范式。"式"就是范式、模范。"为天下式"就是成为天下的楷模。

接下来是"复归"第二："为天下式，常德不忒，复归于无极。"成为天下的楷模，那么恒常的德性就不会有差错，最后回归到无极当中。"忒"是差错的意思，"不忒"就是没有差错。"无极"这个词非常重要，是老子提出的一个重要的哲学概念，"无极"就是无形无象的宇宙原始状态，就是道的终极状态。老子讲"无极"，《周易》讲"太极"。《周易》没有"无极"这个概念，但有一个相近的概念就是"易"。《周易·系辞传》说"易有太极"，说明"易"在太极之前，先有"易"后有"太极"。"易，无思也，无为也"，"易"是无思无为的，这不就是老子说的"无极"吗？可见老子思想和《周易》是相通的。《周易》说虚无的"大易"之后才是"太极"，这就是无极而生太极，太极包含有黑白阴阳。老子要我们知道白色之阳，守住黑色之阴，虽然老子没有提到"太极"这个概念，但已具备阴阳太极的思想，太极是在无极之后，无极是在太极之前，老子要我们回归最本原的"无极"之中。

再看"知"和"守"第三："知其荣，守其辱，为天下谷"。要知道荣耀，但要守住羞辱，这样就可以成为天下的河谷。"辱"是什么意思？是"荣"的对立面，有污浊、污下、羞辱的意思。荣耀是外显的、向上的东西。比如说火是最耀眼的，是往上冒的。而"辱"是下面的，好比污水，流到低下、污秽的地方去了。要守住这个污下的地方，守住居下的水。"荣"和"辱"也是一对阴阳，荣是阳性的，辱是阴性的。老子主张要守住阴性的，知道阳性的。这样才能成为天下的"谷"，谷就是河谷，是河流归赴的地方。和前面的"谿"比较起来，虽然都是河谷，但"谿"要浅一些，"谷"要深一些。

接下来是"复归"第三："为天下谷，常德乃足，复归于朴。"成为天下的河谷，那么恒常的德性就具足了，最后回归到质朴当中。当你成了天下万物都归赴的地方，那么你的德性就富足、丰富、完美了，这时候你也就回归到了质朴当中。我们在《道德经》第十九章学过"见素抱朴"，"朴"和"素"都是指道的原始状态。

好多人说前面知雄守雌、知白守黑都好理解，但这最后的"知荣守辱"难以理解。我举个例子，比如说别人羞辱你了，如果你把羞辱看得很重，那么你一定会想方设法去报复，你就会很累，很不开心，你再也快乐不起来了。可是如果你不把它当一回事，甚至不把自己当一回事，把自己彻底放下，放在最低的位置，从内心里就把自己放到最屈辱的境地，那还有什么想不开的呢？反正自己啥也不是，你就一切都豁然了。我曾经说过："越不要脸，越有脸；越要脸，越没有脸。"当然老子的深刻之处还在于，世上本来就没有什么荣辱之分，本来就是质朴的，何必去追求荣华、荣耀？回到最原始的质朴状态就是最完美、最富足的人生境界。

这一章中的"三知""三守""三复归"，表达的意思是一样的，都是要知道阳性的东西，守住阴性的东西，复归到最本源的状态。"三复归"的婴儿、无极、朴都是对最本源的道的描述。做人的最高境界就是要知道刚强而不逞强，要知道世故而不世故。真正的强者从不对人逞强，真正的智者从不运用心机。

最后老子说："朴散则为器，圣人用之则为官长。故大制不割。"意思是说，朴实的道分散了就形成万物，圣人运用它就成为百官之首。所以完善的制度是不割裂的。这个"朴"就是道，就是无极，质朴的道分散了就成为器。"器"就是器具，这里是指有形的万物。《周易·系辞传》说："形而上者谓之道，形而下者谓之器。""器"是有形的。道是无形的，是超越形体的。"朴散则为器"是指无形的道分散了之后，就化成有形的一个个事物、物质、器具了。"圣人用之则为官长"，如果圣人能运用好这个有形的器，就能成为百官之长，其实是指最高的帝王。我们要用这个器，但是自己不能成为这个器，这个器是为我所用的。"故大制不割"，所以大的制度、完美的制度、完美的格局是不割裂、不分离的，是圆融、合一、不二的。"割"就是割裂的意思。因为器是有形的，所以它的作用也就有所限制，器越小，作用就越小；器越大，作用也就越大。要让大器发挥作用，就不能把它割裂开来。"大制不割"就是要追求大局、全局而不是小局，要保全整体而不是分裂整体。"不割"除了有不割裂的意思，也可以看成不伤害，完美的制度是不伤害人的。在老子看来，无论多大的器具、多完美的制度都还是有所限制的，只有回归质朴，回到道的状态，才能无所限制，无所不能，才能有大用。所以最大的器具、最大的制度其实就是道。

总结一下，老子"三知""三守""三复归"对我们今天认知世界万物是有极大意义的。比如我们应该怎样对待中西方文化，怎样对待中西方管理，怎样对待中医和西医，这些问题都可以采用"知白守黑"的认知方法去思考。就中西方文化而言，当然中国文化是阴性的，是黑色；西方文化是阳性的，是白色。我们一定要"知白"，要了解西方文化、西方的管理方式、西方医学，不要排斥，要吸收西方先进的东西，但一定要守住我们中国自己的文化价值，守住我们自己包容、和合的思维方式。也就是守住中国文化的这个根，守住中华民族的魂。这是我们的职责，也是老子的期望。

第二十九章　为什么越不想失去就越容易失去？

将欲取天下而为之，吾见其不得已。天下神器，不可为也，不可执也。为者败之，执者失之。夫物或行或随，或嘘或吹，或强或羸，或挫或隳（huī）。是以圣人去甚、去奢（shē）、去泰。

我们辛辛苦苦得到的东西，往往十分珍惜，总害怕失去。尤其是那些通过打拼创业成功的老板，对自己的企业更是倍加爱护，为企业发展废寝忘食、呕心沥血，但往往是越不想失去越容易失去。有多少辛辛苦苦得到的东西最终失去了？有多少辛辛苦苦管理的公司最终倒闭了？这背后的原因究竟是什么呢？

这一章一开始就告诉我们，天下是不可强夺、不可妄为、不可操控的。老子说："将欲取天下而为之，吾见其不得已。天下神器，不可为也，不可执也。为者败之，执者失之。""将"是如果的意思。如果你想夺取天下，然后去治理它，我看是不能成功的。"不得已"的"已"通"矣"，是个语气助词，不是不得已——迫不得已，而是"不得矣"，是得不到的，不可能成功的。河上公说是"不得天道人心"，因为强行夺取的天下是不符合天道的，当然也得不到民心的拥戴。

"天下神器，不可为也，不可执也。为者败之，执者失之。"天下这个神圣的东西是不可以人为统治，也不可以强力把持的。人为统治就会失败，强力把持就会丧失。什么叫"天下神器"？天下是个神器，这个神器不是一般的、有形的器具，而是一种神妙的、无形的器具，是一种神圣的器具。老子认为天下有"三不可"：第一是不可"取"，"取"是指强行夺取；第二是"不可为"，"为"是指人为统治，为所欲为，不按照自然之道而治理；第三是"不可执"，"执"是执着、紧紧抓在手里，也就是把天下当作私有财产，紧紧地抓在自己手里，任意操控它。这三点都是不可能做到的。因为天下这个神器，是无形的，是公有的。天下是天下人的天下，不是一个人的天下。你不可能把它当一个东西据为己有，不可能凭个人的意志去强为；如果硬性地去治理它，那你就会失败；如果硬性操控它，那就会失去它。

在老子看来，得天下与治天下无外乎两种方法，一种是"无为"的方法，一种是"有为"的方法。所谓"有为"的方法就是"取天下而为之""执天下而用之"，就是用强力、暴力去夺取天下，用强政、暴政去控制天下，统治百姓。表面看这种方法是有利的、有效的，然而老子却提出了严峻的警告，用这种方法得天下与治天下，一定会很快灭亡。为什么呢？因为天下是个"神器"，是个神圣的器物，按照汉代严遵的说法，"天下，神灵所成，太和所遂。神灵所察，圣智所不能及，而威力之所不能制"，天下是神灵所创造，太和所形成的，是只有神灵可以观察，而人间的圣人智者所不能达到的，更是威力所无法控制的。天下是极为贵重的，又是最容易破碎的，一不小心它就会被打碎了。它有自己的一套结构方式、运动方式，千万不能人为地去改变它，也不可以人为地去支配它。它是一个整体，所以不能分割它，不能强行加入人为的想法、人为的观念。

现代很多老板治理企业，往往觉得这个企业是我打拼出来的，当然是属于我的，我可以按照自己的想法改变它，支配它。这和古代的一些帝王的想法其实是一样的。古代有些帝王总想这个国家是我打下来的，当然是我的"家天下"，我可以随意地控制它。自古以来有多少暴君、暴政，结果怎么样？"万里长城今犹在，不见当年秦始皇"。有哪一个朝代能够永世长存？秦始皇就是把整个天下当作他的家一样，然后他自己说他叫始皇帝，从他开始，千秋万代、子子孙孙永远保有这个家产。结果呢？多少年？十五年就没了。他想尽办法去夺取、控制这个天下，结果这个天下还是失去了。

也许你会说，我创建的企业和那些强行夺取来的国家不同，我是打拼出来的，没有去偷、去抢，我为什么不能掌控它？要明白，企业也是一个"神器"，同样是脆弱的，你创建的不等于就是你的，这叫"生而不有"。老子让我们"无为而治"，不是让我们对企业不管不问，任由企业自生自灭，而是要我们不违背生态平衡规律、市场规律，不违背员工、消费者的本性，不危害他们的基本利益，这样才能使企业基业长青。

接下来老子说："夫物或行或随，或嘘或吹，或强或羸，或挫或隳。"列举了事物的四对相反情况，也就是人的四对不同特性。开头这个"物"字是指事物，同时也是指人。物性是不同的，人性也是有差异的。老子用了八个"或"。古汉语的"或"，不是或者的意思，也不是或许的意思，而是"有的"。有的走前，有的随后；有的缓慢，有的急切；有的刚强，有的瘦弱；有的喜欢安稳，有的喜欢冒险。"或行或随"，"行"就是行走，"随"就是跟随。就人而言，有的人喜欢走在前面，喜欢冒进，外向一些；有的人喜欢走在后面，喜欢跟从，内向一些。"或嘘或吹"，"嘘"是缓慢出气，"吹"是急切吹气。有的人性格慢一些，有的人性格急一些。河上公把"嘘吹"解释为暖寒。"或强或羸"，"强"是刚强的意思，"羸"是瘦弱的意思。有的人刚强，有的人柔弱。"或挫或隳"，"挫"，河上公本写作"载"，安坐在车上，"隳"就是堕、坠的意思，引申为危险。有的人喜欢安稳，有的人喜欢冒险。老子这是要表达什么意思呢？是说万事万物的性质是不同的，我们人的性格也是不同的，这都是正常的、合理的，你不要硬性地去改造它。对人来说，这八个"或"就是四种相对人性的写照。我们要承认这种人性差异的合理性，一个领导尤其要明白这一点，千万不要去消除这种差异性。要知道世界就是因为有差异才丰富多彩，自然就是因为有差异才能保持动态有序、生态平衡，社会就是因为有差异才能保持动态稳定、整体和谐，一个部门、一个企业也是因为有差异，才显得有活力、不偏激、不片面。然而，古往今来不少当政者往往以自己的主观意志作为标准，来消除人的差异性，结果导致怨声载道、自取灭亡。

最后老子由衷地提出"三去"："是以圣人去甚、去奢、去泰。"因此圣人要去掉过度，去掉奢侈，去掉极端。"甚"是过分、过度；"奢"是奢侈。这两点都好解释，"泰"字比较难理解。"泰"《说文解字》解释为"泰，滑也。"这个字的字形是双手捧水，水从指缝流出来。引申为通达。《周易》泰卦就是天的阳气和地的阴气互相沟通，天地交泰、通泰。本义是好的，但这里显然不是这个意思，这里的"泰"通"太"，表示过度、极端。这三个"去"是递进关系，去掉过度、奢侈、极端。河上公解释："甚，谓贪淫声色。奢，谓服饰饮食。泰，谓宫室台榭。"这样一一对应，可能过于机械了，其实就是指日常生活、为人谋事的各个方面太过度了、太极端了，违背自然常态了，因此一定要抛弃掉，恢复到自然清静的本来状态中去。这"三去"老子是针对统治者说的，"圣人"就是圣明的统治者，圣明的统治者都能做到"三去"：去掉过度、奢侈、极端的政策制度。其实任何一个人只要做到"三去"都是圣明的人，去掉奢华、返璞归真、回归至简至易才是一个幸福的人。

第三十章　为什么说天道好轮回？

以道佐人主者，不以兵强天下。其事好还。师之所处，荆棘生焉。大军之后，必有凶年。善有果而已，不敢以取强。果而勿矜，果而勿伐，果而勿骄，果而不得已，果而勿强。物壮则老，是谓不道，不道早已。

春秋战国时期，天下纷争，战事不断。著名的春秋五霸，齐桓公、晋文公、秦穆公、宋襄公、楚庄王，竞相吞并邻近的弱小诸侯，相继称霸，盛极一时，可最终还是相继而衰。这真是"乱烘烘，你方唱罢我登场"。老子看到战争给百姓带来的灾难，看到战争之后老百姓流离失所，饿殍遍野，十室九空，惨不忍睹，老子心生慈悲，对各国统治者提出忠告。

老子开头说："以道佐人主者，不以兵强天下。"郭店楚简本有这一章，这一句是"以道佐人主者，不欲以兵强于天下"，马王堆帛书本是"以道佐人主，不以兵强于天下"，三个版本文字略有不同，可是意思却相同。"人主"就是君主、最高统治者。这句话意思是要用道来辅佐君主，不要用兵力来逞强于天下。国与国之间应该怎样相处？尤其是发生利益冲突的时候，是兵戎相见、武力相加，还是放弃战争、和平相处？当然有两种选择。古代的霸主往往选择武力、选择战争，其结果是取得胜利、吞并敌方，可最后呢？对人民必定造成伤害，自己必定是早早衰败。所以选择武力和战争，是愚蠢的做法，也是最残酷的行为，给别人造成危害，同时也给自己埋下祸根。老子要君主"不以兵强天下"，老子反对为称霸而挑起战争，反对为逞强而穷兵黩武。当然有的战争是非打不可的，这就是保家卫国、救济危难的战争，但这绝不是逞强的理由。

老子这一点和兵家之圣孙子其实是不谋而合的。《孙子兵法》第一篇《计篇》开头说："兵者，国之大事，死生之地，存亡之道，不可不察也！"战争是一个国家的头等大事，关系到人民的生死，国家的存亡，是不能不慎重观察对待的。告诫统治者不可轻易发动战争，一定要谨慎，只有在生死存亡的时候才可发动战争。在《作战篇》中孙子说："夫兵久而国利者，未之有也。故不尽知用兵之害者，则不能尽知用兵之利也。"战争旷日持久而有利于国家的事，从来没有过。因此不能详尽地了解用兵的害处，就不能全面地了解用兵的益处。说明用兵打仗是有害处的。

老子接着说了一句名言："其事好还。""还"就是"报应"。"其事"是指用兵打仗的事，用兵这件事一定会得到报应。"其事好还"可引申为"天道好还"，天道是公平的，善恶终有报应。善有善报，恶有恶报，因果报应，这是铁的规律。后来在老百姓中流传成一句俗语：天道好轮回，苍天饶过谁？"其事好还"这四个字在郭店楚简本写作"其事好长"，放在这一章的最后，意思是说事物都喜好长久。从上下文的意思上看，是说达到目的之后不要逞强，要"功成身退"，这样就能长长久久。很多学者认为"其事好长"，更符合上文不逞强、不炫耀、不骄傲、不自大的意思。但我认为通行本"其事好还"明确提出"因果报应"，更加深刻、更有哲理，对后世的影响也更大。

老子接着说："师之所处，荆棘生焉。大军之后，必有凶年。"军队所到之处，必定生出荆棘。大战之后，必定出现荒年。"荆棘"指山野丛生多刺的灌木。"凶年"即荒年。从历史上看，军队所到之处，战争发生的地方，一定荆棘丛生，一定会出现荒年。在现实生活中，官场如战场，市场如战场，多少人为了官位、为了利益，争得头破血流，其实也是给自己埋下荆棘、埋下地雷。我曾拜访过当代高僧一诚大师，他说："现在的人啊，都是在给自己埋地雷，这个地雷是自己埋的，一个一个埋的，哪一天你一不小心，它一下就炸了。"所谓埋荆棘、埋地雷，都是在说埋下了祸根、恶因，那肯定要遭报应的。这种报应就是自食其果，表现在荆棘丛生、民不聊生，加速自己的灭亡。这就叫自作孽，不可活。

老子早就看到这一点，他劝诫统治者："善有果而已，不敢以取强。"善于用兵的人，达到目的就马上停止，不敢用兵力逞强于天下。"果"本义是取得结果，引申为达到目的。已，停止。不敢用兵来逞强天下，不敢乱杀。在什么情况下动武啊？那就是在敌人攻打我们、侵略我们的时候，我们要反击他，但是一旦把他们打败、把他们赶跑了，就达到目的了，就要马上停止。不能斩尽杀绝、滥杀一通，那是绝对不行的。可见老子不是说不要武力，只是说不能滥用武力，武力的作用不能夸大，真正能救国的还是遵循天道、无为而治。

接着老子一连说了五个"果"："果而勿矜，果而勿伐，果而勿骄，果而不得已，果而勿强。"达到目的而不自大，达到目的而不炫耀，达到目的而不骄傲，达到目的是出于不得已，达到目的而不逞强。"矜"是自高自大，"伐"是夸耀。我们在《道德经》第二十二章学过四个"不"："不自见""不自是""不自伐""不自矜"。这里老子一连用了五个"果"，表示有了结果、达到目的之后的五种做法：勿矜、勿伐、勿骄、不得已、勿强，这其实就是胜利、成功之后必须遵守的五条戒律。而这五条戒律恰恰是那些强国、战胜国往往难以做到的。老子始终告诫我们不应该自高自大，不应该到处去炫耀，更不应该骄傲自满，不应该自我逞强。

郭店楚简本在第一句"以道佐人主者，不欲以兵强于天下"之后接着就是这一段，原文是："善者果而已，不以取强。果而弗伐，果而弗骄，果而弗矜，（果而弗得已居），是谓果而不强。其事好长。"和通行本意思相同，"弗"就是"勿"，善于用兵达到目的就停止，不要逞强。

通行本最后，老子说："物壮则老，是谓不道，不道早已。"事物强壮了必定会走向衰老，这是因为不符合道，不符合道就会早早灭亡。"物壮则老"和"其事好还"一样，也是富有哲理的名言，说出了事物变化的大规律。一个事物越柔弱生命力就越强大，因为柔弱会慢慢壮大；越强壮就越衰老，因为强壮了就会趋向衰老。为什么"物壮则老"呢？老子回答："是谓不道。"因为太强壮了，所以就不符合道了。道是事物的本来状态，任何事物本来的状态都是柔弱的；道还是事物的变化规律，任何事物的变化规律都是从弱小到壮大，然后从壮大到衰老，从衰老到死亡。所以一味逞强，一味求壮大，就不符合柔弱之道，"不道早已"，就注定要灭亡了。"已"，就是停止、灭亡的意思。

总结一下，这一章老子告诫我们千万不可以武力逞强于天下。有两句名言要牢记，一个是"其事好还"，一个是"物壮则老"。我们在日常生活中要时刻记住，"天道好还"——天道好轮回，苍天饶过谁？"物壮则老"，盛极而衰、物极必反，不仅是一个自然规律，而且是一个人生规律，人到壮年就开始衰老。

第三十一章　为什么战胜的庆典要办成丧礼？

　　夫兵者，不祥之器，物或恶之，故有道者不处。君子居则贵左，用兵则贵右。兵者不祥之器，非君子之器，不得已而用之。恬淡为上，胜而不美；而美之者，是乐杀人。夫乐杀人者，则不可得志于天下矣。吉事尚左，凶事尚右。偏将军居左，上将军居右，言以丧礼处之。杀人之众，以悲哀莅之；战胜，以丧礼处之。

　　上一章讲到老子看到春秋时期诸侯纷争，为了争霸逞强，发动战争，导致民不聊生，饿殍遍野，荆棘丛生，老子心生慈悲，发出"不以兵强天下""不敢以取强"的呼吁，同时发出"其事好还""物壮则老"的警告。老子反对为称霸而挑起战争，反对为逞强而穷兵黩武。对用兵、对战争的性质，老子《道德经》第三十一章做了精辟的总结。

　　这一章是前一章的继续，老子的反战思想在这一章继续得到表现。前一章讲了用兵打仗带来的恶果、恶报，这一章讲用兵作战的特殊礼仪。一开头老子为兵器下了一个定义："夫兵者，不祥之器，物或恶之，故有道者不处。"兵器是不吉祥的东西，人们都厌恶它，所以有道的人不制造它、不使用它。"兵"这里是指兵器，泛指兵事、战争。"物或恶之"这个"物"就是人，"或"就是有的，有的人会厌恶它，实际上是指人们都很厌恶它。"故有道者不处"，这个"处"有制造的意思，也有使用的意思。制造兵器的目的就是为了战争，要从根本上反对战争，首先就必须不造兵器、废除兵器、不使用兵器。这才是有道的人应该做的。

接着老子说:"君子居则贵左,用兵则贵右。"君子平时以左边为尊贵,用兵作战时以右边为尊贵。"君子"这个词在西周时期意思是"君王之子",指官位崇高的人,是从政治地位来说的,到春秋战国时期,被赋予道德含义,指道德崇高的人。"居"就是平常,平常就是和平年代,是以左边为尊贵,右边为卑下,左尊右卑。但是用兵打仗的时候就要颠倒过来,以右边为尊贵左边为卑下。说明平时跟用兵之时用的礼仪是恰好相反的。老子为什么说这种礼仪?礼仪的不同是为了说明战时和平时不同,平时为吉,战时为凶。

老子又重复了一遍:"兵者不祥之器,非君子之器,不得已而用之。"兵器是不吉祥的器具,不是君子的工具,只是迫不得已才使用它。主动去侵略别人、攻打别人的战争是不道德的,必须坚决反对。但有的战争是为了抵御侵略、除暴救民,这叫作"不得已"。但也决不能逞一时之强,而是一达到目的就要立即结束战争,就像第三十章所说的"善有果而已"。

所以老子接着说:"恬淡为上,胜而不美;而美之者,是乐杀人。夫乐杀人者,则不可得志于天下矣。"要淡然处之,胜利了不要扬扬得意;如果扬扬得意,就是以杀人为快乐。以杀人为快乐的人,是不可能在天下得到成功的。可见老子并不是一个完全愤世嫉俗、不顾是非曲直的人,更不是一个对现实漠不关心、一味避世不争的人,实际上老子说的全都是治国的方略,他对现实、对政治、对人民深切关心,所以对战争并不是一概排斥、全盘否定。只要是为了救助百姓,除暴平乱,或者是抵御外来侵犯,那就要迫不得已地进行战争。但有一点是共同的,无论何种战争,都不能以胜为美,沉醉在战争胜利之中,更不能以杀人为乐事。因获胜而扬扬得意,以杀多少人为骄傲,这样一来,原本正义的战争性质就变了,变成以杀人为乐的邪恶战争,这是不道德、非正义的战争。这样做是不得民心的,最终会走向覆亡。

老子接着又说到礼仪:"吉事尚左,凶事尚右。偏将军居左,上将军居右,言以丧礼处之。"吉庆的事是以左边为上,凶丧的事是以右边为上。副将军站在左边，上将军站在右边，这说明是用丧礼来处置的。跟前面讲的礼仪一样。做吉事和平时（即和平时期）一样都是崇尚左边的，做凶事和战争时期一样是崇尚右边的。在军队是上将军居右边，偏将军也就是辅佐上将军的副将要居左边，这和文官制度是不同的，文官是正职居左边，副职居右边，为什么呢？因为战争是凶事啊，凶事是以右边为尊贵，所以上将军是居右边，居尊位的，而偏将军是居左边的。"言以丧礼处之"，是用丧礼、凶礼来对待它的。

最后老子说："杀人之众，以悲哀莅之；战胜，以丧礼处之。"杀人太多了，要用悲哀的心情来对待；打了胜仗，要按照丧礼来处置。如果杀了那么多人，两手沾满了鲜血，这个时候还洋洋自得，兴高采烈，这和恶魔有何区别？这叫伤天害理，必遭天谴！所以心中要悲哀、要忏悔，不值得庆贺，要用丧礼来对待它，要为牺牲的人（包括我方和敌方所有牺牲的人）去吊丧、悼念。战争给人民带来的伤害是沉重的，"出门无所见，白骨蔽平原"（王粲《七哀诗》），"白骨露于野，千里无鸡鸣"（曹操《蒿里行》），所以不要去炫耀战功，"凭君莫话封侯事，一将功成万骨枯"（曹松《己亥岁感事》），战争胜利是以将士和百姓的生命和鲜血为代价的，所以"战胜，以丧礼处之"，君主要把胜利的庆典当成丧礼来办。

郭店楚简本有这一章，但没有对"兵者，不祥之器"的论述，只有讲礼仪的内容："君子居则贵左，用兵则贵右。故曰兵者［非君子之器也，不］得已而用之，恬淡为上，弗美也；美之，是乐杀人。夫乐［杀人，不可］以得志于天下。故吉事上左，丧事上右。是以偏将军居左，上将军居右，言以丧礼居之也。故杀［人众］，则以哀悲莅之；战胜，则以丧礼居之。"

为什么在古代礼仪中，以左为贵，以右为卑呢？这是古人阳尊阴卑、天人合一观念的反映。我们北半球的人为了获得充足光照，建筑通常坐北朝南，所以当面向南方站立时，左边就是东边，右边就是西边。左边、东边是太阳上升的方位，太阳升起则带来光明和生机，所以它是尊贵的；而右边是太阳落下的方位，太阳落下则带来黑暗和杀气，所以它是卑下的。在中国传统的礼仪中，左边是客人的位置，右边是主人的位置，表示对客人的尊重。再比如一个建筑物前面放两只狮子，左边肯定是公狮子，右边肯定是母狮子，左边公狮子脚踩绣球，右边母狮子脚踩小狮子。

在古代，凶事、丧礼的位置恰恰与平时的位置相反，是右尊左卑。上将军居右边，副将军居左边。打了胜仗的庆典也要以丧事来办，因为战争是凶事，所以要按照凶事之礼。这样才符合道。

第三十二章　为什么说懂得停止才能长长久久？

  道常无名、朴，虽小，天下莫能臣。侯王若能守之，万物将自宾。天地相合，以降甘露；民莫之令而自均。始制有名，名亦既有，夫亦将知止，知止可以不殆。譬道之在天下，犹川谷之于江海。

  在我们的中式婚礼上，有一个环节是不能少的，新郎新娘要一拜天地，二拜父母，再夫妻对拜。为什么要把"拜天地"放在第一位呢？"天地"到底是什么意思呢？《周易·序卦传》说："有天地，然后有万物；有万物，然后有男女；有男女，然后有夫妇；有夫妇，然后有父子。"天地生育了我们人类，是我们人类的父母，天地其实蕴含了夫妻之道。拜过"夫妻之道"，就要懂得一个关键词，掌握了这个关键词，就能度过漫长的婚姻生活，百年好合的婚姻才能实现。那么这个关键词是什么呢？

  这一章开头："道常无名、朴，虽小，天下莫能臣。"道永远是无名而质朴的，虽然微小，但天下没有人能够使它臣服。郭店楚简本有这一章，这一句是"道恒无名、朴。虽细，天地弗敢臣"，"虽细，天地弗敢臣"意思是虽然细小，但天地都不敢让它臣服。写的是"天地"不是"天下"，是"弗敢臣"不是"莫能臣"，语气更加坚定。说明道是天地的父母。道是老子哲学的最高范畴。前面说过道是玄妙的，是视之不见、听之不闻、抟之不得的。这一章老子又强调道是无名的，是不可名状，没有名称，正如第二十五章所说，我不知道它的名称，只是勉强取了一个字叫"道"。所谓名称是在万物产生之后，人们为了区别、辨认而取的，是后天的产物。荀子曾说过"名无固宜"，就是说名称本来没有固定合适的实体，都是后来约定俗成的。所以千万不要舍本逐末，不要陷在后世的名称中不能自拔。"道"是老子勉强取的名称，"朴"是质朴，实实在在，没有经过任何人为改造。这说明了道的真实性与本然性。

"虽小，天下莫能臣"是说，道是微小的，这跟第二十五章老子说道是"大"的不一样，是不是矛盾呢？前面说道是"四大"中的第一"大"，这里为什么又说道小？其实两者并不矛盾。道本来就是"虚无"，所以是"其大无外，其小无内"的，它大到无边无际，小到没有体积；它大到无形无状，小到无形无状。这里的"小"是指小到看不见，隐而不见，就是第四十一章所说的"道隐无名"。其实大小只是从不同角度看的结果，其本质都是"无"。

在我们一般人的观念中，这么小的东西，它的作用肯定也不大，殊不知，道虽微小，却具有无比巨大的作用。正是因为"其小无内"，所以谁也战胜不了它，天下没有人能够使它臣服。前面有很多章节描述了道具有产生天地万物的作用，具有使万物生生不息的作用，按照道来做人、做事、治理国家，就可以安宁、长久、不殆，这里进一步说明领导者要守道，这样你的人民、你的下属不需要你发号施令就会自觉自愿地归服于你，百姓之间也不会争强斗勇，而是平等相处、和谐自乐。这说明道本身就是自然和谐的。

老子接着说："侯王若能守之，万物将自宾。天地相合，以降甘露；民莫之令而自均。"郭店竹简本是"侯王如能守之，万物将自宾。天地相合也，以雨甘露；民莫之令而自均焉"，意思一样。侯王如果能够守住它，万物就会自动来归顺，人民不需要发号施令就自然均衡和谐。"侯王"，分开来说王比侯要高一等，这里泛指最高统治者。"宾"本义是宾客，宾客与主人是相对而言的，主人是主要的，宾客则是从属的、辅助的，所以引申为辅佐、归附之义。最高统治者如果能够守住这个道，万事万物将自动地来辅佐你、归顺你，来做你的宾客、做你的客人，向你称臣、向你归顺。"天地相合，以降甘露"，天地相交会，就会降下甘露。郭店竹简本写作："天地相合也，以雨甘露。""雨"就是下的意思，是动词，所以要读作yù。天地就是阴阳，阴阳和合了，就会产生甘露，这就是《周易》的思想。"民莫之令而自均"，"莫之令"是个古汉语常用句式，意思是"莫令之"，没有人命令他。"莫"是没有人，古汉语的否定句，宾语"之"要放在谓语动词"令"的前面，"莫令之"要说成"莫之令"。"自均"自我均衡、自然而然分布均匀。"民莫之令而自均"，统治者如果能守住道、用道来管理天下，人民不需要你发号施令，就会自然分布均匀、公平和谐。

老子接着说："始制有名，名亦既有，夫亦将知止，知止可以不殆。"郭店竹简本相同。万物开始分开的时候就制定名称，名称已经有了，就要知道适可而止。知道适可而止，就不会有危险。"始制有名"是什么意思？王弼解释："始制，谓朴散始为官长之时也。始制官长，不可不立名分以定尊卑，故始制有名也。"意思是开始制定官职的时候就要确定名分。有专家认为"始制有名"中的"制"和第二十八章中的"故大制不割"中的"制"的词义相同，用的都是"制"的本义，就是截割木材。我认为"始制"是开始分开，万物原本虚空、混沌一气，是无名的，开始分开就有名了，所以叫"始制有名"。这个"名"包括名称、名分，进一步就是规章制度。名称名分、规章制度的最大作用就是一个字"止"，有停止、终止、静止等意思；两个字就是"知止"，要知道停止、懂得停止。"知止可以不殆"，懂得停止就不会有危险，"殆"就是危险。《周易·贲卦·象传》说："文明以止，人文也。"心中光明并且懂得停止，就是人文。从另一个角度说，一个人是不是懂得该停止时就停止，是衡量一个人文明程度的关键。其实儒释道三家都叫我们要"知止"。儒家说要"止于至善"，一般都理解为要达到道德修养的最高境界。其实这个"止"字，还有扎根的意思，要扎根于至善。隋代大儒王通（文中子）写过一本书叫《止学》，强调"大智知止，小智惟谋"，大智慧就是要知道止，小智慧就是只想谋划。唐代著名佛学学者李通玄说，用一个字来概括《华严经》就是"止"，叫"故止一处，无事不办"：只要止在一个地方，没有什么事情是做不成的。北宋理学宗主周敦颐说过："看《华严经》一部，不如看一艮卦。"艮卦的意思就是"止"。佛家有一个重要的修行方法叫"止观法门","止"就是停止妄念,降伏烦恼,使心保持平定;"观"就是虚心观察和思考,得出智慧,达到觉悟。止观是禅定和智慧的并称。

回到我开头讲的,夫妻拜天地之后,要懂得一个关键词,这个关键词就是"止"。夫妻关系是一种最亲近的关系,我们在和其他人相处时会有一些顾虑,夫妻之间没有任何顾虑,没有任何约束,所以很多人不"知止",任性,为所欲为,想做什么就做什么,想说什么就说什么,甚至还会说一些过分的话,结果很多夫妻以离婚告终。其实越亲近的人,越要"知止","知止"不是陌生感,而是尊重对方,这正是维持夫妻关系的长久之道。

最后老子打了一个比喻:"譬道之在天下,犹川谷之于江海。"竹简本是:"譬道之在天下也,犹小谷之于江海。"如果大道在天下流行,就好比小河汇入大海。统治者如果知大道、行大道,天下百姓就会像河流汇入大海一样归附到你的周围。

第三十三章　为什么夫妻变成"熟悉的陌生人"？

知人者智，自知者明。胜人者有力，自胜者强。知足者富，强行者有志。不失其所者久，死而不亡者寿。

我不止一次地听到有人跟我抱怨说：不知道从什么时候起，自己的另一半变得越来越陌生，尽管天天在一个屋檐下，却不了解对方所思所想，对方也弄不明白自己的心思。于是，误解和矛盾"剪不断，理还乱"，最后夫妻俩无效沟通到连架都懒得吵了，终于变成了"最熟悉的陌生人"。为什么会出现这样悲催的事情呢？说到底就是不明智。那么什么是明智呢？答案就在《道德经》第三十三章。我们大家所熟悉的两个成语"自知之明""知足常乐"，都来源于这一章。

这一章是讲人生之道的，分成四句话，每一句都是相对的。第一句："知人者智，自知者明。"马王堆帛书本："知人者知也，自知者明也。"了解别人是智慧，了解自己是高明。"知"是知道、了解的意思。"知"既包括认知的过程，又包括认知的结果。"知人"是自己对别人的了解，自己是主体，别人是客体，"知人"就是主体认知客体。俗话说人心隔肚皮，要真正了解别人是不容易的。"知人者智"，能了解别人是有智慧的。但比较起来，"自知"更难，自知是自己认知自己，主体认知主体。苏东坡有诗曰："不识庐山真面目，只缘身在此山中。"处在庐山山中是没法了解庐山的。何况是自己认知自己呢？带着自己的喜好、情绪乃至价值观来认知自己，容易片面甚至错误。所以老子说"自知者明",能了解自己一定是高明的。高明超过智慧。"明"和"智"合起来就是我们前面说的"明智"。其实"知人"和"自知"并不是截然分开的。"知人"的基础就是"自知",如果不了解自我,那么去观察认知别人往往也是不准确的。比如《吕氏春秋》记载了一个"疑人窃斧"的故事,就是如此。有一个人怀疑邻居的孩子偷了自己的斧子,结果看这个孩子,无论是说话、神态,还是走路、动作,都像是偷斧子的样子。后来斧子找到了,再看这个小孩,所有言行都不像是偷斧子的样子。这就是由于自己一个错误的思维定式,影响到了对别人的认知。正因为我们既不自知又不知人,所以有那么多夫妻成为"最熟悉的陌生人"。

第二句:"胜人者有力,自胜者强。"马王堆帛书本:"胜人者有力也,自胜者强也。"战胜别人是有力的,战胜自己是刚强的。在"胜人"和"自胜"这一对关系中,战胜自己更困难。只要有力量就可以战胜别人,但要战胜自己,不是力量所能达到的。人生最难战胜的不是别人而是自己。人生只有一个最大的敌人,那就是自己。什么叫战胜自己?就是与自己这个敌人作斗争。自己这个敌人是谁?就是自己的"五毒心"贪、嗔、痴、慢、疑(贪婪、生气、愚痴、傲慢、怀疑),由这"五毒心"形成的思维习惯、价值观念,是很难改变、很难战胜的。人都是被自己打倒的,人一旦战胜了自己的"五毒心",那么谁也不能将你打倒。相比较而言,"明"比"智"要更进一步,"强"比"有力"要更进一步。由此我想起圣严法师说过的一句话:"心里放不下自己,那是没有智慧;心里容不下别人,那是没有慈悲。"既要放下自己,更要容下别人。

第三句:"知足者富,强行者有志。"马王堆帛书本:"知足者富也,强行者有志也。"知道满足的人是富有的,顽强前进的人是有志气的。我们常说"知足常乐",这句话就源于老子的"知足者富"。一个人如果知足了,那不仅快乐,而且富有。人一旦不满足,肯定是痛苦的。老子告诉我们富有的标准不是拥有多少金钱和财富。因为金钱和财富的数量是无法确定的,何况金钱、财富和快乐并不总是成正比的。那什么才是富有的标准呢?老子说就是知足的心态。什么叫知足？不是指我对现在的简单生活很知足，而是指任何时候都知足，比如我摔了一跤我知足，因为没有受伤；受伤了我也知足，因为没有受重伤；受了重伤我也知足，因为没伤到内脏；伤到内脏了我也知足，因为我头脑还清醒；头脑不清醒了等救回来，我也知足，因为我还活着……有了这种知足的心态那就是天下最富有、最快乐的人！

"强行者有志。"顽强前进的人是有志气的。"强行者"，是指为了一个终极目标，奋发进取，不折不挠，自强不息，说明这个人有志气、有志向。所以立大志是多么重要，孔子十五岁就"志于学"，立志于为学行道。孔子培养弟子的次序是"志于道，据于德，依于仁，游于艺"，第一位就是要以道为志向，只有确定了人生方向才能不断前行。

第四句："不失其所者久，死而不亡者寿。"马王堆帛书本："不失其所者久也，死而不忘者寿也。"不丧失根基才能长久，死了但没有消亡才能长寿。这两个判断句非常重要，也很不好理解。先看"不失其所者久"，河上公认为，是"不失其所受天之精气"，所以能长久。王弼认为是"以明自察，量力而行"，所以能长久。这个"所"本义是处所、地方，我认为可以灵活理解，比如可以理解为人生的定位，包括人生的角色定位、终极定位。有的人是董事长、处长，有的人是快递员、服务员，这些都是角色。首先不能失去自己的角色定位，要尽职尽责完成好本职工作，但是最终要回归人生的终极定位。人生的终极定位是人的本性定位，人的本性是清静的。如果能尽心完成好自己的角色定位，又不失去人生的本性定位，那么你无论做什么事都会长久、成功。"所"还可以理解为人体气血流动所达到的地方，气血要按照经脉穴位正常流动，这样气血才畅通，生命才能更长久。再回到开头，夫妻关系的"所"是什么？就是夫妻相处的火候，说话的分寸，如果掌握好了就能长长久久。

再看"死而不亡者寿"，对这一句的理解基本上都是身体死了但精神没有消亡，这才叫长寿。比如王弼就说"身殁而道犹存"。这一句马王堆帛书本是"死而不忘者寿"，一般理解为人死了但不被人们遗忘就是长寿。我以前也是这么理解的，有形的身体一定会死，但无形的精神不会消亡、不会被遗忘。可是后来我一直琢磨这句话，发现可能还有更深的含义。怎么能做到人的长寿、身体的长寿？人死了怎么还叫长寿？我想到庄子《齐物论》的"形如槁木""心如死灰"，结合自己的练功经验，我发现"死而不亡"的"死"应该是指"心死""心如死灰"，也就是心要虚静、不妄动。"不亡"应该是指气不亡，气要随着经脉自然而然流动，"不忘"是指在极度虚静状态不要忘掉气的流动，但也不能有意去助推它，这就叫"勿忘勿助"。长期这么修炼，就一定能长寿。

总结一下，本章讲了"知人"与"自知"、"胜人"与"自胜"、"知足"与"强行"、"不失其所"与"死而不亡"这四对关系。相比较而言，"自知""自胜""知足"更加难得，也更加重要。最后一句"不失其所者久，死而不亡者寿"，更是具有深刻玄妙的含义，值得我们慢慢参悟。

第三十四章　怎样才能成就真正的伟大？

　　大道泛兮，其可左右。万物恃之以生而不辞，功成而不有。衣养万物而不为主，可名于小。万物归焉而不为主，可名为大。以其终不自为大，故能成其大。

　　老子一开头就提出一个重要命题："大道泛兮，其可左右。"意思是大道广泛啊，它可以左右万物。"泛"就是广泛。"泛"字带三点水，像水一样，老子总喜欢用带水字旁的字来形容道，大道就像流水一样汪洋广阔。"左右"是什么意思？是个动词，可以理解为左右逢源，也可以理解为左右都能到达，意思是道无论左右上下都能覆盖。我认为"左右"还可以理解为支配、控制，意思是道可以统领天下万事万物。

　　接下来："万物恃之以生而不辞，功成而不有。"万物依靠它生长而"不辞"，成就了功劳而不占有。"恃"是依靠的意思。万事万物依靠道而生长。"辞"是什么意思？这里不是推辞的意思。马王堆帛书本这一句写作"万物归焉而弗为主"，"辞"写作"主"，"辞"是支配的意思。"万物恃之以生而不辞"，意思是万物依靠道而生长，但道却不支配万物。马王堆帛书本"万物归焉而弗为主"，意思是万物都回归道，但道却不支配万物。通行本说"功成而不有"，是说道让万物成功，但却不据为己有。这两句的意思前面已经多次提到过，比如第二章有"万物作焉而不辞，生而不有，为而不恃，功成而弗居"，第十章有"生而不有，为而不恃，长而不宰，是谓玄德"。

再后两句:"衣养万物而不为主,可名于小。万物归焉而不为主,可名为大。"意思是养育万物而不去支配,可以说它是微小的;万物归附于它而不去支配,可以说它是伟大的。这里说道是最小的,也是最大的。为什么呢?因为"不为主",不做支配者。两个"不为主",一个是"衣养万物而不为主","衣养"就是养育;一个是"万物归焉而不为主"。马王堆帛书本这一句是"(成功)遂事而弗名有也,万物归焉而弗为主,则恒无欲也,可名于小",成就万物而不占有,万物归附于它但它却不去支配,这是永远没有欲望的表现,所以它是最小的,其小无内,小到一无所有、一无所求。但道又是最大的,"万物归焉而不为主",马王堆帛书本是"万物归焉而弗为主,可名于大",意思一样,万事万物都归附于它而不受支配,所以它是最伟大的,其大无外。直接说出它的原因就是"恒无欲也",永远没有欲望。因为永远没有欲望,所以它既是最小的,也是最大的。

最后一句:"以其终不自为大,故能成其大。"马王堆帛书本是"以其不为大也,故能成大",意思相同。正因为它始终不自以为伟大,所以才能成就它的伟大。这句话道出了老子超人的智慧。因为道是最伟大的,所以没有必要再去炫耀自己的伟大。苏东坡的弟弟苏辙解释:"大而有为大之心,则小矣。"本来是大的,但是还一心想让别人觉得他大,反而就渺小了。所以真正的得道者,从来不认为自己伟大,反而自认为渺小,总是放空自己,所以才能承载万物,这才是真正的伟大;而那些爱炫耀自己,总觉得自己了不起,觉得自己伟大的人,肯定是渺小的。

老子"生而不辞,功成而不有。衣养万物而不为主"对我们做父母的有很现实的启发意义。在很多父母潜意识里,总觉得孩子是自己生的,把孩子当成自己的私有财产。他们总认为孩子还小,不能放手不管,不能任其自生自长,而应该严加管教,于是时时处处都在控制、支配孩子。结果怎么样?有的抑郁了,有的叛逆了,有的甚至做出违法行为。你可能会说了,不管孩子,孩子能成才吗?我来讲一个故事。当代大儒梁漱溟,有一个儿子叫梁培宽。梁培宽在回忆录中说，他的父亲从来不管孩子，他考试的成绩单他父亲从来不看也不问。有一次他考试没考好，他把成绩单给父亲梁漱溟看，父亲看了一眼后，什么话都没有说，就还给了他。每当要选择做什么事，他问父亲的时候，他父亲就说："你自己的事情，你自己去做。你知道什么叫考得好，什么叫考得不好，你也知道怎么去努力。"梁漱溟从来不干涉子女，他的子女都有主见，都有出息！这就是"生而不辞，功成而不有。衣养万物而不为主"。

我们都听说过老鹰教小鹰飞行的故事吧？小鹰在孵化出来后很长一段时间都没有学会飞翔。它依赖于老鹰，被老鹰怀抱着，被老鹰喂养。结果小鹰无法自己独立行动，因为它的成长被限制住了。直到有一天，老鹰把小鹰带到悬崖边，让它自己飞行，小鹰有些害怕。老鹰意识到，必须放手让小鹰飞行，于是它把小鹰推下悬崖。小鹰开始向下坠落，胡乱地拍打着翅膀。在小鹰即将坠入深渊之时，老鹰迅速俯冲而下，用它的背轻轻地托住了小鹰。经过几次练习，小鹰终于学会了自由飞行。试想，如果老鹰总是控制小鹰，不让它自己练习，小鹰怎么可能学会自由飞行？这就叫"衣养万物而不为主""万物归焉而不为主"。你养育了孩子，但不要去控制他、支配他，孩子依附于你，你要学会放手，不要心疼，要让他自己生长，在风雨中前行，让他自己去主宰自己的命运。这就是俗话说的"儿孙自有儿孙福，莫为儿孙做马牛"。

总结一下，这一章进一步阐明道的作用："大道泛兮，其可左右。"道无所不在、无处不有，道是万物的宗主，它不仅生育了万物，而且促使万物成功，最后又给万物提供一个安息的场所，"万物归焉"。这样的道当然是宇宙自然最伟大的主宰，可它却不去充当万物的支配者；它是万物之母，可它却不当创世主；它是万物成功的根本，可它却不当救世主；它是一切功劳的源泉，可它却不居功自傲。它是最伟大的，可却微小得看不见；它是微小的，可它却伟大得无与伦比。

老子的道是"不有""不辞""不为主"的，没有任何占有欲与支配欲，任凭万物顺其自然地生生灭灭。老子的道也是最高本体，但它是自然的、无形的、虚静的，看似无力实际却是有力的，无处不在、无时不有，万事万物、芸芸众生都逃不脱道的规律和法则。

老子的道告诉我们，为人之道也应该是无私的，我们生育了孩子，创造了财富，或者创办了企业，都不要占为己有，要让他们顺应天道、人道，顺应人生规律、社会规律、自然规律去发展，越不控制他们，他们就越能自由发展。

第三十五章　在天地这个旅馆中怎样走过一生？

执大象，天下往。往而不害，安平泰。乐与饵，过客止。道之出口，淡乎其无味，视之不足见，听之不足闻，用之不足既。

我们都知道李白是诗仙，他的诗是"笔落惊风雨，诗成泣鬼神"，他的文章也具有极高的艺术成就，其中有一篇叫《春夜宴桃李园序》，开头两句"夫天地者，万物之逆旅也；光阴者，百代之过客也"，充满了哲理和对生命的感悟，令人回味无穷。天地是万物的一个旅馆；光阴，只是这个旅馆中一个匆匆的过客。光阴，指时间。人一辈子的光阴多者一百多年，少者几十年。我们所有人，无论地位多么显贵、事业多么成功或者财富多么丰厚，都是天地间的匆匆过客。在天地之间，在历史长河当中，个人太渺小了。那么在短暂的一生中，我们应该怎样度过呢？请看《道德经》第三十五章。

"执大象，天下往。""执"就是拿，把握。"大象"是什么意思？王弼说："大象，天象之母也。"大象是天象的母亲、本始。其实老子这里说的"大象"就是道。"往"就是前往、前来。"执大象，天下往"意思就是把握了大道，天下人就都来投靠了。为什么说大象是道呢？我们前面讲过了，《道德经》第十四章说道是"无状之状，无物之象"，就是没有实物的象、没有形状的象，是无形的大象。老子继承并发展了《易经》"象"思维的传统。"象"不同于"形"，"形"是有形的，看得见摸得着；"象"是无形的，看不见摸不着，但可以感受到。道就是看不见摸不着的，但却真实存在，只要大家敬心诚意都可以感受到。

所以道不是"形",而是"象"。

中华民族第一人文始祖伏羲氏作八卦,八卦就是八种"象",所以叫"卦象"。八个卦象所代表的事物不仅仅是八种有形的事物,更是事物的八种功能,所以八卦实际上就是八种功能属性的分类。它不是固定不变的,而是开放的,可以不断类推;它本身是无形的,但可以代表有形的事物。《易传》说:"形而上者谓之道。"就是说,道是超越形体的。老子所说的道,正是这种无形的但却有强大功能、强大作用的"象"。所以老子说大象无形。因此,如果你把握了道这个大象的话,那天下的人就会前来投靠你。

"往而不害,安平泰。"前往投靠而没有伤害,于是就安心、平和、安泰。因为你是得道之人,所以其他人就会来投靠你。"不害"有两种解释:一是投靠的人不是来伤害道的,二是道也不会伤害前来投靠的人。我认为两者都可以,总之投靠了道就不会受到伤害,就会"安平泰"。"安"就是安宁、安心,"平"就是平和、平静,"泰"就是安泰、安宁。郭店竹简本和马王堆帛书本写作"安平大","大"就是"太"。"太"通"泰",安泰、安宁。如果你是一位得道国君,老百姓都会来投奔你,国家自然就会呈现一种人人安心、祥和、安泰的局面。所以河上公解释"安平泰"就是"国安家宁,而致太平矣",对人的身体而言,就是"治身不害神明,则身安而大寿也"。

接下来老子说:"乐与饵,过客止。""乐"就是音乐,"饵"是指美食。音乐和美食,会使过往的行人停下来。"过客"即匆匆过客、过往行人,"止"就是停止。老子的意思是说,动听的音乐和美味佳肴,只会诱惑那些匆匆过客停下来,但不能使人民心安。这里的"过客"也可以引申为当政者,当政者也不过是匆匆过客,不要沉湎于声色犬马,不要被美食、美音、美色所诱惑,应该回归于自然质朴的大道。这样老百姓才能"安平泰"。"过客止"马王堆帛书本写作"过格止",意思是说超过范围就要停止。音乐和食物,包括做任何事情都要有一个范围、一个限度,不能太过分。《道德经》第十二章说:"五音令人耳聋,五味令人口爽。"说明过度的音乐和食物会给人带来伤害,所以应该回归简朴大道。

最后老子说："道之出口，淡乎其无味，视之不足见，听之不足闻，用之不足既。"道如果说出口，是淡然无味的，看它却看不见，听它却听不到，但用它却是用不完的。道是无形的，道一说出口，就"淡乎其无味"了，特别清淡无味。马王堆帛书本是"故道之出言也，曰淡呵其无味也"，和通行本意思一样。实际上都是在说道是无法说清楚的，并且道又"视之不足见"——你要看它又看不见，"听之不足闻"——听它又听不到，"用之不足既"——用它却用不完。这个"既"就是完、尽的意思。这一点很重要。道虽然没有味道，没有声音，没有颜色，也就是说虽然你尝不到，看不到，听不到，但是你要是用这个道，是永远也用不完的。郭店楚简本有这一章："故道（之出言），淡呵其无味也。视之不足见，听之不足闻，（用之）而不可既也。"和马王堆帛书本的文字基本相同，和通行本意思是一样的。

所有人都是天地这个旅馆的匆匆过客，短短的生命过程应该怎样度过？老子要我们不要停留在奢华的物质生活上，而要行走在简单、质朴的大道上，这样才能"安平泰"，求得心安才是人生的真谛。你可能会问：难道音乐不可欣赏、美食不可品尝吗？其实老子并不是要我们彻底抛弃音乐、美食，而是要我们不要沉溺其中，不要让这些东西迷惑了自己的本性。要"执大象"，把握大道。大道是无形的，不像音乐和美食那样，使人留恋，可供人欣赏，能满足人感官、生理的需求，而道的作用却是巨大的，"用之不足既"，是永远不会用尽的。天下人如果都去追求道，都按照道来做，那么国与国就会和平共处、安泰长久，人与人都会心安、平和、健康、长寿。

学完这一章后，我们不妨扪心自问一下：我们这一生在天地这个大旅馆中要怎么度过？我们的所作所为是在追求无形的东西，还是在追求有形的东西？我们的人生目标是定位在无形的精神上，还是定位在有形的财物上？如果定位在后者，那么我们的心境自然就会随着获取外物的多少而沉浮，有形的财物在带给我们快乐的同时也带给我们痛苦。如果定位在无形的精神上，那么乞丐也可以成为精神的富翁，我们的心就不会随着外在环境的变化而变化，我们这一生也许平平淡淡、简简单单，但自得其乐，平安、平静、平和。求得心安，才是人生第一要义，因为只有心安，才能幸福。传说禅宗第二代祖师慧可为了向达摩大师求心安的方法，不仅久立雪中，而且斩断左臂，终于悟到心安的法门。

第三十六章　成功的秘诀是"先予后取"？

将欲歙（xī）之，必固张之。将欲弱之，必固强之。将欲废之，必固兴之。将欲取之，必固与之。是谓微明。柔弱胜刚强。鱼不可脱于渊，国之利器不可以示人。

《战国策》记载了一个故事。春秋末期，晋国的执政大臣智伯向另一位执政大臣魏桓子索要土地，魏桓子当然不给。魏桓子的家臣任章进言："智伯无缘无故地索取土地，胃口太大又不知满足，假使您把土地给了他，智伯必定越发骄横。一骄横就会向更多的人要土地，这样大家因为害怕，就会团结起来。如果您不给他土地，他就会攻击我们。您怎么能放弃和天下诸侯共同图谋的机会，却偏偏让我国成为智伯的攻击对象呢？"魏桓子听从了任章的建议，于是就把一个有万户人家的城邑给了智伯。智伯很高兴，果然越来越骄横，又向韩氏、赵氏讨要万户封邑，终于逼得韩氏、赵氏、魏氏联合起来，里应外合，以水倒灌智氏大营，智伯兵败被杀，韩、赵、魏三家瓜分了智氏的封地。这就是三家分晋的故事。三家分晋而七国并立，中国从此进入战国时代。任章的这种做法其实就是对老子《道德经》第三十六章的运用。

这一章开头，老子一连说了四句"将欲……必固……"。"将"是如果的意思，"欲"是想要的意思。"固"是本来的意思，在这里可以理解为"先"。

第一句："将欲歙之，必固张之。"如果想要把它合起来，必须先把它张开。"歙之"的"歙"字在《韩非子·喻老》中写作"翕"，两个字意思相同。"翕"

字上面是"合",下面是"羽",把羽毛合起来,所以"歙"和"翕"就是收缩、合起来的意思。"歙"加了"欠"字部首,甲骨文"欠"的字形像人张口出气打哈欠的样子,本义就是打哈欠,用"欠"作部首的字大多与气息有关。"歙"就是气息收缩。顺便说一下,"歙"这个字做县名的时候,读shè,歙县是古徽州府的府治所在地。这里读xī,是动词,和县名无关。

第二句:"将欲弱之,必固强之。"如果想要削弱它,必须先让它强大。我们怎样才能战胜强大的对手?你和他硬拼行不行?肯定不行,因为他本来就比你强大。所以老子告诉我们的做法,不是人为去削弱他,反而是让他强到极点。这是一种高明的策略,运用得好,就会成功。越王勾践就是运用了这种方法,最终使强大的吴王夫差由强转弱、国破人亡。

第三句:"将欲废之,必固兴之。"如果想要废除它,必须先让它兴盛。兴盛到极点了,就会走向反面,走向衰落。西方有一个谚语:"上帝想让他灭亡,必先让他疯狂。"

第四句:"将欲取之,必固与之。"如果想要夺取它,必须先给予它。你想要得到它,你就先给它。这个智慧可以运用在为人谋事的各个方面。要懂得先付出,哪怕吃亏,不要计较当前利益,要着眼于长远利益,所有的付出最终都会有回报。当然"先予后取"也是一种营销策略。比如你在超市看到的,有些商品先以低价出售,等到成功激起了消费者的买单欲望,再提高价格出售。另外,在节假日超市往往也投点小钱准备一些精致小礼物免费送给顾客,用来赢取更多的回头客。别小看这些营销手法,先吃点小亏,之后就能赚大便宜。这在很多人事交往中都会获胜。

但如果把老子的"先予后取"看成是"欲擒故纵"的一种策略或者一种计谋,甚至是一种阴谋,那就太肤浅了。其实这是老子明白事物本质的大智慧。正如老子所说,这四种做法:"是谓微明。""微明"不是微小的明,而是洞察秋毫的明。佛家说人生八苦的第一原因就是"无明",那么有"明"了,自然就没有痛苦了。"明"就是明察事物的真相,就是觉悟,明察,也是高明。老子明察了事物的本质是虚无、虚静，是阴柔。这四句有四对反义词："歙"和"张"，"弱"和"强"，"废"和"兴"，"取"和"与"，构成四种阴阳的关系，其中"歙""弱""废""取"是阴的，而采用的方法"张""强""兴""与"全是阳的，也就是说，要想达到阴性的目标，就要先采用阳性的手段。最终老子是要我们回归阴柔、守住阴柔，这样才能保持住自己强大的生命力。反之如果一个人太强大了、太阳刚了，那么他的生命力反而就不强了。当他威风八面、不可一世的时候，那距离他失败的日子就不远了。所以，老子的高明之处就在于看透了事物的本质，只要是阳性的事物全都是短命的，而阴性的东西才是最有生命力的。所以老子说的四句"将欲……必固……"不仅是手段，而且是本质。

　　老子接着说："柔弱胜刚强。"柔弱胜过刚强。柔弱属于阴性，刚强属于阳性，所以柔弱一定能战胜刚强，是说阴性一定能战胜阳性。自然界最柔弱的东西是什么？是水。水可以把坚硬的石头滴穿，石头却不能把水切断。我们面对刚强的事物，如果想要战胜它，最好不要去硬碰硬，要示之以柔弱，那样会取得意想不到的效果。一个女子最大的武器就是柔弱，说这个姑娘很水灵，一定能讨人喜欢。一个女人跟她的男朋友到商店去，看中了一条钻石项链，如果她很刚硬地说："我想要这条项链，就看你舍不舍得给我买，你不给我买，那我们就拜拜。"几乎所有的男人都会说："拜拜就拜拜。"但如果她弱弱地撒娇说："哎呀，我就要嘛。"哈哈，几乎所有的男人都招架不住。这就是"柔弱胜刚强"。这是一个庸俗的例子。大家可以想象一下，假如你是一位董事长，你怎么以柔弱的方法管理你的员工？假如你是一个家长，你怎么以柔弱的方法管理你的孩子？其中有一种方法，就是鼓励、赞美。你总是鼓励、赞美你的员工、你的孩子，那他就会自信满满，就能激发出无限的创造力。反之，如果你总是指责、批评，那他就会自卑，没有信心，就不会有创造力。

　　最后，老子说："鱼不可脱于渊，国之利器不可以示人。"鱼儿不能脱离深渊，国家锋利的武器不能随便给别人看。"鱼不可脱于渊"是指鱼儿不能离开水，人也不能离开自己生存的环境。"国之利器不可以示人"，河上公解释是君主的治国权谋不可随便告诉大臣，养生的方法不能随便告诉不懂养生的人。王弼讲"利国之器"——有利于国家的武器，不可以随便告诉别人。那么，老子说的最锋利的武器是指什么呢？我认为既指有形的锋利兵器，又指治理国家的无形道理，也就是柔弱胜刚强的道理，这是使一个国家兴旺发达的法宝。为什么不可以示人呢？锋利的、先进的兵器不能轻易示人，更不能用它来逞强；柔弱胜刚强、无为治国的道理，如果随意告诉别人，别人就不会珍惜，也不会相信。

第三十七章　为什么"无为"又能"无不为"？

道常无为而无不为。侯王若能守之，万物将自化。化而欲作，吾将镇之以无名之朴。无名之朴，夫将不欲。不欲以静，天下将自正。

一个家庭里特别艰难的日子往往出现在青春期撞上了更年期。孩子闹青春期，家长闹更年期，"这次第，怎一个愁字了得"！这种事情发生了，做家长的当然不能光指望孩子共赴艰难，家长责无旁贷地必须想出办法摆脱困境，引导孩子尽快走出青春期心理上的黑森林，稳步而成熟地走进青春的美好时光。那么，怎样做才能正确地引导孩子呢？《道德经》提供的答案是"无为而无不为"。

本章一开头："道常无为而无不为。"这是一个非常著名也是非常重要的命题，是通行本《道德经》中老子思想的精华。为什么说是通行本的精华呢？因为郭店楚简本和马王堆帛书本都没有这一句，这一句楚简本写的是"道恒无为也"，没有通行本的后半句；帛书本是"道恒无名"，强调的是道的永恒与不可名状，道无法用语言来形容描述。通行本是"道常无为而无不为"，字面意思是道永恒无为又无所不为。这里揭示了"无为"和"无不为"的辩证关系，意义重大。什么是"无为"？"无为"不是不为，不是什么都不做，而是不妄为、不人为，也就是不要按照个人的意志去做事，而要按照自然规律、自然法则去做事，要按照事物的本性去做事。什么是"无不为"？"无不为"就是没有什么事做不成。"无不为"深层意思就是有为，否定之否定就是肯定。"道常无为而无不为"是说道既是无为的，又是有为的。这是不是矛盾呢？其实并不矛盾。道是无为的，正因为无为，不按自己的意志去恣意妄为，而是按自然规律、事物本性去为，所以就能"无不为"，什么事情都可以做成功。可见，"无为"是前提，"无不为"是结果。这句话可以理解为"因为道常无为所以无不为"。有的人把"道常无为而无不为"理解为"君无为而臣有为""道既无为又有为"，做人做事要"有所为有所不为"，要用无为的心做有为的事，等等，这些都是对"道常无为而无不为"的合理引申，说明这句名言的用处极为广泛。

就孩子的青春期教育而言，当然要采用"无为而无不为"的方法，就是要放手但不放任，所谓"无为"不是不管孩子，而是诱导孩子做符合青春期生理、心理、情感变化规律的事，要告诉孩子性成熟的相关知识，帮助他们了解男孩、女孩的不同点和如何保护自己。家长不要一味压制、阻止，而要通过沟通、鼓励进行疏导和支持，这样就可以"无不为"，让孩子顺利度过青春期。

老子接着说："侯王若能守之，万物将自化。"郭店楚简本和马王堆帛书本文字基本相同。意思是侯王如果能坚守住它，万物就会自我化育。"侯王若能守之"的"之"就是无为之道。"万物"这里主要指老百姓，"自化"就是自我变化、自我转化、自我化育。这个太重要了，统治者一个人的力量总是有限的，要是能激发出所有百姓内在的潜能，那力量就会是无限的。在老子看来，最理想的政治、最高明的管理就是"无为"。一个领导者，如果他"无为"了，那么结果恰恰是"无所不为"，什么事情都办成功了，原因就是，他遵循了天道规律而不是出于个人的意愿。这样人民就会自我变化、自我化育、自我成长，不受任何人的控制，他们会自然而然、自觉自愿地去工作，他们的自我能力、自我潜能就会被充分地调动起来、激发出来，他们的自我价值就会得以实现。这比管理者用强硬的手段、用法律法规去规范下属、限制下属所起到的作用要大得多。

这让我想起一个谜：埃及金字塔是怎么建造的？好多人认为是奴隶主拿着皮鞭赶着奴隶们建造的。一个瑞士的钟表匠发现这不可能是真相。这个钟表匠手艺十分高超，能够制造出百分之一秒误差的手表。后来他因故进了监狱，在监狱里他连十分之一秒误差的手表都做不出来了。他用自己的亲身体会断言："金字塔的建造者，绝对不会是奴隶，应该是一批欢快的自由人！"他认为只有在极度放松、欢快自由的状态下，人的潜能才能发挥出来，才能创造出如此精细、天衣无缝的工程。后来这个说法被证实了。有报道说，在埃及胡夫金字塔周围不远的地方发现了一些墓，这些墓里埋着的应该就是建造金字塔的民工。一看埋在这些墓里的人的状态，就知道他们绝对是自由人，不是奴隶。因为从出土尸体的状态看，他们没有任何痛苦状，非常安详，骨头也没有外力损伤的痕迹。那就证明了那些建造金字塔的人，是自由人。这就叫"我无为而民自化"。

当然"自化"之后也会有贪欲产生，怎么办？老子说："化而欲作，吾将镇之以无名之朴。"自我变化就会有贪欲产生，我就要用道的无名质朴来镇服它。"镇之以无名之朴"就是"以无名之朴镇之"，"无名之朴"就是道，道是不可名状的，也是朴实无华的，是人的原本状态。一旦在"自化"的过程中，出现贪欲了，怎么办？法家要制之以刑，绳之以法。老子则主张用无名质朴的道来镇服贪欲。

老子接着说："无名之朴，夫将不欲。不欲以静，天下将自正。"无名的质朴，就是要人们不起贪欲。不起贪欲就安静了，天下自然就正常了。郭店楚简本作"夫亦将知足，知足以静，万物将自定"，意思是，天下人就知足了，知足就安静了，万物自然而然就稳定、安宁了。马王堆帛书本作"天地将自正"，天地自然而然就稳定、正常了。

老子这一章讲了治理之道、管理之道，按"无为"来统治、来管理，其结果就是天下百姓"自化""自正"。司马迁在《史记》中把老子的思想总结为八个字："无为自化，清静自正。"这是十分中肯的。执政者只有"无为""清静"，老百姓才能形成一种纯朴、和睦的民风，才会觉得安宁、自由和幸福。也只有这样才能激发出无穷的创造力。老子的"无为而治"可以称之为"道治"。

老子主张"道治"；孔子主张"德治"，要用道德礼仪来治理天下；法家主张"法治",要用严明的法律、法规来治理天下。对我们现代管理者来说,应该都是有价值的,它们并不矛盾,三者应该相辅相成,并行不悖。我认为,"道治"与"德治""法治"并不是一个层面的问题,"道治"是治理的最高境界、最高原则,"德治"和"法治"是治理的具体方法、具体法则。归根结底,你不能依据个人的意愿、个人的私欲,而要按照自然本性来治理单位。然后要看自己的部门、自己的单位处在什么状态之下,缺什么则补什么。在"大道"的最高原则之下,道德和法律双管齐下、恩威并施、刚柔并济、赏罚有度,这样你的单位必定会人人安心努力,事业兴旺发达。

第三十八章　道和德是什么关系？

上德不德，是以有德。下德不失德，是以无德。上德无为而无以为，下德为之而有以为。上仁为之而无以为，上义为之而有以为，上礼为之而莫之应，则攘臂而扔之。故失道而后德，失德而后仁，失仁而后义，失义而后礼。夫礼者，忠信之薄而乱之首。前识者，道之华而愚之始。是以大丈夫，处其厚，不居其薄；处其实，不居其华。故去彼取此。

"道德"是我们今天常说的一个词，人人皆知，个个会用，但可能很少有人思考道和德究竟是什么意思，道和德之间是什么关系，老子讲的道德和孔子讲的道德是不是一回事。

这一章是通行本《道德经》的第三十八章，可是1973年马王堆出土的西汉帛书《老子》甲乙本，却把这一章放在开头。《老子》的最早注释本《韩非子·解老》也是把它放在开头。1993年郭店出土的战国竹简本《老子》甲乙丙三种抄写本遗憾没有这一章。可见早期是《德道经》不是《道德经》，也就是《德经》在前，《道经》在后，全文不分章。而通行本是《道德经》，也就是《道经》在前，《德经》在后，全文分为八十一章，其中第一章到第三十七章是《道经》，第三十八章到第八十一章是《德经》。但不管是《德道经》还是《道德经》，这一章都是《德经》的开篇，因此它的重要性不言而喻。

这一章最重要的一个概念当然就是德。什么是德？韩非子解释："德者，内也。得者，外也。""德"和"得"意思差不多，是内外关系，德就是身体内外保全："身全之谓德。"王弼把"德"直接解释为"得"："德者，得也。常得而无丧，利而无害，故以德为名焉。"我个人觉得，"德"是个名词，"得"是个动词，把名词的"德"解释为动词的"得"是不妥的。我们来看一下"德"这个字的字形就清楚了，甲骨文写作 ，外面是一条大路，中间是一个直行的人，表示人遵循正道而行。金文写作 ，后来写作"德"。《说文解字》说："德，升也。从彳（chì），悳（dé）声。"德的本义是升高，攀登。"彳"是小路，表示与行走有关。"悳"不仅表示声音，而且表示意思，就是直心，正直的本心、本性。德就是品德、德性、德行。《周礼·地官》注："德行，内外之称，在心为德，施之为行。"

那么德与道是什么关系？德是道的具体体现，道是德的实际内涵。道是无形的、不可见的，德是有形的、外显的。隐含在内的就是道，显现出来的就是德。道为体，德为用，体用不二，两者是不可分割的。道和德是中国古代哲学一对基本范畴。孔子说："志于道，据于德。"老子对道和德作了哲学升华。我在第一章介绍过，道原本是人走的大路，老子把道升华为宇宙万物的大本源、大本体，事物运动变化的大规律（普遍规律）、大法则（普遍原则）。德如果解释为"得"，那就是指从道那里得到的事物性质。《管子》说"故德者得也。得也者，其谓所得以然也"（《管子·心术上》）。也就是说，德是符合道的行为和品德。

我们来看前两句："上德不德，是以有德。下德不失德，是以无德。"马王堆帛书乙本文字和它完全相同。意思是说，上等品德的人不刻意去追求品德，反而有品德；下等品德的人不愿失去品德，反而没有品德。这段话好多人觉得不好理解，我曾经开玩笑地说，这段话翻译一下就是：越要脸越没有脸，越不要脸越有脸。也就是说，高明的人越不追求什么越有什么，不高明的人越追求什么越没有什么。我们来分析一下老子的原话，老子将德分为"上德"与"下德"两个层次：上等品德与下等品德，区分的标准就是表现形式，是不是有意地把德表现出来。上等品德的人是"不德"：不去刻意地表现自己有品德、宣扬自己有品德，也就是无心地表现出来，自然而然地表现出来。下等品德的人是"不失德"：不愿意失去品德，也就是刻意去表现、宣扬自己有品德，有意地表现出自己有德性。一旦有意就是有目的，也就有勉强的成分、造作的成分，并且容易产生虚伪。两者的结果也是不同的。"上德"之人越是无意识、不刻意地表现德、追求德，反而越有德；"下德"之人越是有意识、刻意地去表现德、追求德，反而越没有德。为什么？因为德是道的体现，道本身就是自然而然的，任何刻意的、有心的、有为的东西都不符合道。

老子接着按照道德高低分出五等人，首先是第一等上德之人和第二等下德之人："上德无为而无以为，下德为之而有以为。"意思是说，上等品德的人不妄为而且无意作为，下等品德的人有所作为而且有意作为。这句中的"无以为"和"有以为"，意思是无意而为和有意而为。上德之人不仅"无为"而且无意作为、无心作为，不带主观意志去做事。下德之人不仅"为之"而且有意去作为，带有主观意志去做事。

第三等是上仁之人："上仁为之而无以为。"上等仁爱的人按仁爱去做而且无意去做。仁就是儒家宣扬的仁爱之德，排在儒家"五常""五德"仁义礼智信的第一位。"为之"的"之"代指仁爱，按照仁爱去做，是自然而然地去做，不是刻意地去做。

第四等是上义之人："上义为之而有以为。"上等正义的人按正义去做而且有意作为。"义"是正义、道义。这句的"为之"的"之"指代正义，按照正义去做，而且是有意地去做。

第五等是上礼之人："上礼为之而莫之应，则攘臂而扔之。"上等礼仪之人按照礼仪来做但没有人回应他，于是就伸出手臂来强迫别人去做。"礼"指古时的社会道德规范、行为规范。这句"为之"的"之"指代礼仪。"攘臂"就是伸出手臂。"扔之"就是拉拽别人。"攘臂而扔之"就是卷起袖子、伸出胳膊、硬拉强拽地强迫别人按礼来做事。

通行本这五等人，在马王堆帛书《老子》甲乙本中是四等人，没有"下德"之人，因为帛书本没有"下德为之而有以为"一句。所以按照帛书本分成"上德""上仁""上义""上礼"四等人，次序是从高往低排列的。我认为帛书本相对合理一些，所以这个"上"就不是上等的意思，而是通"尚"字，这四等人分别为具有崇高品德的人、具有崇高仁爱的人、具有崇高正义的人、具有崇高礼仪的人。从无意而为和有意而为来看，崇高品德和崇高仁爱的人都是无意而为，崇高正义和崇高礼仪的人都是有意而为。所以他们的道德水平从高到低排列是：最高的是上德，其次是上仁，再次是上义，最后是上礼。而在德之上的是道。

我在序言中提到过，孔子对老子有一段评价，把老子比喻成乘着风云直上九霄的龙，但没有说孔子是在什么情况下说这段话的。其实这里有一个故事。处在东周时期的孔子看到周公创立的礼乐已经不被大家所遵守，出现了"礼崩乐坏"的乱象，已经没有人知道"礼"的详细内容了，孔子痛心疾首、忧心忡忡，决定不远千里前往首都洛阳去拜访老子，因为只有老子还知道"礼"。风尘仆仆的孔子终于见到了老子，于是迫不及待向老子请教"礼"，老子语重心长地说："你所说的礼啊，倡导它的人骨头都已经腐烂了，只有他的言论还在。作为一个君子啊，时运来了就驾着车出去做官，时运不济的时候就应该像蓬草一样随风飘转。一个好的商人要把自己的财富隐藏起来，一个君子具有高尚的品德却要谦虚得像一个愚钝的人。我看你啊，还有一点骄气和过多的欲望，还有做作的神态和过大的志向，这些对你自身没有什么好处，都应该抛弃掉啊。我能告诉你的，就这些罢了。"听了老子的话，孔子不仅没生气，反而十分敬仰，他对弟子感叹道："我今天好像见到真龙了。龙和天上飞的鸟儿、水里游的鱼儿、地上跑的走兽不同，龙是见首不见尾的，龙能飞到九霄云外，这是我没有办法知道的啊。我今天见到的老子，大概就是龙吧！"这个故事完整记载在司马迁的《史记》中。那为什么孔子对"礼"这么重视、老子对"礼"却这么轻视呢？

我们看一看《道德经》第三十八章就清楚了。

上面已经讲了第三十八章的前一部分。接下来老子说："故失道而后德，失德而后仁，失仁而后义，失义而后礼。"所以丧失了道然后才有德，丧失了德然后才有仁，丧失了仁然后才有义，丧失了义然后才有礼。老子主张应该按照最高的道来做事，在失去道的时候，只能等而下之，依次递减为德、仁、义、礼。到了礼是最低一等了。

老子又说："夫礼者，忠信之薄而乱之首。"礼是忠信的不足，也是祸乱的开端。"忠信之薄"的"薄"就是少、不足的意思。为什么要讲礼？就是因为忠信不足所以才讲礼。很简单，如果大家都在内心自觉地遵守仁义、忠信，就没必要制定礼了。就因为人们内心不遵守仁义、忠信，所以才要制定外在的礼，要强迫人们去遵守道德规范。可它也是"乱之首"，就是祸乱的开始。为什么？一是因为不讲仁义忠信，说明人心紊乱了，不纯净了，不按道来做了；二是你越讲礼，就有人越不讲礼，不按礼来做，甚至破坏礼、扰乱礼，这样祸乱就开始了。

仁、义、忠、信是孔子所提倡的。《论语》中仁、义是分开说的，忠、信大多也是分开说的，也有连在一起说的，比如"主忠信""言忠信"。而把仁义忠信连在一起的是孟子，孟子说"仁义忠信，乐善不倦"（《孟子·告子上》）。遵从仁义忠信，乐于行善而不厌倦。如果从先秦儒家来说，孔子强调仁，孟子强调义，荀子则强调礼。老子和孔子同时代，岁数比孔子大，远远早于孟子和荀子，老子早就看出仁、义、礼的差别以及形成的原因。

所以老子接下来说："前识者，道之华而愚之始。""前"就是先，"识"就是见识，"前识者"就是有先见之明、先知先觉的人，这种人的出现就是道的浮华、愚蠢的开始。为什么说有先知先见的人是道的浮华、愚蠢的开始呢？因为真正的道是自然而然的一种存在，不论你能不能知觉它，它就在那里，不增不减、不来不去、不生不灭。一旦要靠先知先觉才能认知道，或者说有了知觉、有了先后才能感受到道，那已经不是道了。道处于那种浑然一体、无思无为的本来状态之中，不必要去鉴别，没有什么先知先觉、后知后觉的区分，所以说"前识者"不再是道了，而是愚蠢的开始。

最后老子说："是以大丈夫，处其厚，不居其薄；处其实，不居其华。故去彼取此。"所以大丈夫总是处身敦厚而不处身浅薄，处身诚实而不处身浮华。因此要舍弃后者而采用前者。这里的"大丈夫"就是得道之人，得道之人为人处世总是守住敦厚、诚实，而不浅薄、浮华。最敦厚、最诚实的是什么？就是道。所以"处其厚""处其实"就是处在道上。凡是浅薄、浮华的人都不是得道之人，不是按道行事的人。"故去彼取此"，所以要舍弃后者采用前者。后者就是浅薄、浮华，前者就是敦厚、诚实。敦厚与诚实是得道之人、有德之人的表现，浅薄与浮华是无道之人、无德之人的表现。

第三十八章这后一部分内容，马王堆帛书本和通行本的文字基本相同。

总结一下，后一部分讲了道、德、仁、义、礼这五个概念的关系，分开来说依次降维，道最高，礼最低；如果两个概念合起来说，则是道德高于仁义，仁义高于礼。

注意老子讲的道德和孔子讲的道德意思是不一样的，老子讲的道是世界万物的本来样子、生存源头、普遍规律和总体法则，而德是道的具体体现。孔子讲的道德是仁、义、忠、信、礼等伦理规范。老子强调"道治"，孔子强调"德治"。

有人可能会问：我们今天强调法治，那么法和礼是什么关系？法和礼都是外在的规定，法是法律法规，礼就是伦理规范，但法是强制性的，礼要温和一些。犯法了要判刑坐牢，违背礼了，不能判刑，只能受到道德谴责。但两者并不是可以割裂的，在我看来，礼是最高的法，法是最低的礼，或者说道德是最高的法律，法律是最低的道德。法和礼都是外在的一种约束，是一种他律，而仁和义是内在的一种自律。我们说他律是必要的，这个社会没有法、没有礼那肯定不行，但是自律更重要。

那么老子说的道和德是自律还是他律呢？我认为都不是，是无律，没有约束，是自然而然，是回归本性。在老子时代，礼和法已经成为统治者控制人心的工具，是束缚人本性的外在的东西，是灾祸的开始，因此，老子反对礼与法而向往自然无为的道。在当今社会，同样如此，如果一味强调法律、法规、制度、奖惩，只注重硬性管理，不注重柔性管理，往往会招来怨恨和反抗，久而久之，人本身的自然本性、纯朴德性就会泯灭，人们就会去追求浮华、浅薄，那是非常危险的，灾祸就要临头了。

第三十九章 "一"这个数字有什么奥秘？

> 昔之得一者：天得一以清，地得一以宁，神得一以灵，谷得一以盈，万物得一以生，侯王得一以为天下贞。其致之也，谓天无以清将恐裂，地无以宁将恐废，神无以灵将恐歇，谷无以盈将恐竭，万物无以生将恐灭，侯王无以贞而贵高将恐蹶（jué）。故贵以贱为本，高以下为基。是以侯王自称孤、寡、不穀。此非以贱为本邪？非乎？故至誉无誉。不欲琭（lù）琭如玉，珞（luò）珞如石。

在我们所熟知的数字中，最小的自然数是0。阿拉伯数字有0到9这十个数字，但阿拉伯数字不是阿拉伯人发明的，而是印度人发明的，并首次将0作为一个自然数。到了公元八世纪，印度被阿拉伯人征服，后来阿拉伯人把印度数字传到欧洲，欧洲人以为这些数字是阿拉伯人发明的，就称之为阿拉伯数字。阿拉伯数字十三世纪后也就是元代之后才传到中国。中国很早就使用十进制计数，殷墟出土的甲骨文已有一到十的计数单位。也有空位思想，但还没有0这个数字。当时最小的数字是一。老子赋予"一"深刻的哲学意义。

这一章的开头是排比句："昔之得一者：天得一以清，地得一以宁，神得一以灵，谷得一以盈，万物得一以生，侯王得一以为天下贞。"用六句话来说明古来得到"一"的情况：天得到"一"而清明，地得到"一"而宁静，神得到"一"而灵验，河谷得到"一"而满盈，万物得到"一"而生长，侯王得到"一"而能使天下正常、安宁。这里的"一"究竟是什么意思？河上公认为：

"一，无为，道之子也。"严遵认为："一者，道之子，神明之母，太和之宗，天地之祖。"王弼认为："一，数之始而物之极也。"因为"一"是数字的开始，所以可以指代万物的开始，"一"作为万物的开始，也就是《周易》第一卦乾卦"元亨利贞"的第一个字"元"。孔子《易传》解释"元"是万物的本源，"万物资始"，万物靠它而开始。老子虽然没有提到"元"这个字，但老子说的"一"其实就是"元"的同义词。老子这里讲的"一"也可以看成道，因为道就是万物的总源头。道是第一位的，是纯一的，是混沌未分的整体，所以用"一"来代称道。天和地如果得道，就会清明和安宁；神灵如果得道，就会灵验；山川河谷如果得道，就会盈满；万物如果得道，就会茁壮成长；侯王、统治者如果得道，就能当天下的首领，天下就祥和。"贞"马王堆帛书本写作"正"，"正"有两种解释，一种是正常、祥和，一种是首领。

对一个人来说，"一"就是人的本性本心，一个人的本质特征，一个人的最本源的起点，也是一个人的最终归宿。人生三大根本问题：我从哪里来？我往哪里去？我是谁？这些问题都是"一"的问题。一个人如果抓住了"一"，就找到了人生终极目标，就找到了人生的意义，就会快乐地享受生命的每一个细节，也就会美满、幸福地走完人生的每一个过程。请大家静下心来，好好想一想：我找到生命的"一"了吗？"一"的作用真是太大了！

接着老子说如果不能守"一"会发生什么情况："其致之也，谓天无以清将恐裂，地无以宁将恐废，神无以灵将恐歇，谷无以盈将恐竭，万物无以生将恐灭，侯王无以贞而贵高将恐蹶。""致"马王堆帛书本写的是"至"，可以理解为推而广之的意思，"其致之也"可以理解为把它推广开来说。天如果不能清明，恐怕将要破裂；地如果不能安宁，恐怕就要崩毁；神如果不能灵验，恐怕就要消失；河谷如果不能盈满，恐怕就要枯竭；万物如果不能生长，恐怕就要灭亡；侯王如果不能守正而贪恋高位，恐怕就要被颠覆。"贵高"是以高位为贵，意思是统治者贪恋高位。为什么天不能清明、地不能宁静、神灵不能灵验、河谷不能盈满、万物不能成长、侯王不能守正道而贪恋高位呢？追究一下原因，当然就是没有得"一",没有按道来做。

那么统治者应该怎样守"一"、怎样守道呢?老子说:"故贵以贱为本,高以下为基。是以侯王自称孤、寡、不穀。此非以贱为本邪?非乎?故至誉无誉。"所以尊贵以卑贱为根本,高尚以低下为基础。因此侯王自称为孤、寡、不穀。这不正是把低贱当作根本吗?难道不是吗?所以最高的称誉就是没有称誉。"故贵以贱为本,高以下为基",高贵的东西一定要以卑贱为根本,高尚的东西一定要以低下为基础。这两句话非常重要,既是教我们做人,也是教我们做事。从阴和阳这个角度来说,贵是阳,贱是阴。高是阳,下是阴。也就是说阳刚的东西一定要以阴柔为基础。你要想高高在上,那必须以下面为基础。就做人来说,要居下、退让、谦卑,就做事来说要从低处做起,慢慢地从下往上、从低往高发展。

"是以侯王自称孤、寡、不穀",侯王的地位是最尊贵的,可是总是谦卑地称呼自己是"孤""寡""不穀"。"孤""寡"本义是孤单、寡少,这是自谦,说自己孤德、寡德,以此取得臣民的帮助和同情。"不穀"是不善的意思,也是谦虚的说法。国学大师章太炎先生认为"不穀"是"仆"的合音,侯王自称"仆下",是十分谦虚的。后来皇帝都这么谦称,比如称自己是"孤家""寡人",后来就演变成一个成语叫"孤家寡人"。

帝王为什么要称自己为"孤家寡人"?"此非以贱为本邪?"这不是把低贱当作根本吗?马王堆帛书本作:"此其贱之本与?"这是把低贱当作根本吧?这里的"低贱"就是指老百姓,老百姓处于最低的位子,但帝王要把他们作为国家的根本,这样国家才能安稳。"本固邦宁",根本稳固了国家才安宁。"邦"就是国,为了避汉高祖刘邦的名讳,所以改"邦"为"国"。孟子也说:"民为贵,社稷次之,君为轻。"所以君王自称孤家寡人,是一种姿态,也是时时提醒自己要把自己放在低的位置,要关注百姓,时时把百姓放在心上。"故至誉无誉",所以最高的称誉就是没有称誉。帝王越不自我称誉就越能赢得百姓的称誉。"至誉无誉"充满了辩证法,由此我们可以推论:至德无德,至美无美,至善无善……就是说，最高的德、最高的美、最高的善其实都不需要刻意地表现出来，也不需要刻意地去追求，都是自然而然的，朴实无华而又真实不虚的。反过来，就不是至德、至美、至善。

最后老子说："不欲琭琭如玉，珞珞如石。"不要像宝玉那样华美，而要像石头那样粗糙朴实。"琭琭"形容玉的华美，"珞珞"形容石头的粗糙。这里老子是从正反两方面来要求君主，不要像宝玉，要像普通的石头，也就是不要追求外表的华美，而要追求内在的朴实。石头是用来打地基的，是居下的、坚实的，但用处却是巨大的，一座高楼大厦离不开基石；而美玉只是用来欣赏的、把玩的，虽外表华美但对建造高楼大厦来说却没有什么实际作用。

第四十章　让人快乐起来的一个关键词是什么？

反者道之动。弱者道之用。天下万物生于有，有生于无。

有一个十六岁的少年成天闷闷不乐，有一天遇到一个快乐的长者，于是就向长者请教：一个人怎么才能快乐起来？长者说只要按四句话来做就能快乐起来。第一句，把自己当作别人；第二句，把别人当作自己；第三句，把别人当作别人；第四句，把自己当作自己。怎么理解？第一句和第二句都是反向做法、换位思考，首先是把自己当作别人，从别人的角度看自己，就不会有那么多主观执念，就会逐渐放下自己。然后把别人当作自己，从自己的角度看别人，就会替别人着想，站在别人的立场想问题，就会同情别人，原谅别人，理解别人。第三句和第四句，是回归本位，认清本体，只有经过前两个阶段的换位思考、换位行动，才有后面两步。把别人当作别人，别人毕竟是别人，要站在别人的立场了解别人，你就会尊重每一个人，尊重每一个人的个性。最后把自己当作自己。经过前面三步之后，你才会找到真正的自我，从自己的角度看清楚自己，从此摆脱烦恼，过上快乐的生活，享受幸福的人生。这位长者的智慧是从哪里来的呢？是从《道德经》第四十章来的。这一章很简短，只有三句话。

先看第一句："反者道之动。"这句话是至理名言，是老子参透了宇宙人生之后的总结，是事物运动变化的总规律！郭店楚简本和马王堆帛书本写的是："返也者，道（之）动也。"这个"返"是带走之旁的，这句话直白翻译就是"反"是道的运动。"反"有两个意思：第一个意思是返回、反复，同"返"；

第二个意思是反对、相反。这两个意思，是同时具备的。先看第一个意思，大家想一想，我们所看到的宇宙万物，它运动变化的规律是不是都是循环往复、周而复始的？比如说太阳今天早晨从东方升起，中午升得最高，下午开始往西边落下，到第二天又是东升西降；月亮每个月都有阴晴圆缺，都有晦朔弦望四种月相变化；年年都有春夏秋冬四季变化，庄稼也都是随之生长收藏；还有潮起潮落、花开花落、云卷云舒、草长莺飞……哪一个不是生生灭灭，周而复始？都是"返"，循环往复，万事万物的规律就是"反着动"，反向运动、反复运动。人也是如此，从宏观视野看，就是物质不灭定律，这就叫"周行而不殆"，这是一个大规律。其实老子这一思想来源于《周易》周期变化的思想。《周易》复卦就是"反复其道"，《周易》六十四卦的次序就是按照"反"的原则排列的，把六十四卦分成三十二组，后面的卦就是前面这个卦的反卦，也就是颠倒的卦。老子看出了这个秘密，总结出"反者道之动"这一规律。这与佛家说的"轮回""因果"，儒家说的"慎终追远""原始反终"是一致的。"反"还可以看成是一种报应，老子说"其事好还"，"还"就是报应，报应也是一种循环往复，正如《周易》所说："积善之家必有余庆，积不善之家必有余殃。"

再看"反"的第二个意思，就是相反、相对。和"正"相对，反向思维、反向行动。可以说老子是对《周易》经文否极泰来、物极必反思想的总结和发挥。事物发展到了极限，就要走向反面，老子总结为道的反向运动规律。老子看到自然万物和人类社会各种相反现象，比如高下、长短、大小、轻重、前后、进退、黑白、有无、强弱、刚柔、美丑、难易、祸福、损益、智愚、巧拙等，这些相反的现象看起来是对立的、矛盾的，但又是统一的，任何一方都不能离开另一方而孤立存在，而且对立的双方是可以相互转化的，也就是朝着相反的方面转化。所以相对的事物或者同一个事物相对的方面不是截然隔断的矛盾，而是可以相互转化、你中有我我中有你的阴阳。一定要注意，矛盾不是阴阳，阴阳也不是矛盾。

反向思维、反向行动对一个人来说尤其重要，比如我开头讲的那个故事，如果没有把自己当作别人和把别人当作自己，就没有办法真正认清别人和自己。再比如不少人问我，应该选择什么样的运动方式。我说很简单，反向选择，如果你是坐办公室的，很少运动，那你就应该选择动态运动，多做动功，要有一定运动量，但不要太过；如果你平常上班运动量就很大，那你就要选择静态养生方式，多做静功。可能你在公园里经常看到有人往后退着走，有人两手撑在地上爬行，有人练习倒立，其实这些都是对平常向前走路、直立行走、垂直站立的"反动"，这些对身体都是有好处的。

再举一个例子。大家知道中国画和油画的区别吧？如果说油画是正的画法，那么中国画就是反的画法。比如说要画一朵云，油画要用各种颜料把这朵云的色彩给画出来。而中国画画云，不是用颜色、水墨把云给画出来，而是用留白，把它周围的山画出来，空白的地方就是云了。这就是以不画为画。

反向而动是一个人健康幸福的基本素养。遇到事情，不能光往一个方面想，要反向思维、反向而动。比如当遭受挫折、处在低谷时，要反向去做，自强精进、不屈不挠，在黑暗中看到光明；当面临顺境，春风得意的时候，要反向去做，居安思危，韬光养晦，在顺境中看到危机。

再看第二句："弱者道之用。"郭店楚简本和马王堆帛书本是："弱也者，道之用也。"柔弱是道的最大作用。这是老子参透宇宙万物之后，总结出为人谋事的最高法则。一般人都认为，强大才是有作用的，其实柔弱才能发挥最大的作用。柔弱胜刚强，这一点在《道德经》的很多篇章中都作了论述，典型的例子就是婴儿和水。我们成年人要向婴儿学习，向水学习。木秀于林，风必摧之。枪打出头鸟。不要争强好胜，不要锋芒毕露。要柔弱、谦虚、忍让，这才是做人的法宝，才是取得成功的"大用"。

最后一句："天下万物生于有，有生于无。"郭店楚简本和马王堆帛书本是："天下之物生于有，（有）生于无。"天下万物是从有中生出的，有是从无中生出的。"有"包括有形、有名、有物，"无"包括无形、无名、无物。"有"和"无"也是相反而动的。关于"无"中生"有"、"有""无"相生，在《道德经》第一章、第二章都讲解过了，这里再强调一点，无形的东西能产生有形的东西。可是当今社会太不注重无形的东西，只注重有形的东西，比如不注重文化、不注重精神道德，只看重金钱、经济指标，结果导致那么多为富不仁的所谓企业家，直到爆雷，人们才知道他们的真面目。希望各级领导从根本上找找原因，认真领会"天下万物生于有，有生于无"的道理。

第四十一章　遇到不被信任的时候怎么办？

上士闻道，勤而行之；中士闻道，若存若亡；下士闻道，大笑之。不笑不足以为道。故建言有之：明道若昧，进道若退，夷道若颣（lèi）。上德若谷，大白若辱，广德若不足，建德若偷，质真若渝。大方无隅（yú），大器晚成，大音希声，大象无形。道隐无名。夫唯道，善贷且成。

我们在日常生活中是不是经常会遇到这种情况，就是自己在说一件真实的事情，可是周围的人就是不相信，于是你百般解释，弄得自己都有点不自信了，又解释不清，最后遭到大家一阵嘲笑，自己觉得特委屈，自信心受到重大打击，有的人心里还留下阴影。那么对这种情况老子是怎么处理的呢？请看《道德经》第四十一章。

老子一上来就指出人们对道的认知是不同的："上士闻道，勤而行之；中士闻道，若存若亡；下士闻道，大笑之。不笑不足以为道。"郭店竹简本有这一章，开头是："上士闻道，勤能行于其中；中士闻道，若存若亡；下士闻道，大笑之。弗大笑，不足以为道矣。"马王堆帛书本文字基本相同。上等士人听说道，"勤而行之"，勤奋地践行它，努力按照道来做。中等士人听说道，"若存若亡"，好像存在又好像不存在。"亡"通"无"。还有一种解释：好像记住又好像忘记。"亡"通"忘"。这种人对道是将信将疑，半信半疑。下等士人听说道，大加嘲笑。不被嘲笑就算不上真正的道。上士、中士、下士这三等人是按照"闻道"之后的表现划分的。这个"士"原本指读书人，这里指一般人士。上等人士，闻道之后，立即就心领神会，而且马上就去实践，说明对道是相通的、感应的，完全领悟，而且信念十足；中等人士，闻道之后，半信半疑，这种人对道不能完全领会，也就无法全部感应，信念不够；下等人士，闻道之后，对道完全不相信，也就根本谈不上什么领悟和信念，所以大加嘲笑。区别这三种人的标准就是对道的态度。老子在第十七章中将统治者分为四个等级，表面上看是从老百姓对待统治者的态度上区分的，其实正反映了统治者闻道的做法。"太上不知有之"，最上等的领导，对应的就是"上士闻道，勤而行之"，正因为统治者努力按无为之道来做，所以老百姓感觉不到统治者的存在。第二等"其次亲而誉之"和第三等"其次畏之"对应的就是"中士闻道，若存若亡"。如果相信道的程度多一些，接近道的做法多一些，老百姓就会亲近并赞美这个统治者；如果相信道的程度少一些，接近道的做法少一些，老百姓就会感到害怕。第四等"其次侮之"对应的就是"下士闻道，大笑之"，也就是根本不按道来做，就会遭到百姓的辱骂和反抗。

对那些"大笑之"的下士，老子的态度是坦然处之："不笑不足以为道"，不被嘲笑反而算不上真正的道。这是何等明智！老子清醒地看到，作为万物本质和规律的道是难以被一般百姓所理解的，所以被嘲笑是正常的。道虽然不被大家所理解，但却是真真切切存在的，所以根本不怕被人们嘲笑。凡被嘲笑就不敢按道来做的人就不是一个真正得道的人。

老子接着说："故建言有之：明道若昧，进道若退，夷道若颣。""建言"是什么意思？王弼认为就是"立言"，好比今天讲的建言献策，"建言有之"就是有如下建议。"明道若昧"，明显的道好像昏暗；"进道若退"，前进的道好像后退；"夷道若颣"，平坦的道好像崎岖。"夷"就是平坦，"颣"本义是丝上的疙瘩，这里指崎岖不平。这里提到三种道："明道""进道""夷道"，表现出来的却是"若昧""若退""若颣"，可见道的表现都是相反的，这就是老子说的"反者道之动""正言若反"。道的表现是如此，其他事物也都是如此。

接下来又说:"上德若谷,大白若辱,广德若不足,建德若偷,质真若渝。""上德若谷",上等的德也就是最高的德好像低下的山谷。"大白若辱",最洁白的东西好像有污垢。"辱"这里是污垢的意思。"广德若不足",广大的德好像不足。"建德若偷",刚健的德好像懈怠。"建"通"健",刚健。"偷"通"愉"(tōu),苟且敷衍,懈怠。"质真若渝",质朴纯真好像混浊。"渝"就是混浊,也可以理解为空虚,通"窬"。这五句话如果除掉"大白若辱"一句,剩下的四句实际上是说四种德:"上德""广德""建德""质德(质真)"。"大白若辱"这一句,竹简本、帛书本和通行本都放在"上德若谷"之后,可是从文义上看,应该放在后面,和"大方无隅"等"大"字句合成一类,这样读起来就连贯了。注意,这几句中的"若"在竹简本和帛书本中写的都是"如",意思是一样的。这四种德都是指人本来的德性,所以称"上""广""建""质",而不是指仁义礼智等后天的道德伦理,在老子看来,仁义礼智只是"下德"。人的德性是道的体现,所以表现出来的是"若谷""若不足""若偷""若渝",就是低下、不足、松懈、混浊。

接着四句:"大方无隅,大器晚成,大音希声,大象无形。""大方无隅",最方正的东西反而没有棱角。"隅"就是角落。"大器晚成",最大的器物很晚才完成。"大音希声",最大的声音反而听来没有声响。"希"本义是稀少,"希声"引申为静寂无声。"大象无形",最大的形象反而没有形状。再加上前面所说的"大白若辱",最洁白的东西反而好像有污垢。这告诉我们最大的东西,它们表现出来的全是相反的,比如大白、大方、大器、大音、大象表现出来的恰恰是不白、不方、不早、无声、无形。老子说道就是大,道其大无外,无所不包,无处不在、无时不有,所以表现就是其小无内,大到看不见、听不到、摸不着。

有一点需要说明,通行本的"大器晚成",马王堆帛书本写的却是"大器免成",意思是最大的器物是不依靠外力而自然形成的。"免成"不是不成,而是不靠别人而成。比如宇宙不是靠外在力量而形成,再比如最伟大的人才也不是靠别人督促而成才的。这就是庄子所说的"自本自根",道不依靠任何别的事物而存在，一切事物都要依靠道而存在。道是一切事物的条件，却不依靠任何其他条件。道是以自我为根本的独立存在。所以说"大器免成"。

最后老子总结说："道隐无名。夫唯道，善贷且成。""道隐无名"是说道是隐藏的，没有名称。既然是隐藏在里面，就不能从外在表现来判断它；既然是"无名"，就不能从名称上来理解它。"夫唯道，善贷且成"，只有道，才善于付出而且成就万物。"贷"本义是施给钱财，下面"贝"字是钱财，引申为付出。"善贷且成"是指道善于付出而有利于万物，并且善于成就万物。帛书乙本写作"夫唯道，善始且善成"，意思是只有道才能使万物善始善终。两者并不矛盾。

第四十二章　男女在什么情况下才能生孩子？

　　道生一，一生二，二生三，三生万物。万物负阴而抱阳，冲气以为和。人之所恶，唯孤、寡、不穀，而王公以为称。故物或损之而益，或益之而损。人之所教，我亦教之。强梁者不得其死，吾将以为教父。

"道生一，一生二，二生三，三生万物。"这句话非常有名。它是讲道的生成过程的。道的最大作用就是生，就是生生不息，道是产生天地万物的总源头。道的本质是"无"，如果用数字来表示，可以看成是零，所以这句话可以看成是"从零到一，从一到二，从二到三，从三到万"的生成过程。

那么一二三究竟是什么意思？"一"是什么？有人说"一"是太极，但《道德经》并没有"太极"这个词，结合《道德经》这一句后文的"万物负阴而抱阳，冲气以为和"来理解，"一"就是气。"道生一"，就是"无"生出气。一生二，"二"是什么？"二"就是阴阳，混沌一气分为阴阳两部分，阴阳就是阴气和阳气。"一"和"二"比较好理解，那么"二生三，三生万物"，这里的"三"究竟是指什么呢？很多人都理解为第三个东西，有人说是"三气"，有人说是"三才"——天地人，有人说是"中气"。大家想一想对吗？"二"是阴阳，男女也是阴阳，我们就以男女为例，男人能不能生孩子？不能！女人能不能生孩？不能！男人和女人能不能生孩子？也不能。如果能就是"二生万物"了。只有"三"才能生孩子。你说这个"三"是什么？当然不是第三者。一个男人、一个女人，再加个第三者还能生孩子吗？不可能！所以"三"不可能是第三个东西。男女怎么才能生孩子？只有"交合"才能生孩子。所以"三"就是后面的"负阴而抱阳"，就是"冲气以为和"，阴阳二气之交合，也就是"和"。"三"实际上是"交合""中和"的意思。男女交合才能生孩子。"三"相当于"参"，"三"又写作"叁"，意思就是"参"。东汉时期，魏伯阳写过一部炼丹修道的书，叫作《周易参同契》，这个"参"就是"三"，就是把周易卦爻、黄老养性、炉火炼丹三者掺和，融为一体，以说明炼丹、养性的道理。就炼丹养性而言，只有阴阳坎离相互交合才能炼成丹药。就男女而言，只有交合才能生出孩子。就天地而言，只有交合，才能产生出万物。如果从气的角度看，"一"就是元气，"二"就是阴阳二气，"三"就是"冲气""和气"。

我们把"道生一，一生二，二生三，三生万物"这段话和《周易》做一下比较，会发现很有意思的事。《系辞传》有"易有太极，是生两仪，两仪生四象，四象生八卦"，《道德经》的道就是《周易》的"易"，"一"就是太极，"二"就是两仪，三是两仪的相合，相合就生出四象，然后再生出八卦。现在有学者说《周易》和《老子》是不同的，《周易》讲"二"，《老子》讲"三"。我认为这只是表面现象，其实《周易》和《老子》都讲阴阳的交合，是一样的。如果把阴阳的"二"看成是本体，那么阴阳交合的"三"就是作用，这就是中国哲学"二体三用"的思维特点。以《周易》和《老子》为代表的中国哲学从本质上说就是生命哲学、生成哲学。《周易》说"生生之谓易""天地之大德曰生"，《老子》说"道生万物"，无论是"太易—太极—两仪—四象—八卦"的生成模式还是"道——一—二—三"的生成模式，都是宇宙万物生生不息的生命过程、生命规律。

再看后面一句："万物负阴而抱阳，冲气以为和。"万物都是含抱阴阳的，阴阳激荡形成和谐。"负"是背负的意思，"负阴抱阳"指阴阳是不分离的，是阴中有阳、阳中有阴，独阳不生、孤阴不长。如果用一个手势来说明，就好比是道家的子午诀手印，两手阴阳相抱。"冲气"的"冲"，《说文解字》说："冲，涌摇也。"就是指阴阳二气的互相激荡，互相交合。也有很多人把"冲"解释为"盅"，表示虚空的意思。我认为这里不是虚空，而是合和的意思。因为这里是"冲气"，而不是"道冲"。第四章讲："道冲，而用之或不盈也。""道冲"的"冲"是虚空，而"冲气"是紧接着"负阴而抱阳"讲的，所以是阴阳交合。"冲气以为和"，阴阳交合达到"和"的状态，也可以叫"和气"。注意"冲气以为和"马王堆帛书甲本写作"中气以为和"，强调的是"中"，这句头尾两个字连起来就是"中和"。我认为"中和"才是中华民族的核心价值。

接着老子说："人之所恶，唯孤、寡、不穀，而王公以为称。"人所厌恶的，就是孤、寡、不穀，但是君王却用它来称呼自己。这一句可以和第三十九章互相参看，君王总是谦虚地称自己是孤家寡人，是"不穀"（即不善），说明统治者要自谦，要柔弱，不可强悍。从"人之所恶"以后的文字，是讲君主统治之道的，与前面讲的宇宙万物生成之道，文义上不相连，所以很多人怀疑是错简。我查看了马王堆帛书甲本和乙本，都是这样的。竹简本未见。其实《老子》本来就没有分章，现在的八十一章是后人分的。所以"人之所恶"这一句之后可以看成和前一部分不同的相对独立章节。

再看后一句："故物或损之而益，或益之而损。"所以事物有的减少它反而增加了，有的增加它反而减少了。"或"是有的。说明事物的变化不能只看表面，往往表面现象和实际结果适得其反，有的事物表面上减少了实际上却增加了，有的表面上增加了实际上却减少了。

最后老子说："人之所教，我亦教之。强梁者不得其死，吾将以为教父。"别人教导我的，我也用来教导别人。"强梁者不得其死"——"强悍的人不得好死"，我要把这句话作为教育别人的开始。我们现在说的"教父"是一个词，指给婴儿赐以教名并承担宗教教育的人或者是阐述教义的权威神学家。中文"教父"这个词就出自《道德经》这一章，但老子说的"教父"意思是教导别人的开始。河上公解释："父，始也。""父"本义是父亲，我们都是父母所生，父母是我们生命的开始，所以引申为开始。

第四十三章　为什么柔软能主宰坚硬？

> 天下之至柔，驰骋天下之至坚。无有入无间，吾是以知无为之有益。不言之教，无为之益，天下希及之。

大家都知道，水是最柔软的，但是从古至今人类一直饱受水灾的摧残，西方有挪亚方舟的故事，中国有大禹治水的故事，几千年来都讲述着大洪水的摧毁力。无独有偶，火焰也是柔软的，但是从古至今世界也是一直饱受火灾的侵袭。坚硬的力量相对于柔软的力量根本不值得一提，柔软反而能战胜坚硬，这个看似匪夷所思的道理通过解读《道德经》第四十三章才能明白。

先看第一句："天下之至柔，驰骋天下之至坚。"天下最柔软的东西，能够驾驭天下最坚强的东西。老子用了"驰骋"这个词，用得非常形象，"驰骋"就是骑马快速奔跑，引申为驾驭、驱使、主宰。最柔弱的东西能够在最坚强的东西中自由自在地奔驰，穿来穿去。

那么天下最柔弱、最柔软的东西是什么？大家一下子就会想到水。河上公说："至柔者水，至坚者金石，水能贯坚入刚，无所不通。"从水滴石穿，水能贯通刚强来说明"天下之至柔，驰骋天下之至坚"。王弼认为最柔的东西除了"水"还有"气"："气无所不入，水无所不经。"气能够穿透任何东西，水能够流经任何地方。王道认为最柔的东西是"气"和"光"，他在《老子亿》中说："天地之气，本无形也，而能贯乎金石；日月之光，本无质也，而能透乎部（bù）屋。"天地的气本来是无形的，所以能够穿透金属石头；日月的光本来是无质的，所以能够射入房屋草席。"气"和"光"是无形无质的，如果我们观察一下自然界有形的东西，除了水还有什么最柔呢？我在开头讲了还有火，为什么火是至柔的呢？柔是指柔软、流动，并没有说温度，你看火苗是随风而动的，没有固定的形状，但火的力量是巨大的。在五行中，水和火没有固定的形态，是"至柔"，而木金土有固定的形态，是"至坚"。水火可以摧毁木金土，可以摧毁一切坚硬的东西。这就是"天下之至柔，驰骋天下之至坚"，也就是第三十六章说的"柔弱胜刚强"。

俗话说"水火无情""水火难容"，水和火虽然都是至柔的，但温度却完全不同，水为冷，火为热，当水和火在一起的时候，水能战胜火，冷战胜热。水能把火浇灭，火能不能把水烧开？不能！你肯定会说怎么不能？我们喝的开水不是火烧开的吗？那是要用金属的壶把水装进去，火是烧这把壶，当你把这把壶撤掉，水立即会把火浇灭。

那么对人来说，至柔的是什么呢？就人的一生来说，为婴儿时是柔弱的，婴儿摔倒骨头没事，老人一摔容易骨折。就男人和女人来说，女人是柔弱的，女人的耐受力比男人强，女人的平均寿命比男人长。就人身的器官来说，最柔软的是舌头，最坚硬的是牙齿，牙齿会掉，舌头永远也不会掉。

那么在自然界、在人世间有没有比水更柔的东西呢？有！"至柔"，柔到极点，就是"无"；"至坚"，坚到极点，也就是"有"。"天下之至柔，驰骋天下之至坚"，就是说"至柔"的"无"主宰着"至坚"的"有"。所以老子接着说"无有入无间"。"无有"——没有"有"，也就是无；"无间"——没有间隙，也就是有。"无有入无间"，无形的东西能够穿入没有间隙的东西。坚硬的东西虽然没有间隙，但无形的东西有一种巨大的能量可以把它穿透。无论再怎么坚硬，都会被"无"穿透进去。

"无有入无间"这一句，在唐初思想家傅奕校定的《古本老子》中写的是"出于无有，入于无间"。傅奕校定的"古本"，是公元六世纪南北朝末期从项羽小妾的墓中出土的，傅奕以这个"古本"为基础参考了九家注本进行整理，校订为《古本老子》，这个版本保存了较多的古句、古语、古字。这一句"出于无有，入于无间"意思是出入于无有无间。

"无有入无间，吾是以知无为之有益。"无形的东西能够穿入没有间隙的东西，我因此知道"无为"是有益处的。为什么"无有"能穿入"无间"呢？其原因就在于最柔弱、最柔软的东西都是最符合道、最接近道的东西，道是无形无状的，是虚无的，它外显出来就是柔弱。至柔、无形的道是宇宙的本质，是世界的存在方式，是万事万物运动变化的规律。所以只要是符合这个本质和规律的东西，它的力量就是无穷无尽的，它能够战胜它的对立面——坚强的东西。透过这一点，我们不仅知道了"无为"的好处，而且知道了"无为"的巨大作用。

我每次读到"无有入无间"这一句，脑中就会浮现出《庄子·养生主》中说的那个著名的寓言"庖丁解牛"。庖丁是一个叫"丁"的厨师，他解剖牛的时候，手接触的地方，肩膀靠着的地方，脚踩着的地方，膝盖顶住的地方，都哗哗地响，刀子刺进牛体，发出霍霍的声音。就像一场合乎名曲音律的高超演出，看得梁惠王赞叹不已。梁惠王问："哇，真好啊！你的技术怎么高明到这种地步呢？"庖丁放下屠刀，说了自己解牛的三个阶段。开始时是"无非牛者"——看到的牛无一不是整头的牛，根本无处下刀；三年之后是"目无全牛"——看上去不再是整头的牛了；现在是"游刃有余"了。他用了一句话叫"以无厚入有间"，牛的骨节是"有间"——有空隙，刀刃是"无厚"——薄得像没有厚度，把没有厚度的刀刃插入有空隙的骨节，就可以"游刃有余"了。老子这里说的是"无有入无间"就更加厉害了，"有间"是有形的空隙，"无间"则是无间隙，无形的虚空。"无有"指不见形象的东西。无有之形可以进入无间隙之中。或说无形之物可以进入无间隙之物当中，或说无形的力量能够穿透没有间隙的东西。

老子最后说："不言之教，无为之益，天下希及之。"不说出来的教导，无为的好处，天下人却很少能够做到。"希及之"的"希"是少、稀少，"及"是达到、做到。"不言之教"和"无为之益"不是常人所能认识到的，更不是常人所能做到的。"不言之教，无为之益"正是"至柔"在人类社会治理方面的表现。老子告诫统治者要"至柔"而不要"至坚"，要以柔克刚，以退为进，要行"不言之教"，用实际行动来践行"无为"而治。因为言语和思维往往有一定的差异，言语不能完整准确地表达思维，甚至和思维相背离、相违反。老子看到当时的君主、谋臣们，有的言不由衷、夸夸其谈，造成浮华不实的风气，有的用言论欺骗百姓，制定各种政令来控制百姓，限制百姓自由，招来一片骂声，怨声载道。

老子以锐利的目光观察自然万物生生灭灭的规律，发现世界的本质、事物存在的方式就是"至柔""虚静"，从而提出统治之道也应该是"不言而教""无为而治"。

第四十四章　怎样看待身体、财富和地位？

名与身孰亲？身与货孰多？得与亡孰病？甚爱必大费，多藏必厚亡。知足不辱，知止不殆，可以长久。

人这一辈子挣多少钱才算是够？获得多大的名气地位才合适？活多大年纪才满足？自古以来，财富、地位和年寿，是人类生存的三大热点问题和基本追求，那么究竟应该如何对待这三大问题呢？老子《道德经》第四十四章回答了这三大热点问题。

老子一上来就替我们问了三个问题："名与身孰亲？身与货孰多？得与亡孰病？"名声与身体哪一个更亲近？身体和财富哪一个更重要？得到与失去哪一个更有害？这三句中的"孰"是个疑问代词，表示谁、哪一个。"名与身孰亲"的"亲"是亲近的意思，"身与货孰多"的"多"是重要的意思；"货"指货物、财富。"得与亡孰病"的"病"是有害的意思，"得"指得到，"亡"指丧失。老子提出三个问题：名声与身体、身体与财富、得到与失去，哪一样更重要？其实是对身体、名声、财富三样东西的发问，"得与亡"指得到或失去身体、名声、财富。就三者关系而言，一般人都知道"身体"比"名声""财物"更亲近、更重要。因为身体是自己的，是不可缺少的，无法替代的，身体对每一个人来说只有一个，生命对每一个人来说只有一次。因此在"孰亲""孰多"的问题上，在得到名誉、财富与失去身体的问题上，是不难选择的。可是老子为什么还要问这么一个显而易见的问题呢？是不是多此一举或明知故问呢？其实不然。

我们静下心来想一想，其实我们都明白身体比什么都重要，可是我们又都在不知不觉地犯一个低级错误，总是把人生的目标定位在功名、钱财上，为了功名、钱财不惜损耗自己的身体，有的是有意的，更多的是无意的；总觉得身体没关系，工作才重要。一旦发现身体有病了，甚至是得了难治、不治之症时，才悔恨不已，但是却悔之晚矣！所以现在有一句话，叫"年轻时用身体换钱，年老时用钱换身体"，我把它改一下："健康时用健康换钱，不健康时用钱换健康。"

老子的提问是要我们回归到最重要、最亲近的身体和生命上，要在迷茫的人生旅途中时时处处提醒自己，是不是把外在的功名、钱财看得比内在的身体还重要了？得到了什么，失去了什么？有名有利与无名无利究竟谁更轻松、更自由？

请大家注意老子问的第三个问题是："得与亡孰病？"得到还是失去不仅包括名声、财富，还包括身体，得到身体和失去身体哪一个重要？你肯定会说那当然是得到身体重要了。我们要深入思考一下，有的人为了得到身体、保持身体健康，过分保养、吃保健品、讲究物质享受、感官刺激，纵情恣意，结果反而伤害身体；有的人不过分看重身体，忘记躯体存在，不刻意保养，顺其自然，无为生活，结果反而身体健康、延年益寿。所以老子提出的三个问题，我们要不断思考，才能逐渐觉醒，找回本真。

当然老子并不是一个消极主义者，不是要我们丝毫不考虑名利、不考虑身体，老子只是强调人生的清静、自由、快乐，只要名利不影响到人的清静、自由、快乐，那也是符合道的。可是当人们将名利当作目标时，往往是停不下来的，是不知足、不知止的，往往都在追求"甚爱""多藏"。

所以老子语重心长地说："甚爱必大费，多藏必厚亡。"过分爱惜必定招来更大的耗费，丰厚收藏必定招来惨重的损失。"爱"是喜爱、爱好、爱惜的意思，"甚爱"是过分地爱惜，那就是吝啬了。这两句话用了两个"必"字，值得我们高度重视。古人说话不轻易说"必"字，一旦说"必"那就一定会发生。这是老子阅尽人生万象之后总结出来的至理名言！"甚爱必大费，多藏必厚亡。"郭店楚简本有这一章，和通行本文字基本相同。

为什么过分的吝惜、丰厚的收藏反而招来更大耗费，惨重损失呢？这是因为一个人一旦将人生目标锁定在只入不出，对外物无限索取而丝毫不付出，这个人必定会被外物所左右，必定会无比自私、吝啬、贪婪，必定会被人们所厌恶、抛弃。如果这个人是一个领导，那必定遭到下属的厌恶和反抗，他的下属必定会远离他而去，或者团结起来将他推翻。也就是说如果把财物占为己有就一定会失去人心，这就是"大费""厚亡"。《礼记·大学》里有一句类似的名言："财聚则民散，财散则民聚。"聚集财富并据为己有，人民就会离他而去；散尽财富而利于人民，人民就会聚在他身边。

最后老子总结说："知足不辱，知止不殆，可以长久。"知道满足的人不会遭受屈辱，知道适可而止的人不会遭遇危险，做到知足与知止的人，就可以长久平安。相比较而言，那些"知足""知止"的人，不把人生的目标定位在无限索取而不付出上，他们有满足和停止的时候。最重要的是"知"，这是一种大智慧、大明智。"知足""知止"不是知识上的"知"，而是人生价值观上的"知"。"知足"是人生正确的价值观，是快乐之源、幸福之本。第三十三章说"知足者富"，第四十六章说"知足常足"，这里说"知足不辱"。俗语说"知足常乐"，"知足"比"知不足"更需要勇气和智慧，而得到的则是心灵的富贵、快乐与荣耀。我在讲解"知足者富"时，讲过真正的"知足"是任何时候都知足。历史上那些伟大的人物哪一个不是"知足者""知止者"？

唐代三大诗人之一的白居易写过《风雪中作》，本来是"岁暮风动地，夜寒雪连天"，风雪交加、寒冷黑夜，可是他却感到"我心既知足，我身自安止"，我心里觉得满足，我的身体就安适，我心不浮躁也不烦恼，日子就过得舒坦。

再说"知止"，知道停止，明白该停止时就停止，这样就可以避免过度追求而导致损失甚至灾难。《道德经》第三十二章说："夫亦将知止，知止所以不殆。"

我已经分析过了。《周易》有一个艮卦专门讲"止",《周易·贲卦·象传》说:"文明以止,人文也。"《礼记·大学》提出要"止于至善""知止而后有定"。佛家有"止观法门","故止一处,无事不办",《华严经》的要义就是"止"。可见无论是道家,还是儒家、佛家,都要我们"知止"。可是在当今社会"知止"的人太少了,多少人因为太贪心、不知止、任性扩张,最终爆雷,有的破产,有的进了监狱。我们要引以为戒。

第四十五章　做事为什么不能太圆满？

大成若缺，其用不弊。大盈若冲，其用不穷。大直若屈，大巧若拙，大辩若讷（nè）。静胜躁，寒胜热。清静为天下正。

时下的家长们热衷于给孩子报各种兴趣班，恨不得自己的孩子样样都拿得起，期待孩子成为一个全才。当孩子偏科的时候，就想尽办法弥补孩子的短板，哪怕遏制特长也要门门课程优秀。殊不知这样可能扼杀了一个天才。大家都知道著名文学家钱钟书，当年他报考清华大学时，英文考了满分，数学只考了十五分，当时清华大学校长罗家伦破格录取了他。可见天才、大师都是有短板、有缺陷的。其中的道理《道德经》第四十五章说得很清楚。

这一章的第一句："大成若缺，其用不弊。"最大的圆满好像有欠缺，但它的作用却不会衰竭。"成"意思为圆满，也可解释为成就、成功。"弊"是破败、衰竭。我们看一看，无论是自然界还是人类社会，那些最完美的东西总让人觉得有残缺，比如圆满即亏的月亮，一夜盛开的昙花，断臂的维纳斯，等等。不太完美的东西才完美，太完美的东西反而不完美。现代著名美学家朱光潜先生在《给青年的十二封信》中说过："这个世界之所以美满，就在有缺陷，就在有希望的机会，有想象的田地。换句话说，世界有缺陷，可能性才大。"晚清名臣曾国藩把自己的书房叫"求阙斋"，认为万事不能太圆满，要留有余地，要恪守不圆满的人生原则。他给弟弟曾国荃写信说："平日最好昔人'花未全开月未圆'七字，以为惜福之道、保泰之法莫精于此。"他提醒家人，"花未全开月未圆"的不圆满状态，是珍惜福报、保持安泰的最好方法。

"大盈若冲，其用不穷。"最大的盈满好像有亏空，但它的作用不会穷尽。"盈"就是盈满，"冲"就是虚空。郭店楚简本有这一章，这一句是："大盈若盅，其用不穷。"（马王堆帛书本是"大盈如冲，其用不穷。"）"盅"也是虚空的意思。当事物达到极度充盈状态时，它反而会表现出空虚的样子，所以它有无穷的作用。王弼说："大盈充足，随物而与，无所爱矜，故若冲也。"最充盈的东西，随着万物的需要而无私给予，没有什么留恋，所以就像空的一样。比如天地包容万物，是最充盈的，但看上去好像是虚空的，天地总是给予万物，所以它的作用是无穷无尽的。就一个人来说，越是有学问、有修为，就越是谦虚；越是谦虚，越是放空自己，就越能海纳百川，道德境界也就越高。

"大直若屈"，最大的正直好像是弯曲的。"屈"通"曲"，弯曲、委屈。比如最正直的人外表看上去反而像是委屈的、随和的。河上公解释："大直，谓修道法度正直如一也。若曲者，不与俗人争，如可曲折。"一般正直的人不知道变通、不知道弯曲，直来直去，而最大的正直恰恰是知道变通、知道随机变化。该委屈时要委屈，懂得变通，才是最大的正直。

"大巧若拙"，最大的灵巧就像笨拙。"拙"就是笨拙、不灵巧、拙劣。明吴承恩《西游记》描写国王问唐僧："不知为僧可能不死，向佛可能长生？"唐僧作了回答，其中有两句就是："大巧若拙，还知事事无为；善计非筹，必须头头放下。"真正灵巧聪明的人是外拙内秀的，总是不露声色，不炫耀自己，隐藏才华，给人一种笨笨的感觉。这样就能避免别人的嫉妒、伤害。"大巧若拙"还是中国独特的美学思想。小巧要用机心、要循规蹈矩；大巧却法无定法，自由自在、返璞归真，反对矫揉造作。"大巧若拙"表达了事物真实和简单的本质。苏东坡曾给他的侄儿写信说过"绚烂之极，归于平淡"。"拙"是中国绘画的一个独特审美概念，八大山人的画就充满"拙趣"。

"大辩若讷"，最大的辩才好像是木讷的。"讷"是木讷，嘴笨，出言迟缓。真正有口才的人表面上好像嘴很笨。善辩的人发言慎重，不轻易表态，不露锋芒。"大辩才"之人是针对"小辩才"之人而言的,"小辩才"的人总是夸夸其谈,轻易许诺,华而不实。大辩的目的是要说明事物的真相、事物的本质,需要一番深思熟虑,然后再慎重地说出来,所以出言迟缓,好像嘴很笨。

这一章一共用了五个"大"——"大成若缺,大盈若冲,大直若屈,大巧若拙,大辩若讷",要与第四十一章的"大白若辱,大方无隅,大器晚成,大音希声,大象无形"五个"大"结合起来看,老子说的这十个"大",都是从自然现象和人生现象中总结出来的自然之道、人生之理。相比较而言,第四十一章偏于讲自然之道,这一章偏于讲人生之理,"大成""大盈""大直""大巧""大辩"是完美的人格形象,分别指成就最圆满的人、最充实富有的人、最正直无私的人、最灵敏善巧的人、最雄辩有口才的人。这些都是指人的本质内涵,可它的外在表现却恰恰相反,最圆满的人看上去好像有欠缺,最富有、最充实的人看上去好像有空亏,最正直、最无私的人看上去好像弯曲不直,最灵巧的人看上去好像很笨拙,最雄辩、最有口才的人看上去好像说话迟钝。

老子列举的这十"大"现象充满了辩证法思想,我认为至少对我们有以下三点启示:第一,不要追求十全十美,做人做事要留有余地。因为"物极必反",月满则亏,日盈则昃,人太圆满了也会盛极而衰,走向反面,所以要经常有意地留有欠缺,凡事都要留有余地。要把握一个度,不要无止境追求极点,万事不要做绝,一旦到极点便会朝着相反的方向转化。"大成若缺",留有余地、适可而止,正是保持自我和人生圆满的一种策略。第二,不要锋芒毕露,要韬光养晦,内敛低调。木秀于林,风必摧之。即使自己满腹经纶,也要隐含才华,与众人打成一片,与众人相融合,这样既是对自己的保全,也是对别人的尊重。如果时时处处总是显摆自己的才华,必然引起别人的嫉妒痛恨,受到不必要的伤害。"大巧若拙",才是在俗世中保持圆满的一种策略。第三,不要被表面现象所迷惑,要透过现象看本质。很多事情外表情况和实际情况往往是相反的。比如"大巧若拙",一个看上去不太灵光、不善言辞、笨笨拙拙的人,可能恰是一个智慧过人、能力超群的人。

老子最后说:"静胜躁,寒胜热。清静为天下正。"虚静胜过躁动,寒冷胜过炎热。清静才是天下的正道。"躁"就是动,有一个词就是"躁动"。要说明一下,这两句王弼通行本原来是"躁胜寒,静胜热",郭店楚简本和马王堆帛书本这一句也是"躁胜寒,静胜热"。可是结合《道德经》其他章节,"躁"是和"静"相对的,比如第二十六章有"重为轻根,静为躁君",而"寒"自然是和"热"相对的,所以现代学者蒋锡昌、严灵峰、陈鼓应等人就将它改过来了。我认为两种说法都符合老子的思想。"躁胜寒,静胜热",可以理解为活动可以胜过寒冷,安静可以胜过炎热。意思是反面能胜过正面,"反者道之动","相反相成"嘛。而改过来"静胜躁,寒胜热",也是这个意思,在文义上两两相对,从而强调了"静"和"寒"能够分别战胜"躁"和"热"。"静"和"寒"属阴,"躁"和"热"属阳,阴能战胜阳,所以"清静为天下正"。"清静"就是平淡安宁、自然无为。一个统治者能做到"清静",天下人就走向正道了。也有人把"正"解释为"政""贞",意思就是首领、模范。只有清静无为才能成为天下人的首领、模范。意思倒没错,可是不如"正道""正途"说得更深刻。

第四十六章　时运不佳时应该怎么做？

天下有道，却走马以粪；天下无道，戎马生于郊。祸莫大于不知足，咎莫大于欲得。故知足之足，常足矣。

前面讲过，孔子千里迢迢到洛阳请教老子，老子并没有回答礼的问题，而是说了一席话，其中有一句："君子得其时则驾，不得其时则蓬累而行。"作为一个君子在时运来临时就要驾车外出做事，时运不佳时就要像蓬草一样随风而行。老子的这句话对孔子影响很大，后来孔子就按照老子这一思想来教导他的弟子。老子所说的"得其时"就是"天下有道"之时，"不得其时"就是"天下无道"之时。那么"天下有道"和"天下无道"判断的标准是什么呢？老子《道德经》第四十六章给出了回答。

这一章分为两部分，第一部分是："天下有道，却走马以粪；天下无道，戎马生于郊。"如果天下有道，战马就退回去耕田种地；如果天下无道，战马就在战场郊野出生。"天下有道"与"天下无道"是指治理天下是否合于道。"天下有道"就是国家政治清明，"天下无道"就是国家政治黑暗。那么判断的标准是什么呢？老子认为，要看这个国家是不是安宁和平、有没有战争。"天下有道，却走马以粪"，天下有道就没有战争，具体表现是战马不再用于打仗，而是退回耕田。"却"是退却、退回的意思。"走"是跑的意思，"走马"是善于奔跑的马，指战马，就是后句说的"戎马"。"粪"甲骨文字形是双手拿着簸箕清除污秽，引申为污秽、粪便；又由粪便之义引申为施肥、耕种。退回战马给农民耕田种地，说明天下太平了，没有战争了，这是符合道的，社会正常、走向正道了。反之，"天下无道，戎马生于郊"，天下无道的具体表现就是战马出生在战场的郊野。"戎马"就是战马，和前句"走马"是一个意思。战马出生在战场的郊野，说明连年战争，战马征用太多，战死太多，只好让母马怀孕在战场上生下小马驹，长大后接受训练继续征战。表明战争无休无止，这是社会不正常、政治纷乱的表现。

韩非子在《喻老》中解释："天下有道，无急患，则曰静，遽传不用。故曰却走马以粪。天下无道，攻击不休，相守数年不已，甲胄生虮虱，燕雀处帷幄，而兵不归。故曰戎马生于郊。"

老子具有强烈的反战思想，在第三十章，老子说："师之所处，荆棘生焉。大军之后，必有凶年。"第三十一章，老子说："夫兵者，不祥之器。"面对春秋各诸侯国之间、各贵族集团之间的你争我夺、频繁战争，老子看到了战争给人民带来的巨大痛苦和灾难，心情沉重，悲天悯人，高声疾呼停止战争，走入正轨，关注民生，无为不争，让人们过上清静安定的生活。可见老子不仅具有强烈的人道主义、人本主义精神，而且具有敏锐的眼光，看出了战争的根源。

老子把国家分为"有道"和"无道"两种状态，这两种状态其实就是他对孔子说的"得其时"和"不得其时"两种情况。老子这一观点得到孔子高度认同，《论语》中记载了孔子大量相关论述，比如《论语·卫灵公》："子曰：……邦有道，则仕；邦无道，则可卷而怀之。"孔子说：……天下有道，就出来做官；天下无道，就收起锋芒隐居江湖。"邦"就是国，刘邦建立汉代以后，因避讳，"邦"改为"国"。"卷"指的是收起，"怀"指的是包藏，"卷而怀之"就是收起自己的锋芒，不显露自己。《论语·泰伯》："子曰：……天下有道则见，无道则隐。邦有道，贫且贱焉，耻也；邦无道，富且贵焉，耻也。"孔子说：……天下有道就出来做官，天下无道就隐居不出。国家有道而自己贫贱（说明不能为国尽力而甘心贫贱），是可耻的；国家无道而自己富贵（说明同流合污爬上高位、攫取财富），也是可耻的。《论语·宪问》："宪问耻。子曰：邦有道，谷；

邦无道，谷，耻也。"孔子的学生原宪问孔子什么是可耻。孔子说：国家有道，要做官拿俸禄；国家无道，还要做官拿俸禄，这就是可耻。又有："子曰：邦有道，危言危行；邦无道，危行言孙（xùn）。"孔子说：国家政治清明，言语正直，行为正直；国家政治黑暗，行为也要正直，但言语应谦逊谨慎。《论语·公冶长》："子谓南容：邦有道，不废；邦无道，免于刑戮。"孔子评论南容（南宫适）说：国家政治清明的时候，他不会被废弃不用；国家政治黑暗的时候，他也不致受刑罚。于是孔子把自己的侄女嫁给了南容。可见孔子和老子在天下有道和天下无道两种情况下的人生选择是完全相同的。

后一部分，老子说："祸莫大于不知足，咎莫大于欲得。故知足之足，常足矣。"灾祸没有比不知满足更大的，罪过没有比贪得无厌更大的。所以知道满足的满足，才是永恒的满足。郭店楚简本没有这一章的前一部分，但有这一章的后一部分，写的是："罪莫厚乎甚欲，咎莫憯（cǎn）乎欲得，祸莫大乎不知足。知足之为足，此恒足矣。"马王堆帛书甲乙本有这一章的全文，但文字有残缺，后一部分和郭店楚简本文字差不多。

通行本说："祸莫大于不知足，咎莫大于欲得。"是说最大的灾祸是不知满足、是贪得无厌。"祸"和"咎"意思相同，指灾祸。"莫大于"，就是没有比这个更大的。"欲得"就是贪得无厌。比如战争的根源就是统治者的"不知足""欲得"。不知满足、贪得无厌是一种可怕的心态。由这种心态出发，必然要去掠夺、兼并、侵略，从而带来战争，带来民不聊生。这是最大的灾祸，它比洪水、地震等自然灾祸更可怕；这也是最大的罪过，是一种以所谓正当的名义大规模集体屠杀的犯罪行为。所以郭店楚简本和马王堆帛书本就写作"咎莫憯乎欲得"。

老子一针见血地指出，要想天下百姓过上安居乐业的生活，就必须结束战争；而要结束战争，就必须改变自己不知足、贪得无厌的心态；而要改变这种心态，就必须体悟到知足的好处。

"故知足之足，常足矣。"所以知道满足的这种满足才是真正的满足！什么叫幸福？幸福就是一种自我满足的感觉，当你知足的时候，外无所求，就会感到一种自我满足的幸福。当你不知足的时候，满脑子都被贪欲所牵引，你就会有一种无法满足的空虚感，就永远不会感到幸福。知足就满足了，这种满足才是真正的幸福。老子说"知足"所带来的满足感是一种真正的、永恒的精神满足、精神快乐。这叫"常足"，郭店楚简本和马王堆帛书本写作"恒足"。结合前面章节所说的"知足者富""知足不辱"，可以看出老子不仅把主观上的"知足"看成是避免战争、消除痛苦的根本方法，而且也把它看成是个人精神快乐的根本原因。当今中国，虽然是太平盛世，没有战争的硝烟，可是为什么那么多的人还是会觉得精神痛苦、心情郁闷？我看不能简单归结于商场如战场、职场如战场，真正的原因，还在心灵深处。大家想一想，是不是因为"不知足"？

第四十七章 "宅"在家里怎样知道天下事？

　　不出户，知天下；不窥牖（yǒu），见天道。其出弥（mí）远，其知弥少。是以圣人不行而知，不见而明，不为而成。

　　网络时代养成了一批宅男宅女，他们大部分闲暇时间都依靠互联网宅在家里，这成为现如今一种新型生活方式，号称宅生活。其实，宅生活也并不是什么新鲜事，老子也提倡宅生活。那么老子提倡的"宅"和我们今天的"宅"是不是一回事呢？在没有网络的《道德经》时代，老子所谓的"宅生活"是什么样子的呢？

　　这一章开头老子说："不出户，知天下；不窥牖，见天道。"意思是不用走出房门，就知道天下的事情；不用看窗外，就能发现天地运行的规律。"户"是小门，"牖"是窗子，"不出户"即不用走出房门，"不窥牖"即不用看窗外。这不就是我们今天讲的"宅在家里"吗？可能你会说：宅在家里就知道天下发生了什么事，这有啥困难，一部手机不就成了？的确，在互联网的时代，这些好像都不是事儿。可是老子那个时代没有互联网、没有手机，那怎么做到宅在家里就知道天下发生的一切事情呢？显然老子用了一种不同于现代人的方法。如果把现代人用互联网、用手机的方法叫外求的方法，那么老子就是用了内求的方法。老子了不起的地方就在于通过人体内求法发现了天下万物发展、变化的规律。人身小天地，天地大人身，老子发现天地和人体同构同序——同样的结构同样的运行次序，了解了人体的结构就了解了天地的结构，了解了人体的变化规律也就了解了天地的变化规律。这就是河上公说的"圣人不出户以知天下者，以己身知人身，以己家知人家，所以见天下也"，"天道与人道同，天人相通，精气相贯"。我们再思考一下，老子为什么在讲天下事时总爱和自己身体的事联系起来讲？比如讲治国时说"虚其心，实其腹；弱其志，强其骨"，"圣人后其身而身先，外其身而身存"，"宠辱若惊，贵大患若身"。我们在后面第五十四章还会看到老子"修之于身""修之于家""修之于乡""修之于国""修之于天下"的逻辑次序，从身体出发，最后是天下，说明身体和天下是一体的、相通的，是同构同序的关系。正因为如此，所以通过观察自己的身体可以推测天下事。当然观察自己身体的前提是要"致虚极，守静笃"，要无思无虑，清静无为。

　　老子接着说："其出弥远，其知弥少。"走出门外越远，知道的就越少。"弥"用作副词时表示程度加深，这里是越、更加的意思。"弥……弥……"就是"越……越……"。"知"同智慧的"智"。"其出弥远，其知弥少"，还表示走出门外越远，智慧就越减少。这种说法表面上看与我们的常识不相符。常识告诉我们，要想了解外面的事情，就必须到外面去；走得越远，知道的事情就越多，知道事情越多，智慧就越多。可老子却说走得越远，知道的反而越少，智慧也越少。为什么呢？我刚才说了，老子实际上指出了认知事物的两种方法，一种是外求的方法，一种是内求的方法。走出门外，观察外物，是外求的方法。观察身体变化，放空自我，回归心灵的平静，是内求的方法。心灵好比是一面明镜，本来就是纯净的，具有照察万物、照察世事的作用，这就是本具的智慧。一旦外出外求，心智就会外驰，心绪就会纷乱，心神就会散失，这面镜子就会被蒙上灰尘，就会模糊不清，当然就无法真正了解事物的真相。河上公说："谓去其家观人家，去其身观人身，所观益远，所见益少也。"离开自己的家去观察别人的家，离开自己的身体去观察别人的身体，观察得越远越多所发现的东西反而越少。再看我们今天，用手机、互联网虽然可以获取海量信息，但真的可以使人"不出户，知天下"了吗？我看未必。因为信息越多，我们的选择就越困难，面对海量信息怎样从中提取我们需要的信息？如果不静下心来，这些海量信息反而使人迷茫，不知如何选择。你可能会说了，现在不是有 AI 了吗？它不是可以帮我们选择吗？可是你发现没有，科技越发达，我们越依赖科技，我们自己认知事物的能力就会越来越退化，人类本有的智慧就会越来越减少，高科技就会成为我们的主人，人类就会成为机器的奴隶。

也许你会反问，那随着现代科学的发展，能解决的问题肯定是越来越多，知道的事情也总是越来越多，渐渐地不就可以知天下了吗？的确，互联网时代知识越来越丰富，可是不能解决的问题也随之越来越多，未知领域也随之越来越大。为什么呢？我来打一个比喻，画一个圆，假设这个圆里面是解决了的问题，是已知领域，这个圆外面是没有解决的问题，是未知领域。这个圆画得越大，圆外面所接触的面积也就越大，是不是表明已解决问题越多，未解决的问题也就越多？外求就好比是画这个圆，向外求得越多，圆周就越大，圆外面的区域也越大，未知领域也就越大，未知的问题也越多，是不是说明解决问题的知识越来越少了？这不就是老子说的"其出弥远，其知弥少"吗？

所以要了解事物的真相，就要"不出户""不窥牖"，不要去外求，而要内求、内照，也就是要不停地去擦洗心灵的镜子，净化欲念，清除污垢，保持心灵本有的智慧，用心镜去照见外物及其运行规律。这种内省的功夫就是禅宗北宗大师神秀所说的"身是菩提树，心如明镜台。时时勤拂拭，莫使惹尘埃"。每时每刻都要内修、内视、内省，正是儒、道、佛共同奉行的修炼功夫。

老子最后说："是以圣人不行而知，不见而明，不为而成。"所以圣人不必出行就能知道，不必用眼睛看就能明白，不必去做就能成功。那怎么达到这种境界？只有内求、内证。这种内在体悟的方法是东方人重要的认知方法，它和西方人重视外在经验和知识的认知方法不同。当然东西方思维差异最根本的原因是东西方对心灵本体的认识不同，老子、孔子、释迦牟尼等东方圣人都认为，心灵、心性本来就是纯净的、清虚的、光明的，具有照察外物的功能；而西方主流的思想家、心理学家则认为，人类心灵的最深处是躁动的、焦虑的、不安宁的，所以要强制它而不是让它显现出来。这样的结果，当然就形成了两种不同的思维传统、思维方式：西方人重外求、外证，重经验和知识；而中国人重视内求、内证，重内在体察。

这两种思维方式相比较，究竟谁对谁错呢？我认为没有对错，两种方法各有优点。而从本体上说，人的心灵是清明的，人的潜能是巨大的。躁动不是心灵的本质，只是心灵的外现。只有回归心灵清静的本质，才能开发出人的巨大潜能，从而认知外物。尤其是在我们目前过分重视外求方法，过分关注经验和知识，内证、内求的能力大大退化的时候，就有必要加强内证、内求的训练，而不要一味外求，以致迷失心灵的清明。

第四十八章　我们应该做加法还是做减法？

> 为学日益，为道日损。损之又损，以至于无为，无为而无不为。取天下常以无事，及其有事，不足以取天下。

我们都知道孔子要我们"多学"，孔子说"学而不厌，诲人不倦""博学于文""博闻强识""闻一知十""多闻阙疑""多见阙殆""多识于鸟兽草木之名"，总之，孔子要我们"多"：多学、多闻、多见、多识。可是老子却要我们"少"。老子说"少则得，多则惑""少私寡欲"，甚至"绝学无忧"——拒绝学习才能没有忧患。好多人就问了：我究竟是要"多"还是要"少"？是要做加法还是做减法？是听孔子的还是听老子的？他们不是矛盾吗？这个问题，《道德经》第四十八章给出了回答。

开头一句："为学日益，为道日损。"意思是探求学问要一天比一天增加，探求道要一天比一天减少。老子这句话，其实已经解决了听谁的问题。老子告诉我们，要求学就要"多"，要求道就要"少"，这说明老子和孔子并不矛盾，"多"和"少"是针对不同对象说的，看要做什么。"为学日益""为道日损"的"日"是一天比一天的意思。"为学"与"为道"所采用的方法恰好相反。"为学"是指探求学问，探求外在的知识和经验，这里是指探求仁义礼乐政教之类的学问，是儒家的追求，采用的方法是一天天地积累，一天天地增加，因为浩如烟海的知识、学问都是积累而成的，而一个人要探求这些知识、学问，也只有一天一天不知疲倦、不断努力地去学习，才能慢慢积累、丰富自己的知识。为学是做加法。而"为道"却恰恰相反，要做减法。庄子说："吾生也有涯，而知也无涯，以有涯随无涯，殆已。"这句话往往被错误地理解为因为生命有限而知识无限，所以要不断学习、终身学习。个人的生命是有限的，而知识是无限的，用自己有限的生命去探求无限的知识，是危险的，也是不可能实现的。那怎么办？只有"为道"，也就是探求宇宙人生的本质和规律。当然为学与为道也并不是截然对立的，为学的目的其实就是为道，就像我们现在做学问，有的人以做学问为职业，探讨学问本身的知识价值，固然是需要的，但一切学问的目的不是为了增加知识去做学问，而是为了找到学问背后的本质规律，不是把学问弄得越来越复杂，而应该是把学问弄得越来越简单，让学问更好地为大众服务，让学问给现实社会带来进步发展。所以为学的终极目标是为道。

那么怎样为道、求道呢？老子说"为道日损"，就是一天一天地减少，也就是做减法。减少什么？一是减少外在的知识与经验，二是减少内在的欲望和贪念。因为道不是"学"，学问、知识是后天积累而成的，是繁多的，浩如烟海，而道是宇宙万物的本质和规律，是先天本有的客观存在，是简单的，是纯一的。道是事物纯朴还没有分化的状态，因此为道就不能繁多、繁杂：首先内心要纯净，要虚静，要少私寡欲，除去杂念妄想，就像镜子一样干净；其次不能受已有的外在知识束缚，要减少后天的经验、世俗的偏见。只有这样，才能照见道的真面貌。

"为学日益，为道日损。""益"和"损"的本义是增加和减少。《周易》六十四卦中有两个卦，损卦和益卦，损卦是山泽损，益卦是风雷益。两个卦的卦爻符号是相反的，也就是损卦颠倒之后就是益卦。益卦是"损上益下"，损卦是"损下益上"，两个卦刚好相反，但反映的思想却是相同的。损卦强调的是减损自己增益别人，要减损自己的私欲，这样才有益于众人、有益于天下。益卦强调的是增益别人、增益老百姓，也就是要减损自己，减损统治者利益。老子沿用了《易经》这一思想，强调"损"的意义。

老子接着说："损之又损，以至于无为，无为而无不为。"减少又减少，一直达到无为的境界，无为就无所不为，按照无为来做就没有什么做不成功。"损之又损"，减少到什么程度呢？要减少到"无为"，也就是减少到无欲、无知、无名的程度，才能返璞归真，从而真正求得道。"无为而无不为"，"无不为"本义是没有什么不为，没有什么不能做到，没有什么不能成功，也就是"有为"，否定之否定就是肯定。"无为"是原因，"无不为"是结果；"无为"是途径和方法，"无不为"是目的和效果。看似什么都没做，结果是什么都做成功了。因为"无为"是不妄为，不按照主观意愿而为，而是按照自然规律去为，所以必定无所不为，什么都"为"了。好多人把无为理解为不作为，认为"无为"就是躺平，就是苟且，这种理解是不对的。老子为什么喜欢用水来比喻无为之道？因为水最接近"无为"之道，水流动的最大的特征是什么？是顺势流动、顺势而为，所以老子的无为就是顺势而为，因为顺势而为，所以无所不为。

郭店楚简本有这一章的前两句，还多了四个字："（为）学者日益，为道者日损。损之或损，以至（于）亡为也，亡为而亡不为。绝学亡忧。""损之又损"减少到最后就是"绝学"，就是得道，当然就到达无忧无虑、平和欢喜的境界。"绝学无忧"我们在《道德经》第十九章已经学过了，意思就是与学问断绝，不受后天学问的干扰，这样才能没有忧患。当然老子这里主要是指不要学习那些功利之学、机巧之学，要保持本性的纯良、清静，也就是"无为"的本来样子。

通行本这一章最后一句是："取天下常以无事，及其有事，不足以取天下。"取得天下、治理天下永远要采用无所事事的方法。等到有事，就不足以取得天下、治理天下了。"无事"也就是"无为"的意思。所谓事情其实都是人为的。古语说："天下本无事，庸人自扰之。""无事"是天地自然的本来状态。老子要我们回归"无事"的本来状态，不要人为地找事，要符合自然之道，要自然而然地做事。一旦"有事"，就说明有私欲、有私心了，一旦有私欲、私心，也就烦恼缠身了，就不配去治理天下。就我们老百姓来说，也不要"没事找事"，要把事情看淡，大事化小，小事化了，那样就轻松、自由了。老是有人问我："我的心总是静不下来，怎么办？"我说："心不静是因为有事，如果无事，心就静了。"他说："我怎么会无事呢？我有那么多事需要去处理。"可是我们静下心来想一想，困扰我们的所有"事"不都是人为的吗？不都是因为有了过分的欲望才造成的吗？人是需要有基本欲望的，但在满足基本欲望之后人们往往会产生更高的欲望，这样就生出"事"了。

　　老子的哲学是"少"的哲学、"反"的哲学。当天下都在熙熙攘攘皆为利来、皆为利往，纷纷求多的时候，老子反其道而行之，提出要求少、要做减法，这才符合天地大道，我们的日常生活才能做到心中无事，坦然淡然，自由自在。

第四十九章　怎样才能像孩子那样天真快乐？

圣人无常心，以百姓心为心。善者吾善之，不善者吾亦善之：德善。信者吾信之，不信者吾亦信之：德信。圣人在天下歙（xī）歙焉，为天下浑其心，百姓皆注其耳目，圣人皆孩之。

《易经》的"易"字有三个意思：变易、不易、简易。所谓变易，就是宇宙万物每时每刻都在变化中；所谓不易，就是宇宙万物的本质和变化规律是不变的；所谓简易，就是宇宙万物的真相都是简单的，没有复杂的本质。学《易经》的目的就是找到不易，随时变易，回归简易。我们生命中什么东西是不变的？儒家说的本心、本性，道家说的元性、元神，佛家说的佛性、自性，还有我们现在说的初心、良心，这些都是本自具足的，是不变的，你见或者不见，它都在那里，不增不减。可能你会问了：既然如此，那为什么还有坏人、恶人？那是因为后天的欲望、邪念将它遮盖了，所以我们要"时时勤拂拭，莫使惹尘埃"，最后回归到清静、简单的本来面目。

作为一个统治者永远不变的心应该是什么呢？我们来看一看《道德经》第四十九章。

先看第一句："圣人无常心，以百姓心为心。"圣人没有固定不变的心，而是以百姓的心为心。"心"指意念、意愿、意志。"圣人无常心"，马王堆帛书乙本写作"圣人无恒心"，"常"就是"恒"，永恒的意思，圣人没有永恒不变的自我意志。老子说的"圣人"是指符合道的统治者，要做一个"圣人"，基本的判断标准就是不能有自己的意志，而要以百姓的意志为意志，也就是不能有自己的主观意愿，不能以自我为中心，不能有"我执""执念"。老子规劝统治者，做任何决定、制定任何政策都要从民意出发，不能从自我意志出发。按照"三易"的说法，统治者的自我意愿是可变的，是"变易"；老百姓的意愿是不可变的，是"不易"。同样，统治者评判是非、决定好恶，也不能从自我意志出发，更不能限定百姓意志。而要反过来，以百姓意志来决定自己的意志。因为百姓的意志代表了人类的共同意志，这就叫顺应自然、符合大道。这样，自我意志与百姓之间、人与自然之间的隔阂才能打破，距离才能消除，从而达到人我合一、天我合一。

如果按照"三易"的说法，统治者的"心"是可变的，百姓之心是不变的。为什么？因为统治者的"心"是自我意志，百姓之心是符合自然之道的本心。

就每一个人来说，自己的"有心""执念"是应该变化的，自己的清静本心应该保持不变，然而现实中却很难做到。我们每一个人的困惑、痛苦，往往都是"有心"和"执念"造成的。往往是执着于一个观念和意志，当这个观念和意志与别人不相同时，就觉得别人错了，自己是对的，可是别人并不改变他们的观念意志，也不接受我们的观念意志，于是就产生矛盾，不可解脱，这样就产生了困惑、不开心、郁闷、痛苦。其实只要我们自己改变一下自己的"心"，改变一下自己的观念、意志，我们就会豁然开朗，发现原来他们想的才是对的，自己是错的，这样就不会有矛盾，又何来郁闷、痛苦？

接着老子说："善者吾善之，不善者吾亦善之：德善。"善良的人，我以善良对待他；不善良的人，我也以善良对待他：这样的人品德才是真正的善良。"善者"的"善"是形容词，善良的意思；"善之"的"善"是动词，善良地对待。对待"善者"和"不善者"的态度，主要有两种，一种是以善对善，以不善对不善，也就是以德报德、以怨报怨。这是有差别的态度。另一种是无论是善还是不善，都以善对待他，这是一种无差别的态度，是慈悲、慈爱的表现。这是一种"德善"。这两种态度的结果是不同的，对统治者来说前者属于法治、刑治，但往往会带来反抗、不满、报复，所以在德上往往难以提升。老子主张用后者，后者属于德治、道治，以宽容的胸怀来感化人民，包括宽容那些不善者，从而化解矛盾，消除对立，这样一来，就"德善"了，天下人人都向善了。这是老子对待善良的人和不善良的人的态度。

那么对待诚信的人和不诚信的人应是什么态度呢？老子说："信者吾信之，不信者吾亦信之：德信。"诚信的人，我以诚信对待他；不诚信的人，我也以诚信对待他：这样天下人的品德就都诚信了。同样，对待"信者"与"不信者"的态度也有两种，老子采用的是无差别的诚信态度，以此去感化不信者，从而改变不信者的价值观，使天下人的品德都归于诚信。这是一种"德信"：天下人都诚信了。

老子说的"德善""德信"，也可以看成是一种德治，是人性化的治理。这一点和孔子相近，孔子也主张德治。孔子说："道（导）之以政，齐之以刑，民免而无耻；道（导）之以德，齐之以礼，有耻且格。"只有用德治、礼治，人民才不去犯罪而且有羞耻感，品德才会升华。但在德的内涵上，老子和孔子是不同的，孔子说的德是仁义礼智之德，是伦理之德。老子所说的德是清静无欲、包容一切的德，是本性之德，这个德是道的外在表现，所以从本质上说，老子的"德治"其实是"道治"。

最后老子说："圣人在天下歙歙焉，为天下浑其心，百姓皆注其耳目，圣人皆孩之。"圣人立于天下，要收敛谨慎啊！让天下人的心灵都变得混沌、纯朴，让老百姓都专注于自己的视听，圣人要让他们都变得像孩童一样。注意，老子说的"圣人"和孔子说的"圣人"意思是不同的：老子说的"圣人"是得道之人，特指按道治国的君主、统治者；孔子说的"圣人"是具备最高仁义道德的人。老子说"圣人"的人生态度就是要"歙歙焉"。"歙"这个字，是一个"翕"字加一个"欠"字，表示吸气、缩鼻，引申为收缩、收敛，"歙歙焉"就是收敛、谨小慎微。"圣人"不要张扬自己的个性和欲望，要回归无为的本性，当然需要收敛自己的意志。"为天下浑其心"，"浑其心"的"浑"是个使动词，使……混沌、纯朴,"其心"指天下人心。要使天下所有人的心都回归纯朴、混沌;要老百姓都专注于自己的耳目,而不要去管别人的事情。这就是老子所说的"绝圣弃智"。不要去动用自己的聪明、机心,不要去算计别人,只管好自己的事情就行了。因为老子看到了当时的统治者为了扩大自己的欲望,去侵略别人,兼并他国,从而带来战争,给人民带来灾难、痛苦。这种行为深深影响了百姓的人生态度,百姓的私欲随之扩大,相互之间动用心机,结果带来了各种纷争、矛盾,不仅自己不快乐,还导致别人不快乐。当今世界不也是如此吗?

"圣人皆孩之"是老子的一种理想。"孩"是个使动词,意思是"让……变成孩童"。"圣人"——有道的统治者,要让大家变成像小孩一样,要回归到孩童的状态。这就是第二十八章老子说的"复归于婴儿"。变成孩童、回归婴儿,意思就是要复归孩童的天真,复归婴儿的本来样子。对一个国家而言,怎样才能让老百姓像孩子那样天真快乐?关键在国君、在最高统治者。所以老子这一章从头到尾都有"圣人",是表达他对统治者的一种期待、一种要求。

第五十章　为什么说最好的养生是不刻意？

　　出生入死。生之徒，十有三。死之徒，十有三。人之生，动之于死地，亦十有三。夫何故？以其生生之厚。盖闻善摄生者，陆行不遇兕（sì）虎，入军不被甲兵。兕无所投其角，虎无所用其爪，兵无所容其刃。夫何故？以其无死地。

　　"养生"是中国人永远的话题，近年来在年轻人中也掀起了一场"养生热"。要说起来，年轻人要拼事业，要忙于工作，生活节奏很快，哪有时间养生？可是偏偏在年轻人中出现了一群"朋克养生族"。有这么一些顺口溜："朋克养生不服老，破洞裤里贴暖宝。保温杯里泡枸杞，戴着护膝去蹦迪"，"一三五吃燕窝，二四六炖雪蛤。敷最贵的面膜，熬最黑的夜"。一边暴饮暴食，一边吃健胃消食片；一边吃火锅，一边再来份冰激凌降温；一边吃辣条，一边喝金银花水降火；一边熬着最黑的夜，一边吃着最贵的营养品。这种一边"作死"一边自救的"朋克养生"法真的管用吗？早在两千五百多年前老子就给出了答案。

　　人出现在世上为生，进入坟墓为死。"出生入死"的意思是从出生到死去，现在已经成为一个成语，但成语的意思是指离开生路，走向死路，形容冒着生命危险，不顾个人安危。这与老子的本义并不相同，老子这句话，是为后面的三个"十有三"（十分之三）作铺垫的，是对人生的一种客观描述。每一个人都是从生中来到死中去的，每一个人的一生都是一个从生到死的过程。王弼解释为"出生地，入死地"，吴澄解释为"出则生，入则死"，其实都是这个意思。

河上公对"出生"和"入死"的原因做了解释:"出生谓情欲出五内,魂定魄静,故生也;入死谓情欲入于胸臆,精神劳惑,故死也。"任何一个人,无论是活得轰轰烈烈,还是默默无闻,都是一个过客,正如李白所说:"天地者,万物之逆旅;光阴者,百代之过客。"我们来到的这个世界好比一个旅馆,我们作为一个匆匆的过客,起点就是出生,终点就是死亡。每一个人都是哭着来到这个世界,可是离开这个世界时有的人是笑着走的,有的人却是哭着走的。人生的最高境界,莫过于哭着来,笑着走。

老子对来到这个世上的所有人作了分类:"生之徒,十有三。死之徒,十有三。人之生,动之于死地,亦十有三。"长生一类人,有十分之三;短命一类人,有十分之三;本来可以长生却过早死亡的,也有十分之三。老子说的三个"十有三",是指三类人各占十分之三。第一类是"生之徒","徒"在这里不是徒弟的意思,而是"类"的意思,"生之徒"就是长生、长寿一类人;第二类是"死之徒",是指夭折、短命一类人;第三类是"人之生,动之于死地",本来是可以长生的,却因为自己的缘故而过早死亡。前面两类人都是有自然缘故而长寿或夭折的,后一类人是有自己的原因、人为的缘故而短命的。

"夫何故?以其生生之厚。"这是什么原因呢?因为养生养得太过分了。人为导致短命的原因就是"生生之厚",第一个"生"是动词,使……生,养生、求生的意思;第二个"生"是名词,生命。马王堆帛书本是"夫何故也?以其生生也"。"以"是因为的意思。"以其生生",就是因为要使得自己长生,为了延长生命采用各种手段。通行本"生生之厚"的"厚"本义是厚重,这里指太过度了。为追求长生,欲望太盛,而奉养太厚了,过分地讲究养生,过分地享受,酒食宴乐,声色犬马,结果违背了自然之道,伤害了身体,走向了死亡。老子不愧是超出常人的大智者。一般人总是认为要长寿就得讲究养生,老子看出养生的本质并不是保养,不是刻意地去养生,太讲究养生,反而导致早死。这其实回答了现在"朋克养生"的问题,朋克养生族其实就是这一类人,由于不懂得养生之道,而采用刻意养生的方法,结果往往"动之于死地",导致身体早衰，甚至早亡。这是多么可惜啊！

那么还有十分之一的人是什么人呢？大家注意到没有？老子说的这三类人各占十分之三，加起来是十分之九，那么还有十分之一是什么人呢？是善于养生、真正懂养生的人，叫"善摄生者"。"摄生"就是养生，"摄"就是养，有一个词就叫"摄养"。"养生"这个词是老子之后的庄子第一次提出来的，《庄子》内七篇的第三篇叫《养生主》，首次提出"养生"概念，之前叫"摄生"。老子说："盖闻善摄生者，陆行不遇兕虎，入军不被甲兵。"这句话意思是，听说善于养生的人，在陆地上行走不会遇到犀牛和老虎，在军队中作战不会受兵器伤害。"兕"就是犀牛，全身长着黑色的毛，头上长着一只角。"不被甲兵"，在军队中作战的时候不会受到武器的伤害。"被"是动词，遭遇、遭受；"甲兵"是指铠甲和兵器。

为什么呢？因为："兕无所投其角，虎无所用其爪，兵无所容其刃。"在善于养生的人面前，犀牛用不上它的角，老虎用不上它的爪，兵器用不上它的刃。也就是说犀牛对他不伸头角，猛虎对他不伸爪牙，兵器对他不露锋芒。

"夫何故？以其无死地。"这是什么缘故呢？就是因为他没有进入死地。犀牛、猛虎为什么不会去伤害善于养生的人？因为善于养生的人根本就不会进入犀牛、猛虎的领地。兵器为什么用不上开刃？因为根本就不会有战争。

老子并不是反对养生，而是反对违背自然去养生，比如那些"生生之厚"的人就是违背自然去养生的人。真正善于养生的人应该怎么做呢？老子这里没有明说，只是说，善于养生者的好处，是不会受到兕、虎等猛兽和兵器的伤害。这里的犀牛、老虎、兵器都是比喻，比喻自然环境、社会现实中的各种危险。为什么善于养生的人能够不遭遇各种危险，得以延年益寿、长生久视呢？其实最后一句"以其无死地"，不仅说明了根本原因，而且说出了养生的根本方法，那就是一种不要进入死地的"无为"方法。

这种养生方法被庄子做了解释和发挥。《庄子》有一篇叫《刻意》，就说到有些人成天练习呼吸吐纳、成天做运动锻炼，一心只追求长寿，这并不是高明的养生。这些人好比是老子说的"生生之厚"的人，他们的养生方法最多不过是初级的"有为"法。高级的养生方法应该是"不刻意而高""不道引而寿""恬淡寂漠，虚无无为"，简称为"无为"法。只有"虚无恬淡"才符合"天德"，才是养生的最高境界。《黄帝内经·上古天真论》中有句名言："恬淡虚无，真气从之，精神内守，病安从来？"只有淡泊平和、物我两忘，真气运行畅通，精和神都内守无漏，才不会得病。这正是老子、庄子所倡导的"无为"养生法。这才是最高明的养生方法。当然真正善于养生的人毕竟太少了，只有十分之一。结合老子在《道德经》其他章节所说的观点，总结一下，真正善于养生的人，不是刻意去养生，也不会过度去养生，而是自然无为，虚极静笃，涤除玄览，抟气致柔，见素抱朴，就像婴儿一样纯净、柔弱，按照这种养生方法去做的人，怎么可能进入死地呢？

第五十一章　成功的关键一个字是什么？

　　道生之，德畜之，物形之，势成之。是以万物莫不尊道而贵德。道之尊，德之贵，夫莫之命而常自然。故道生之，德畜之，长之育之，亭之毒之，养之覆之。生而不有，为而不恃，长而不宰，是谓玄德。

　　我们都听说过揠苗助长的故事。宋国有个人嫌他种的禾苗老是长不高，于是到地里去用手把它们一株一株地拔高，结果禾苗全部死掉了。揠苗助长也叫拔苗助长，这个故事记载在《孟子·公孙丑上》。当代社会，多少家长为了子女成才，在做拔苗助长的事！为什么拔苗助长不会成功呢？究竟应该怎样做才能成功呢？

　　看《道德经》第五十一章开头四句："道生之，德畜之，物形之，势成之。"道生出万物，德养育万物，物体使万物有形，环境势力使万物成功。简单地说，任何事物的成功都要具备四大要素：道、德、形、势。这四句中的"之"就是指万事万物。四大要素中道是最根本的，"道生之"，道生成了万事万物。"德畜之"，"畜"即畜养、养育，德养育了万事万物。从道和德的关系看，道是最根本的，是万物的母亲；德是道的具体体现，是道的分化，是禀受于道而表现出来的生命活力、事物的功用与特性。道通过德来对万物发生作用，所以说德养育万物。道和德从本质上说又是阴阳关系：道看不见、摸不着，属于阴；德是可以表现出来的，所以是阳。道和德是阴阳一体关系。按照《道德经》第四十二章，万物生长的过程是："道生一，一生二，二生三，三生万物。"万物由道产生，道生出气，气生出阴阳，阴阳相合产生万物。万物产生以后，道内化成为万物各自的本性，仍然在决定、支配着万物。万物依据各自的本性发展成各自的形状，具有各自的特色。

再看"物形之，势成之"。"物"指具体的物体，是由道和德生成的，道和德通过具体的物体使万物有了形状。"形之"的"形"是使动词，使万物成形、使万物有了形状，于是万事万物就呈现出各种各样的形态。光有形状还不行，最后还要"势成之"，要靠"势"来成就它，有了"势"万物才真正形成、长大，万物才真正长成。也就是说，"势"才是事物成功的关键。什么是"势"？"势"是一种无形的力量和趋势，包括地域、气候等自然环境，还包括社会发展的大趋势。有了合适的环境和各种力量的相互作用，万物才得以生成。

《孙子兵法》专门有一篇《势篇》阐述如何造势、因势、用势。用兵作战就在于"势"，虽然水无常形，兵无常势，但"战势不过奇正，奇正之变，不可胜穷也"。"凡战者，以正合，以奇胜"，要想取得战争的胜利，就要运用好兵势，出奇制胜。对于事物来说，最终的成功也要符合"势"，要因势利导，顺势而为。马王堆帛书本"势"作"器"，"器成之"，是说通过具体的器具使万物完成了。

万物生成的这四大要素，道是根本，"势"是关键。王弼解释："物生而后畜，畜而后形，形而后成。何由而生？道也；何由而畜？德也；何由而形？物也；何使而成？势也。"道、德、形、势这四大要素，说到底都归结于道，德是道的具体行为，"形"是道的表现形式，"势"是道的运动趋势。

老子接着说："是以万物莫不尊道而贵德。"所以万物没有不尊崇道而珍视德的。"尊道贵德"成为道家的一种传统，同时也是中华民族的一种价值观和一种信仰。因为万物是由道与德生出并养育的，所以道与德就好比是父母，一个人对父母一定要孝顺，对道与德一定要尊崇。

"道之尊，德之贵，夫莫之命而常自然。"道之所以受尊崇，德之所以被珍视，就在于没有对万物加以干涉而是让它们永远顺应自然。"莫之命"是没有人命令它、干涉它。"常自然"是永远顺应自然、保持天然本色。

"故道生之，德畜之，长之育之，亭之毒之，养之覆之。"所以道生成万物，德养育万物，使万物得到成长、培育，使万物安宁、成熟，使万物得以滋养、维持。这一段描述了道与德创生自然万物的过程：生万物、养万物、长万物、育万物、爱万物、护万物。"亭之毒之"的"亭"是安宁的意思；"毒"通"育"，是养育、化育的意思。后来有一个成语叫"亭毒之心"，就是抚养教育子女的责任心。"养之覆之"，"覆"是保护、维护的意思，正是人间父母之爱的体现。

道的伟大之处不仅仅在于它的创造性、奉献性，还在于它的无目的性、无意志性。它生长、养育万物不是为了万物的回报，正如父母养育子女不是为了子女的回报。道让万物成长但不指使万物，"莫之命而常自然"，不向万物发号施令，而是让万物按照自己本来的属性自然而然地、自由地、自发地生长化育。

"生而不有，为而不恃，长而不宰，是谓玄德。"产生万物而不据为己有，成就万物而不自恃己功，长养万物而不加以支配，这就叫玄妙的德。"不有""不恃""不宰"是道的三大法则，前面已多次提到过，比如第二章"生而不有，为而不恃，功成而弗居"，第十章"生而不有，为而不恃，长而不宰，是谓玄德"，跟这一章最后几句完全一样。这三大原则是从道生成万物的三个阶段说的。第一个阶段是创生万物，万物出生了，却不拥有它；第二个阶段是成就万物，万物成功了却不去占有它；第三个阶段是长养万物，万物长成了，却不去支配它。"是谓玄德"，这就叫玄妙的德，一种最高的德、大德、尚德。什么是"玄德"？河上公解释："道之所行之恩德，玄暗不可得见。"王弼解释："有德而不知其主，出乎幽冥。"我们都知道三国时期蜀汉开国皇帝刘备，字玄德，就是取自老子《道德经》。玄德是最完备的德行，字是解释名的。"玄德"之人是符合道的人，老子所说的"赤子""婴儿"就是玄德之人，孟子的"赤子之心"，李贽的"童心说"都受到老子的影响。"玄德"是道的体现。"生而不有，为而不恃，长而不宰"，这"三不"原则说明道在整个创造过程中没有任何占有欲。

　　人世间父母亲的爱是最伟大、最无私的，父母生育了子女，但并不以占为己有为目的，而是以分离为目的，让子女离开家庭、走向社会，在社会中成长、成功。世界上只有父母亲的爱是唯一以分离为目的的爱，所以它是最符合道的。父母并不是为了占有子女、控制子女而生育子女的。可是我们发现，现在不少父母在养育子女的过程中，却有意或无意地去限定、控制子女，有的限制子女的恋爱婚事，有的限制子女的专业志愿、工作选择，结果轻者子女叛逆、关系僵化，重者导致子女轻生或终身不幸。真正爱孩子的父母应该"生而不有，为而不恃，长而不宰"。

第五十二章　化解母子矛盾的秘诀是什么？

天下有始，以为天下母。既得其母，以知其子。既知其子，复守其母，没身不殆。塞其兑，闭其门，终身不勤。开其兑，济其事，终身不救。见小曰明，守柔曰强。用其光，复归其明，无遗身殃。是为袭常。

我在给国学爱好者讲课的时候，经常会有家长问我小孩子的教育问题，问自己的孩子叛逆、不听话，怎么办。记得在一次学《论语》的夏令营活动中，有一个单亲家庭的孩子就很叛逆，她和妈妈一起生活，母女双方几乎对每件事情都持相反意见，一个喜欢东另一个就喜欢西，关系很紧张。后来班主任详细了解了双方的情况，找到了症结所在。经过七天的《论语》学习后，当母亲来接孩子的时候，两人抱头痛哭，各自都在不断地说"对不起"。这对母女矛盾化解的秘诀是什么呢？《道德经》第五十二章解开了这个谜底，其实就一个字。

这一章可分为三部分，第一部分："天下有始，以为天下母。既得其母，以知其子。既知其子，复守其母，没身不殆。"意思是：天下万物都有本始，它是天地万物的母亲。已经掌握了这个母亲，就可以推知它的孩子。已经认识了孩子，又回去守持住母亲，一直到死都不会有危险。"天下有始，以为天下母"，这个"始"是本始、起始，天地万物的本始当然就是道。"始"这个字是女字旁，本义为"女之初"，就是童女。我在第一章中解释"无，名天地之始；有，名万物之母"时已经说过，"无"好比是童女，"有"好比是母亲。这里又说"天下明"（第二十二章）、"不见而明"（第四十七章），这里又说"见小曰明"。"见小"与"不自见""不见"并不矛盾，"不自见"是不自我表现，"不见"是不亲见，不用眼睛去见，这里的"见小"当然也不是用眼睛去观察微小的东西，因为人的眼睛观察能力总是有限的，所以要用我们清静的心灵去照见微小的东西，要内见、内视、内观。

"用其光，复归其明，无遗身殃。是为袭常。""光"是指理智之光，这个光要内收，不可外显，要"和其光"（第四章、第五十六章）、"光而不耀"（第五十八章），将理智之光反照于内，才是真正的"明"。可见"明"是人人本具的大智慧，只是外显太甚了，内在反而黑暗了，大智慧被泯灭了，只好去显示小聪明，有时候聪明反被聪明误。所以老子反复强调回归内心的真正光明，找回内心的大智慧，这样就不会给身体带来灾祸，这就叫"袭常"，沿袭常规、因顺常道。"常"就是恒常之道。

第五十三章　为什么要走大路不要走小路？

使我介然有知，行于大道，唯施（yí）是畏。大道甚夷，而人好径。朝甚除，田甚芜，仓甚虚。服文彩，带利剑，厌饮食，财货有余，是谓盗夸。非道也哉！

不知道大家听说过这样一句俗语没有："大路有水，小路有鬼。"走大路会比较顺遂如意，走小路会比较危险。古人认为水有财的意思，所以走大路往往会发财。走小路往往会比较节省时间，可以早一些到达目的地，但会遇到"鬼"，遇到麻烦、危险。为什么呢？其实这里面有深刻的道理，老子早就做了分析。

请看《道德经》第五十三章开头一句，老子表明态度说："使我介然有知，行于大道，唯施是畏。"假使我稍有认知的话，就走在大道上，只害怕走入邪路。"使我介然有知"第一个字"使"是假使、如果的意思。"我"是指统治者。"介"同"芥"，小草，"介然"指微小、稍微。"有知"是指有认知，有辨别力。"行于大道"是走在大道上。"唯施是畏"的"施"通"迤"，指曲折的道路，就是邪路。"唯施是畏"就是只畏迤，只害怕走邪路。"唯……是……"是常见的古汉语句式，宾语提到谓语的前面，比如："唯利是图"就是唯图利，只追求利益；"唯命是从"是只服从命令，绝对服从命令。这里"唯施是畏"是只害怕走邪路。

老子接着说："大道甚夷，而人好径。"大道很平坦，可有人却喜欢走小路。

"夷"是平坦的意思，"径"是小路的意思。小路是不平坦的，这里也指邪路，可有的统治者偏偏不走平坦的大道，不仅不害怕走邪路，反而喜欢走邪路、小路。这就构成鲜明的对比，一种统治者喜欢走平坦的大道，害怕走邪路，不愿走小路；另一种统治者却喜欢走邪路、小路，不喜欢走平坦大道。这里的道是双关语，既是有形的道路，又是无形之道。"施"（迤）和"径"也是双关语，既是有形的邪路、小路，又是指违背大道的无形的邪道。大道就是天道，天道好还，凡是走大道，按照天道来做的，一定会有好报；凡是喜欢邪门歪道、做违背天道之事的，一定会有恶报。这就是俗语所说的"大路有水，小路有鬼"。

那些不走大道而走邪道的统治者，会给社会带来什么呢？老子说："朝甚除，田甚芜，仓甚虚。服文彩，带利剑，厌饮食，财货有余。"朝廷很腐败，农田很荒芜，仓库很空虚。可还是穿着华丽的衣服，佩带锋利的宝剑，吃足了精美的饮食，钱财剩余很多。一味地聚敛财富、强取豪夺，才导致"朝甚除"，朝廷很腐败。王弼解释"朝"是宫殿，"除"是洁好，意思是宫殿很整洁。我不敢苟同。"朝甚除"的"除"通"污"，是污秽、腐败的意思。"甚"是很的意思，这里一连用了三个"甚"，"朝甚除，田甚芜，仓甚虚"，朝廷很腐败，田野很荒芜，仓库很空虚。可是他们自己却"服文彩"，"服"是动词，穿着的意思，穿着华丽的衣服。"带利剑"，佩带锋利的宝剑。"厌饮食"的"厌"不是讨厌，"厌"通"餍"，是吃饱的意思，吃饱了精美的饮食。吃饱了东西，就不再想吃了，满足了。所以"厌"引申为满足，成语"贪得无厌"，太贪婪了不知道满足。"学而不厌"是学习不知道满足。"厌饮食"是吃足了精美的饮食，也就是满足于美味佳肴。真是"朱门酒肉臭，路有冻死骨"，这和老百姓的生活形成鲜明的对比。"财货有余"，自己的财富剩余很多、太富裕了。老百姓却一贫如洗。

老子对这样的统治者十分不满，痛斥他们："是谓盗夸。非道也哉！"这就叫强盗头子。这不是正道啊！"盗夸"就是强盗头子。"夸"《韩非子·解老》中作"竽"。"夸""杅""竽"通用，"盗竽"相当于"盗魁"，就是强盗头子。

竽是一种主导乐器，竽先吹奏，其他乐器跟着演奏。"夸"还有大的意思，"盗夸"也就是大盗。最大的强盗就是强盗头子。这样的统治者贪婪、奢侈，损公肥私、道德败坏，大大损伤了天地之道。盗取百姓利益，把百姓利益占为己有，导致民不聊生，农田荒芜，饿殍遍野，这不是最大的强盗吗？这种做法，"非道也哉"！这不是正道啊！老子是一个心态平和的人，一般不轻易动怒，可是这里忍不住痛斥这样的君主，可见实在是愤怒之极，无法忍受了。

然而天道是公平的，天网恢恢，疏而不失，这种"非道"之人必然不会永远存在下去，古往今来，暴政者都没有好下场。天地万物最终都是按道运行的，人类社会最终也会回复到它公平、和谐的状态中去。看看当今世界上那些大富豪们，虽然他们并不都是通过强取豪夺来聚敛财富，大多数还是通过合理的市场竞争取得财富，他们中有的人已经意识到社会的公平性，比如钢铁大王卡内基说过："当一个人在临死的时候还拥有巨额财富，那是耻辱。"所以有的富豪把大部分财富捐赠出来用于公益、慈善事业，这是符合天地公平之道的。可是也有不少富豪并不是通过大道而是通过邪道发的财，最终一定会遭到惩罚。那些爆雷、被法办的富豪，实际上是"盗夸"，不仅被剥夺了财富，还被送进了监狱。

第五十四章　怎样拥抱才能使对方挣不脱？

善建者不拔，善抱者不脱，子孙以祭祀不辍（chuò）。修之于身，其德乃真；修之于家，其德乃余；修之于乡，其德乃长；修之于邦，其德乃丰；修之于天下，其德乃普。故以身观身，以家观家，以乡观乡，以邦观邦，以天下观天下。吾何以知天下然哉？以此。

我问大家一个问题，假如你在拥抱时不想让对方挣脱，你会采用什么办法？有人说那就抱紧一点，让对方挣不脱；有人说那就抱松一点，让对方舒服。其实，无论是抱紧还是抱松，对方总能挣脱掉。有没有一种办法让对方永远也挣不脱呢？有！可能你不相信，说那怎么可能呢？老子在本章就告诉我们有一种方法可以让人永远挣不脱。

开头两句："善建者不拔，善抱者不脱。"前半句讲善于种树的人种的树，你怎么拔也拔不起来；后半句讲善于拥抱的人拥抱对方，对方怎么也挣不脱。"善建者"与"善抱者"当然不仅指种树和拥抱，还包括善于建立事业和善于坚守事业——善于建立事业怎么都毁不掉，能树而不倒；善于坚守事业怎么都灭不掉，能成而不败。有人说将"建者不拔""抱者不脱"解读为建功立业、百世流芳，是以儒解老，并不符合道家无名无身、不追求功名荣誉的价值观。其实老子所说的"善建者"与"善抱者"并不是在强调建什么、抱什么，而是强调为什么能"建者不拔""抱者不脱"。要我们思考怎样做才能做到"建者不拔""抱者不脱"。我们来看一下《道德经》中"建""抱"相关的词语。《道德经》第四十一章有"建德若偷（愉）"，刚健的德好像懈怠，"建"和"德"连在一起。再看"抱"字，第十章"载营魄抱一"，第二十二章"是以圣人抱一为天下式"，第十九章"见素抱朴"，"抱一""抱朴"其实就是"抱道"。"建德"的"德"也是道的体现。这样我们就清楚了，"善建者不拔，善抱者不脱"深层含义就是只要按照道来做事情，那就永远也拔不掉；只要按照道来坚持，那就永远也垮不掉。所以"善建者"和"善抱者"就是真正按照道来做事的人。总之，善建者不拔于道，善抱者不脱于道。以种树和拥抱为例：按照树的本质特性和生长的规律来种树，不人为地干预这棵树，这棵树就会自然成长，就拔不掉；按照对方的本性喜好、活动需求和生理成长规律去拥抱对方，而不是去束缚对方，这样对方就永远不会挣脱。再从建立事业的角度来说，要按照事物的本性和发展规律来建功立业、坚守功业，这样"子孙以祭祀不辍"，子孙按照道来做就会祭祀不绝。"辍"是停止的意思。孔子特别重视祭祀，老子不怎么讲祭祀，整部《道德经》只讲了一次"祭祀"，就是这里讲的"祭祀不辍"。"祭祀不辍"——祭祀不绝，表示香火不衰。老子强调的是按道来治家，不仅按照道来创业，而且按照道来守业，这样家业就会坚固而不可动摇，家族就会世代传承、长盛不衰。

我想起中国建设银行的广告语是"善建者行"，"建"和"行"字用红色标出来，是对"善建者不拔"的化用。"行"字既可以读 háng，又可以读 xíng；既有银行的意思，又有夸奖的意思。源于经典，巧妙化用，富有韵味，也收到很好的广告宣传效果。

郭店楚简本《老子》有这一章。第一句是"善建者不拔，善休（保）者不挩"，意思和通行本基本相同。马王堆帛书本缺字太多。

怎样才能成为"善建者"与"善抱者"呢？老子告诉我们关键在于一个字，就是"修"。老子说："修之于身，其德乃真；修之于家，其德乃余；修之于乡，其德乃长；修之于邦，其德乃丰；修之于天下，其德乃普。""修"指修德。修德于自身，他的德就纯真；修德于家庭，家庭的德就富余；修德于一乡，一乡的德就会长久；修德于一国，一国的德就丰足；修德于天下，天下的德就会普遍。老子的修德与孔子的修德不同，孔子修的是仁义之德，老子修的是自然虚静之德；孔子修德是一个逐步积累善行的过程，老子的修德是一个逐步减少欲望杂念、回归人的清静本性的过程。但修行的路线次第却是相同的，那就是由近及远，由小到大，都要从自身修起，最后是整个天下。修身是修德之本。《礼记·大学》说："一是皆以修身为本。"由修身而齐家、治国、平天下。《老子》也说首先是"修之于身"，然后依次是：修之于家，修之于乡，修之于邦，最后是修之于天下。修德的次序是身体、家庭、乡里、国家、天下，分为五步。修德的结果也分为五种：真（纯真）、余（富裕）、长（长久）、丰（丰足）、普（普遍），是逐步推广、增长、普及的过程。从自身到天下，所有人都回归清静德行，都具备无己、无名、无私、无欲、无为的禀性，那么天下就步入大道了。这样无论是建功立业，还是守住功业，就会永远不衰亡、不停止。

　　老子最后说："故以身观身，以家观家，以乡观乡，以邦观邦，以天下观天下。吾何以知天下然哉？以此。"所以要以自己的身体去观察别人的身体，以自己的家庭去观察别人的家庭，以自己的乡里去观察别人的乡里，以自己的国家去观察别人的国家，以自己的天下去观察别人的天下。我凭什么知道天下是这样的情况呢？就是采用了这个方法。注意这里讲的"观"是修德的一种重要方法。老子说的"观"是指内观，内观是不是有污垢、有灰尘，私欲杂念就是污垢、灰尘。所以内观的过程就是洗心的过程。这里提到五个"以……观……"，都是指以自己去观别人，而且是同等的观。这个"观"当然不是观表面现象，而是指透过现象观其本质，观一身、一家、一乡、一国、一天下的人心本性是不是纯净无染。这就是"涤除玄览"。"吾何以知天下然哉？以此。""何以"就是"以何"，凭什么。"知天下然哉"的"然"是"这样"。我凭什么知道天下是这种情况呢？"以此"的"以"是"因为"。就是因为采用这种方法，也就是采用了以天下观天下的方法就可以知道天下是一种什么情况了。

"观"是修德的重要方法。《易经》第二十卦观卦，风地观，风行地上，这个卦告诉我们在祭祀的时候要虔诚观礼，要瞻仰祖先、敬畏天道。"观"是儒、道、佛共用的方法。老子提出"以身观身"的方法，开创道家"以己观人"的修道路径。儒家创始人孔子说："观过（斯知仁矣）""观其志""观其行""观其所由"，北宋大儒邵雍作《观物内篇》《观物外篇》，提出"以物观物"的方法。佛家有止观法门。《心经》第一个字是"观"："观自在菩萨。"《金刚经》最后一个字是"观"："一切有为法，如梦幻泡影，如露亦如电，应作如是观。"我们要好好领会"观"的修身方法。

第五十五章　老子发现婴儿哪四大秘密？

  含德之厚，比于赤子。毒虫不螫（shì），猛兽不据，攫（jué）鸟不搏。骨弱筋柔而握固。未知牝牡之合而朘（zuī）作，精之至也。终日号而不嗄（shà），和之至也。知和曰常，知常曰明。益生曰祥，心使气曰强。物壮则老，谓之不道，不道早已。

  老子反复提到婴儿：比如"复归于婴儿""如婴儿之未孩""抟气致柔，能婴儿乎"。老子为什么这么重视婴儿呢？因为婴儿是道的化身。我在前面说过，在自然界中有一个东西最接近于道，那就是水；而人在一生中，处于婴儿期时是最接近于道的。为什么说婴儿最接近于道呢？我们来看一看《道德经》第五十五章就明白了。

  这是老子描述婴儿最精彩的一章。开头一句："含德之厚，比于赤子。"具有深厚道德的人，好比是初生的婴儿。"含德"就是含有德、具备德，"含德之厚"就是含有最丰厚的德。最丰厚的德就是道的具体体现。"赤子"就是刚出生的婴儿，也就是"婴儿之未孩"还不会笑的婴儿。刚出生的婴儿具有最丰厚的德，是最接近于道的，或者说就是道的象征。为什么呢？

  老子发现婴儿有四大秘密。从这四大秘密可以看出道的本质。

  婴儿的第一大秘密是"毒虫不螫，猛兽不据，攫鸟不搏"。有毒的虫子不会刺伤婴儿，猛兽不会来侵害婴儿，凶鸟不会搏击婴儿。郭店楚简本有这一章，这句是："蜂虿（chài）虺（huǐ）蛇弗螫，攫鸟猛兽弗搏。"毒蜂、蝎子、毒蛇不刺伤婴儿，凶猛的鸟儿野兽不伤害婴儿。可能你不相信。那你听说过狼孩的故事没有？豺狼虎豹是凶猛的野兽吧？为什么不伤害婴儿，反而把他抚养起来？被狼抚养的孩子就成了狼孩。罗马城的标志是什么？是母狼哺婴，就是一匹母狼在给一对双胞胎婴儿喂奶。大家想一想，婴儿看到凶猛的野兽来了是什么反应？是笑！婴儿没有分别心，不知道善恶、好坏，没有任何戒备心，不会觉得这些毒虫和猛兽会伤害他，当然也不会反抗，更不会主动去攻击这些动物，所以这些毒虫和猛兽不会伤害他。王弼解释"赤子无求无欲，不犯众物"，所以自己也不会受伤害。从婴儿的天真状态可以推知，道是一种本真的状态，无善无恶，不思善不思恶，最广大，最包容。婴儿还是纯阳之体，浑身充满了天真、纯正、醇厚之气，所以生命力是最强的；婴儿是最柔弱的、最天真的，所以最安全，也是最快乐的，最具有生命力。想一想我们长大了，我们见到凶猛的野兽会怎么做？要么吓得直跑，要么拿起武器和它们抗争。结果呢？往往受伤害。这给我们做人的启发是什么？长大后有分别心、竞争心了，于是离道越来越远了。老子要我们不要处处相争，没有什么冤家对头，你报之以微笑，矛盾就会化解，也不要有那么多分别心、嗔恨心、嫉妒心，要打开格局，包容万物。在养生上给我们的启发是，要像婴儿那样天真地笑，"笑一笑十年少"。

婴儿的第二大秘密是"骨弱筋柔而握固"。婴儿的筋骨是最柔弱的，可是握起拳头却握得最牢固。婴儿是怎么握拳的？是大拇指含在四指里面的。大家可以这样把自己的左手握紧拳头，然后用右手来试试是否能掰开，是很难掰开的。我们长大了怎么握拳？是大拇指放在外面的，一掰大拇指，手就松开了。这说明什么？大家仔细看一看自己的五个指头，大拇指和其余四个指头长得不一样，是最另类的。我们现在夸别人或夸自己总是伸出大拇指："天下第一。"其实这恰恰就是最容易受攻击的地方。这给我们做人的启示就是不要张扬、自夸，要内敛、低调，要"含刚强于柔弱之中，寓申韩于黄老之内"。这就是柔弱胜刚强。

婴儿的第三大秘密就是"未知牝牡之合而朘作"。"牝牡"这两个字都是牛字旁，代表动物。另外一半分别代表雌性和雄性。这里指男女。"牝牡之合"就是男女交合。婴儿并不懂得男女交合。"朘作"的"朘"通行本作"全"，马王堆帛书乙本作"朘"，就是小男孩的生殖器。"朘作"就是小生殖器勃起。婴儿并不懂得男女交合，可为什么小生殖器经常勃起？有人回答是憋尿了。那我就反问一句：大人憋尿了会不会勃起？不会。那小孩为什么会？老子解开了这个秘密，说是"精之至也"，是婴儿的精气充足到极点的缘故。只有肾精充足才可以自然勃起。《黄帝内经》说男子到了四十岁肾气就开始衰弱，肾主先天之精气，所以我们要养护肾精肾气。

  婴儿第四大秘密就是"终日号而不嗄"。婴儿整天大哭，但嗓子却不会沙哑。"嗄"就是哑。为什么婴儿整天在哭但是嗓子从来不哑？传说世界歌王帕瓦罗蒂因为经常要唱很高的音，所以他很担心自己嗓子会哑掉。有一天，他听到隔壁婴儿在哭，哭了几个小时，嗓子始终不哑，他觉得很奇怪。后来他就注意观察，发现小孩子不是用嗓子在发音，而是用丹田之气，气从下丹田发起，然后通过中丹田，通过胸腔，再从嗓子发出来。帕瓦罗蒂由此悟出了发音的方法，从此以后他的嗓子再也没哑过。其实这个秘密老子早就发现了。我们观察一下，婴儿哭的时候不仅四肢在动，而且肚子、胸、额、头的特定位置都在动。这几个位置当中就有三个丹田，即下丹田（肚脐下方一点点，中医叫"关元穴"）、中丹田（胸口处）、上丹田（两眉之间鼻根的上方，中医叫"印堂穴"，老百姓叫"天眼""天目"），还有头顶的"百会穴"。再仔细观察，你会发现这几个穴位动的频率是一样的，婴儿非常会运气，气运非常和谐，所以老子说婴儿是"和之至也"，这是和谐到极点的缘故啊。道是宇宙万物本有的和谐状态，生命的活力在于和谐，养生就是要精气神和谐。老子是最早发现这个秘密的，并把它总结为一个"和"字。真是一语中的！

  老子接着说："知和曰常，知常曰明。益生曰祥，心使气曰强。"懂得和谐叫作"常"，懂得"常"叫作"明"。懂得"和"就懂得道了，和谐就是得道的状态。第十六章也说："复命曰常，知常曰明。""知和"和"复命"（回归本性）

都叫作"常","常"就是恒常不变的道。说明宇宙万物的本性（"命"）就是和谐的、清静的，所以认识了和谐的本性就是认识了道。再看"益生曰祥，心使气曰强。"有两种完全相反的解释。一种是正面的解释：增益生命、懂得养生之道的叫吉祥，心指挥气运行叫强壮。另一种是反面的解释：纵欲贪生叫作"祥"（灾祸），意念操纵精气叫作"强"（僵硬）。我认为后面这种解释符合老子的思想。老子一贯反对"益生"，反对过度重视身体，反对过度养生，反对纵欲贪生。"祥"有两种相反的意思，一种是吉祥，一种是妖祥。这里指妖祥，就是灾祸。如果为了延长生命，一味追求美味佳肴、声色犬马、纵欲宴乐，过度养生，那么必然会适得其反，加速生命的终结。"心使气曰强"郭店楚简本是"心使气曰僵"，用意念、欲望来支配精气运行，会导致筋骨僵硬，表面上看是刚强，实际上加速了衰老。

所以老子说："物壮则老，谓之不道，不道早已。"事物壮大就会衰老，这叫作不符合道，不符合道就会很快死亡。"早已"的"已"就是停止、死亡。反之壮年是强壮的，结果反而由此开始走向衰亡。为什么事物强壮了就会衰老？因为强壮的东西不符合道，不符合道就会早死。"物壮则老"是生命的规律。老子反复强调柔弱胜刚强，婴儿是柔弱的，生命力很顽强，所以柔弱才是延长生命的方法，刚强反而加速生命的衰亡。

第五十六章　为什么说美丑相对、万物玄同？

> 知者不言，言者不知。塞其兑，闭其门；挫其锐，解其纷；和其光，同其尘。是谓玄同。故不可得而亲，不可得而疏；不可得而利，不可得而害；不可得而贵，不可得而贱。故为天下贵。

庄子在《齐物论》中讲了一个寓言。有两个大美女，一个叫毛嫱，一个叫丽姬。"毛嫱丽姬，人之所美也"，毛嫱和丽姬，是人们称道的美人。有一天她们到河边去，结果"鱼见之深入"，鱼儿见了她们深深潜入水底；她们到树林中，结果"鸟见之高飞"，鸟儿见了她们高高飞向天空；她们又到山上去，结果"麋鹿见之决骤"，麋鹿见了她们撒开四蹄飞快地逃离。美人不是大家都喜欢吗，为什么鱼、鸟、麋鹿吓得逃离呢？庄子感慨道："四者孰知天下之正色哉？"人和鱼、鸟、麋鹿这四者，究竟谁才懂得天下真正的美色呢？如果一个丑女到河边、树林、山上，同样鱼儿见了她会潜入水底，鸟儿见了她会飞向高空，麋鹿见了她会飞快逃跑。在鱼、鸟、麋鹿看来，美女和丑女没有区别。庄子得出结论："厉与西施，恢诡谲（jué）怪，道通为一。"厉是丑陋女子，西施是大美女。丑女和美女，各种诡异奇怪的事物，从道的角度看都是相通而浑一的。美丑是相对的，万物是玄同的。"玄同"思想就出自老子《道德经》第五十六章。

先看开头一句："知者不言，言者不知。"字面意思是知道的人不说，说的人不知道。有人解释为"智者不言，言者不智"，也就是有智慧的人不说，说的人没有智慧。郭店楚简本有这一章，这句是"知之者弗言，言之者弗知"，马王堆帛书本是"知者弗言，言者弗知"。"知者"是"知之者"，说明"知"是动词，知道。知道什么呢？知道天道。道是看不见、摸不着的，所以很少有人知道，因为道本身是不可言说的，没办法说清楚的（"道可道，非常道"），所以凡是轻易说出来的人肯定不知天道。当然这句话还有一层更深的含义，对统治者来说，"言"可以看成是发布命令，知天道的统治者是不轻易发号施令的，轻易发号施令的统治者是不知天道的。所以老子要求统治者要"行不言之教，处无为之事"。

老子接着说："塞其兑，闭其门；挫其锐，解其纷；和其光，同其尘。是谓玄同。"塞住孔窍，闭住门户；磨去锋芒，解除纠纷；调和光芒，混同尘世。这就叫作"玄同"。其中"塞其兑，闭其门"已见于第五十二章，是说要关闭欲望的入口和出口。"兑"在八卦当中作"☱"，上面一根阴爻，下面两根阳爻，表示下面实上面虚。在大地上什么东西上面是虚的，人站上去会陷下去？是沼泽，还有什么？还有沙子。在人体的五官中什么是上面空的？是口。大家可能都知道人体口鼻之间有一个穴位叫"人中"。"人中"的下方有一个穴位就叫"兑端"，表示嘴的端点。所以"塞其兑"就是闭上嘴巴。"闭其门"的门指五官七窍，特指欲望的大门。"挫其锐，解其纷；和其光，同其尘"已见于第四章。从文义上看，放在这里更加通顺。其中"挫""解""和""同"都是动词。"挫其锐"，磨掉尖锐的锋芒；"解其纷"，解除纷杂的思绪；"和其光"，调和耀眼的光芒；"同其尘"，混同于凡俗的尘世。这是对知天道之人的要求，知晓道、得道之人要与大众和同，不要锋芒毕露，更不能光芒刺人。人在寰中，心超物外。这种人达到了"玄同"的境界。"玄同"是消除了亲疏、贵贱、利害关系的玄妙齐同的境界。老子往往将符合道的东西叫"玄"，因为道就是玄之又玄的，如"玄牝""玄德"。这里老子将一切无分别、无差等、浑然相同的状态称为"玄同"。"玄同"就是同化于大道，是人生的最高境界。"玄同"是得道的境界，"玄德"是得道的美德。庄子发挥了这一思想，在《齐物论》里提出了"天地与我并生，万物与我为一"的观点，天地万物与我共生并存，合为一体。庄子认为"方生方死，方死方生"：一方出生的同时另一方也在死亡，一方在死亡的同时另一方也在出生。万物随起随灭，随灭随起。"方可方不可，方不可方可"：正确的同时出现错误，错误的同时出现正确。所以庄子说"天地一指也，万物一马也"：天地就是"一指"，万物就是"一马"。这就是"玄同"的境界。

因为万物是"玄同"的，所以老子接着说了六个"不可"："故不可得而亲，不可得而疏；不可得而利，不可得而害；不可得而贵，不可得而贱。"我认为这六个"不可"可以针对不同的对象、放在不同的场景中来理解。对人与人的关系而言，不能与他亲近，也不能与他疏远；不能让他获利，也不能让他受害；不能让他高贵，也不能让他卑贱。对自己而言，不因得到而亲近，也不因得到而疏远；不因得到而有利，也不因得到而有害；不因得到而显贵，也不因得到而卑贱。比如不因被提拔而感到高贵，也不因被降级而感到卑贱。无论是得到还是失去都淡然处之，得之我幸，不得我命。对统治者来说，不能对下属过分亲近，也不能对下属过分疏远；不能对下属特殊嘉奖，也不能对下属特殊惩罚；不能任性提拔，也不能无故降级。总之，亲近与疏远、有利与有害、高贵与卑贱是三对矛盾，既然万物是"玄同"的，就不能用矛盾思维、不能走极端，而应该走中道。既不太亲近也不太疏远，既不获利也不受害，既不高贵也不卑贱。

对"不可得而亲，不可得而疏"，河上公解释："不以荣誉为乐，独立为哀。志静无欲，与人无怨。"对"不可得而利，不可得而害"，河上公解释："身不欲富贵，口不欲五味。不与贪争利，不与勇争气。"对"不可得而贵，不可得而贱"，河上公解释："不为乱世主，不处暗君位。不以乘权故骄，不以失志故屈。"

老子最后说："故为天下贵。"因为能做到六个"不可"，所以为天下人所珍重。当超越了亲疏、利害、贵贱时，才是天下最尊贵的。亲疏、利害、贵贱皆不可得，说明矛盾双方不可能长久，可以相互转换。要超越矛盾对立，走向阴阳"玄同"。所以老子的思维不是矛盾对抗思维，而是阴阳玄同思维。"玄同"的境界就是超越了亲疏、利害、贵贱的境界，是一种超凡脱俗、物我两忘的境界。

第五十七章　治理国家正确的方法是什么？

以正治国，以奇用兵，以无事取天下。吾何以知其然哉？以此。天下多忌讳，而民弥贫；民多利器，国家滋昏；人多伎巧，奇物滋起；法令滋彰，盗贼多有。故圣人云：我无为而民自化，我好静而民自正，我无事而民自富，我无欲而民自朴。

我们都知道"东方兵学鼻祖"、被称为"兵圣"的孙子——孙武，他写的《孙子兵法》是我国现存最早、对后世影响最大的兵书。《孙子兵法》十三篇，其中第五篇是《兵势篇》。用兵打仗怎样才能取得胜利？就要把握两个字，"奇"和"正"："三军之众，可使必受敌而无败者，奇正是也。"整个部队与敌人对抗而能立于不败之地，就在于运用"奇正"的变化。孙子提出一个著名命题："凡战者，以正合，以奇胜。"什么是"以正合"？就是以正兵作正面交战，堂堂正正地摆开阵势，正面抵抗对方，不露破绽，兵来将挡，水来土掩。什么是"以奇胜"？就是用奇兵出奇制胜，灵活地变换战术取得胜利。这里的"正"是指用兵的常法，常法为正，反映着战争的一般规律、作战的一般原则；"奇"是指用兵的变法，变法为奇，反映着战争的特殊规律、特殊战法。"正"是正规地使用兵力，"奇"是灵活地变换战术。具体地说，守备钳制的为正兵，机动突击的为奇兵；正面、明面进攻为正，迂回侧击、突然袭击为奇。

孙子提出"以正合，以奇胜"，老子提出"以正治国，以奇用兵"，两者有什么关系呢？请看《道德经》第五十七章。

先看开头一句:"以正治国,以奇用兵,以无事取天下。"意思是用正常之道治国,用奇异方法用兵,用无为原则统治天下。郭店楚简本和马王堆帛书甲本是:"以正之邦,以奇用兵,以无事取天下。""之邦"的"之"通"治","邦"就是国。马王堆帛书乙本是"以正之国"。这四个版本的意思完全相同。"以正治国,以奇用兵","正"和"奇"是一对反义词,正常之道与奇异之法,要配合使用。治国要用正法,用兵作战要用奇法。前面讲了《孙子兵法》说:"以正合,以奇胜。"用兵作战就在于"善出奇者""出奇制胜"。要取得胜利,关键是要出奇兵,要从侧面出兵,出怪招,要灵活变换战术,一下就把对方打败。所以老子说要"以奇用兵"。那么这一思想是老子还是孙子首先提出来的呢?老子和孙子有没有关系呢?从历史文献上看,两人没有什么关系,虽然都是春秋时期人,但老子是楚国人,孙子是齐国人,两人也没有交集。从出生时间上看,老子比孙子要早。所以很可能老子"以奇用兵"的思想影响了孙子的兵法思想。

老子认为治理国家不能用奇招,要"以正治国",要用正道,用正确的方法。什么是正确的方法?就是无为而治、无事取天下的方法。"以无事取天下",用清静无为的正道治理国家。"无事"就是无为、无所用事,"取天下"不仅指取得天下,还指治理天下。为什么要"以正治国,以奇用兵"?因为治国是建设,用兵是破坏;建设是正向的,所以要守正;破坏是反向的,所以要出奇。两者千万不能颠倒。如果颠倒过来——以奇治国,以正用兵,那么国家就会混乱,作战就会失败。

老子是怎么发现这一规律的呢?老子自己说出了答案:"吾何以知其然哉?以此。天下多忌讳,而民弥贫;民多利器,国家滋昏;人多伎巧,奇物滋起;法令滋彰,盗贼多有。"(郭店楚简本是:"吾何以知其然也?夫天(下)多忌讳,而民弥畔;民多利器,而邦滋昏;人多智而奇物滋起;法物滋彰,盗贼多有。")我怎么知道是这样的呢?是根据以下事实。天下禁忌越多,人民就越贫困;人民越多用利器,国家就越混乱;人民的技巧越多,奇怪的事情就越兴起;法令越严明，盗贼就越多见。"弥"和"滋"都是"越"的意思，这四句"越……越……"构成一组排比句，回答了要用正道、用无为治理天下的原因。第一句"天下多忌讳，而民弥贫"，天下忌讳越多，人民就越贫困。也就是说一个国家的法律法规越多，禁忌越多，这也不许百姓做，那也不许百姓做，那么老百姓就会越来越贫困。第二句"民多利器，国家滋昏"，人民越是多用锋利武器，这个国家就越混乱。如果没有利器，人民的冲突最多只是动动手脚；一旦有利器，人民就会利用利器把小冲突演变成大冲突，国家就陷入混乱。第三句"人多伎巧，奇物滋起"，人民机巧越多，奇怪的东西就越兴起。这个"奇物"不仅指奇怪的东西，而且指邪恶的事情，因为人的心机太多，邪念就多，邪恶的事情就不断发生了。第四句"法令滋彰，盗贼多有"，法律越严明，盗贼就越多。越是人为妄为，天下就越乱。这四句中的"忌讳""利器""伎巧""法令"都是人为的、后天的，都违背了"无为而治"，才导致了人民贫困、国家混乱、邪恶怪事与强盗贼寇的出现。

最后老子从正面论证了无为而治带来的好处："故圣人云：我无为而民自化，我好静而民自正，我无事而民自富，我无欲而民自朴。"（郭店楚简本是："是以圣人之言曰：我无事而民自富，我无为而民自化，我好静而民自正，我欲不欲而民自朴。"）所以圣人说：我无为了，人民就自我化育；我好静了，人民就自然端正；我无事了，人民就自然富裕；我没有欲望了，人民就自然纯朴。"圣人"是指得道的统治者，"我无为""我好静""我无事""我无欲"中的"我"都是指统治者，"无为""好静""无事""无欲"都是无为而治的意思，其中"无为"是总的治国原则，"好静""无事""无欲"是"无为"的具体体现。统治者按照"无为"治理国家，那么人民就会"自化""自正""自富""自朴"。这四个"自"既有自己的意思，更有自然而然的意思。统治者无为而治、人民自化自正，是老子的核心思想。司马迁《史记·老子韩非列传》总结老子的思想就是"无为自化，清静自正"。

西汉初年，因为多年战乱导致田地荒芜、百姓饥荒，汉高祖刘邦以及汉文帝刘恒、汉景帝刘启,吸取秦朝灭亡的教训,尊崇"黄老之学"无为而治,采取"轻徭薄赋""与民休息"的政策,减免田租税赋,让人民休养生息,对周边敌对国家不轻易出兵,禁止郡国贡献奇珍异物。汉文帝本人生活也十分节俭,不增添衣服、车马,不使用带有精美花纹的丝织品。文景时期,君主清静不扰民,社会安定,经济发展,国力强盛。出现了中国历史上第一个盛世"文景之治"。这是老子无为而治思想被统治者第一次实践的结果。

第五十八章　怎样把祸转化为福？

其政闷闷，其民淳淳；其政察察，其民缺缺。祸兮，福之所倚；福兮，祸之所伏。孰知其极？其无正也。正复为奇，善复为妖。人之迷，其日固久。是以圣人方而不割，廉而不刿（guì），直而不肆，光而不耀。

有这么一个真实的事件。一个老婆婆突然中奖得了五百万，从此以后她再也快乐不起来了，为什么？因为买彩票时她是和另外两个老婆婆三个人一起去的。她这么一中奖，其他两个老婆婆就不干了，说你中奖的时候我们跟你一起选的号码，这个老婆婆一想也是的，于是她说那我就分你们每人二十万吧。这两个人仍不满，二十万哪够？不仅如此，她的亲戚朋友知道她中奖了，立即编出各种理由问她借，她不借也不行。从此以后她再也快乐不起来了。你说中大奖是福还是祸呢？这体现了祸福相依、好坏转化的道理。这一思想的明确提出是在老子《道德经》第五十八章。

开头："其政闷闷，其民淳淳；其政察察，其民缺缺。"为政混沌宽容，人民就淳朴；为政明察严苛，人民就狡诈。"其政闷闷"和"其政察察"是两种完全不同的执政风格。"闷闷"指混混沌沌、昏昏昧昧，意思是不严厉、粗疏、宽容、宽厚，这正是无为而治的体现。"察察"是清晰、明察、严厉、苛刻的意思，这是有为而治的体现。不同的执政风格、不同的政治手段，带来的结果当然也是不同的。"其政闷闷，其民淳淳"是说为政宽厚清明，老百姓便淳朴忠诚。"察察"就是明察、严苛，这样人民就会"缺缺"，"缺缺"是狡诈、无情的意思。所以老子讲治理国家的关键在于为政者、统治者的性情。统治者喜欢要什么，老百姓就会呈现什么状态。如果统治者好静，那么天下就相安无事；如果统治者好动，那么天下就会大乱。为政宽厚，则人民也淳厚；为政严苛，则人民也严苛。这就是因果规律。

这两种执政风格带来的两种结果，可以用福与祸来概括。老子接着说："祸兮，福之所倚；福兮，祸之所伏。"这是充满哲理的千古名句。"祸"是灾祸，"福"是幸福、福气。"兮"是语气助词。"倚"是依靠，"伏"是隐藏。灾祸啊，幸福正依傍着它；幸福啊，灾祸就潜藏在它里面。也就是灾祸里面潜藏着幸福，幸福里面潜伏着灾祸。福与祸是相对的，不是绝对的；是相互依存、互相转化的，不是孤立的。坏事可以引出好事，好事也可以引出坏事，这叫"祸福相依"。河上公解释："夫福因祸而生，人能遭祸而悔过责己，修善行道，则祸去福来。祸伏匿于福中，人得福而为骄恣，则福去祸来。"大富大贵的时候可能就有灾祸了。古往今来，由于富贵尤其是沉湎于富贵带来的灾祸，真是举不胜举。中国有一句老话叫"富不过三代"，真是发人深省啊。

你可能会说，"福兮，祸之所伏"，幸福里面潜伏着灾祸，这一点我可以理解；但"祸兮，福之所倚"，灾祸里面潜伏着幸福，这个不好理解。这是不是机械循环论呢？其实不然。灾祸里面潜藏着幸福，失败里面蕴含着成功，坏事可以变成好事。美国某大学曾做过一项研究，就是调查那些成功人士有没有失败过，失败的时候是什么心态。结果发现，几乎所有的成功人士都失败过，他们在遭受失败的时候，都是一种平和的、积极的心态。有的人失过业，当时他就想，这个职业不适合我，我再换一个工作。有的人投资失败了，他就想，这是我交的学费，我学到了很多经验，这是金钱都买不来的啊。有人失恋了，想的却是，我从这一段恋爱中尝到了这么多酸甜苦辣的滋味，多值得啊，感谢他（她）陪我走过了人生美好的一段路。

再调研一下那些失败者，几乎每一个人都是在抱怨，都在怪罪别人。所以在面临灾祸时的心态太重要了，你只要想着灾祸中潜伏着福气，前面就是胜利，就有幸福，你还会走绝路吗？《韩非子·解老》中对祸福变换有一段解释："人有祸则心畏恐，心畏恐则行端直，行端直则思虑熟，思虑熟则明事理。"又说："人有福则富贵至，富贵至则衣食美，衣食美则骄心生，骄心生则行邪僻而动弃理。"这很好地分析了祸变福、福变祸的因果关系。这就告诉我们，一旦有了"祸"就要想到"福"，要从"祸"中看到"福"的希望；一旦有了"福"就要想到"祸"，要从"福"中看到"祸"的存在。这么去思考问题，你就一定不会走极端，就会走中道。

那么这种祸福的转化会不会停止呢？有没有什么标准呢？老子说："孰知其极？其无正也。""极"是最终结果，"正"是确定的标准，"其"代表祸福转化。谁知道祸福转化的最终结果呢？祸福转化是没有确定标准的。我们都听说过塞翁失马的故事，西汉刘安《淮南子·人间训》记载，有一位边塞老翁失去了一匹马，几个月后，这匹马竟然带着一匹好马回来了。这本是好事，可是老翁的儿子因骑马摔断了腿。这本是坏事，可是老翁的儿子因此避免了被征召上战场，最终保全了性命，这又变成了好事。所以后人说："塞翁失马，安知非祸？"

这告诉我们祸和福是没有标准的，也没有一个最终的结果。这个道理可以用太极图来说明。太极图白的里面有黑的，黑的里面有白的，表明万事万物都是福中含有祸，祸中含有福。这就是我们中国人的智慧。

老子说："正复为奇，善复为妖。"正可以再变为奇（反），善可以再变为妖（恶）。正和奇、善和妖好比是阳和阴，阳的东西可以变成阴的，阴的东西可以变成阳的。太极图中阴和阳是相互依存、相互转换的。正和奇、善和恶、祸和福始终在相互转化，永远不会中止。可是："人之迷，其日固久。"人们迷惑的时间已经很久啦！迷惑什么？就是迷惑于正反、善恶、祸福相互转化的道理。从表面上看，这种转化是没有办法把握的，其实这种转化是可以把握的。第一就是守中道。福来的时候，不要得意忘形，要谨慎小心、内敛低调；祸来的时候，不要紧张害怕，要积极乐观、爬起重来。第二就是懂因果。种瓜得瓜，种豆得豆。福在的时候要种下善因，最后还是福。祸在的时候，要反思改过，终会转祸为福。

最后老子说："是以圣人方而不割，廉而不刿，直而不肆，光而不耀。"因此圣人要方正而不伤人，锐利而不刺人，直率而不放肆，光亮而不耀眼。这是对统治者的要求。做人要方、廉、直、光——方正、锐利（"廉"本义是棱角，形容锐利）、直率、光亮，但应该不割、不刿、不肆、不耀——不伤人（"割"，用刀伤人）、不刺人（"刿"，用刀刺人）、不放肆、不耀眼。说明方、廉、直、光这些好的品质和行为，如果不加收敛，随时可以转化成割、刿、肆、耀这些伤害人的坏品质和行为，所以要内敛、自省。以"光而不耀"为例，老子并不反对"光"，而是反对"耀"。不仅心中要有光，而且要用光照亮别人、成就别人，但不要炫耀，不要太耀眼，不要让别人不舒服。总而言之，这是要我们守"中道"，要正确把握为人处世的火候。

第五十九章　治国养生最重要的一个字是什么？

治人事天，莫若啬（sè）。夫唯啬，是谓早服。早服谓之重积德；重积德则无不克；无不克，则莫知其极；莫知其极，可以有国；有国之母，可以长久。是谓深根固柢（dǐ），长生久视之道。

在西方文学作品中有不少吝啬鬼形象，著名的有四大吝啬鬼，他们是莎士比亚《威尼斯商人》中的夏洛克、莫里哀《悭吝人》中的阿巴贡、巴尔扎克《欧也妮·葛朗台》中的葛朗台、果戈理《死魂灵》中的泼留希金。其实在我国的文学作品中也有吝啬鬼形象，比如吴敬梓《儒林外史》里面的严监生。严监生家很富裕，有十多万两银子，但是他却非常吝啬、抠门。他临死的时候，伸出两个手指，迟迟不肯断气，拼命留着最后一口气，家里人都很害怕。后来他的小妾明白了他的意思，原来是灯盏里点着两根灯草，太浪费了，小妾马上熄灭掉一根，严监生看了立马咽气了。无论古今中外，人们往往都不喜欢太吝啬的人。可是很有意思的是，老子却很赞成"啬"，并把"啬"看成是治国养生最重要的一个字。那么老子的"啬"是不是吝啬呢？有没有特殊的含义呢？请看《道德经》第五十九章。

这一章既是讲治国的，也是讲养生的，因为治国和治身是一样的。郭店楚简本和马王堆帛书本都有这一章，除了有缺字，从现存的文字看，意思和通行本相同。开头一句："治人事天，莫若啬。"楚简本和帛书乙本与此相同。字面意思是治理人、事奉天，没有比"啬"更好的办法了。这一章重点讲的就是这个"啬"字，"啬"是治人事天的一个法宝。"治人"包括治国和治身，"事天"就是侍奉上天、顺应天道。"莫若啬"，没有比"啬"更重要的！

"啬"是什么意思？是不是"吝啬"呢？我们来看一下这个字的甲骨文字形，像粮食收入谷仓的样子，篆书上面是个"來"，下面是个"㐭"（lǐng）。"來"就是麦子，"㐭"就是粮仓。所以"啬"本意是收获谷物。谷物来之不易，所以要爱惜，于是就有了爱惜、珍惜、节俭的意思，过分爱惜、节俭就是"吝啬"。所以"啬"本义是节省、节俭、爱惜的意思，引申为吝啬、小气、抠门。老子这里说的"啬"是爱惜、节俭的意思，并不是吝啬、抠门。"啬"与"俭"意思基本相同，《道德经》第六十七章就提到："我有三宝，持而保之：一曰慈，二曰俭，三曰不敢为天下先。""俭"是老子三宝之一。韩非子解释："啬之者，爱其精神，啬其智识也。"河上公解释："啬，爱也。治国者当爱民财，不为奢泰。治身者当爱精气，不为放逸。"

"啬"是老子哲学中一个十分重要的概念。"治人事天"要"啬"。"治人"有两个方面，一个是治理别人、治理国家，另一个是治理自己、治身养生。治国的"啬"，就是要爱惜人民，减少政令，休养生息，不穷兵黩武；治身的"啬"，就是要爱惜精气神，精气内守，神光内敛，节俭节约，减少欲望，减少交往，减少事务。"啬"是达到清静、虚空之道的最好办法。所以无论是治身还是治国都要顺应天道，要懂得"啬"，要懂得爱惜它，不耗散，不浪费，清静无为。只有这样你的身体和国家才能够长久。这就是天道。

老子进一步解释"啬"说："夫唯啬，是谓早服。"只有"啬"，只有爱惜，才能尽早得到天道。关于"早服"有多种解释，一是尽早服从天道，二是早作准备，三是早早得到。比如河上公就说："服，得也。夫独爱民财，爱精气，则能先得天道也。"我赞同河上公的解释。按照"啬"的办法来治国治身就会先得到天道。因为天道本身就是"啬"，或者说"啬"是天道的一个基本特征，天道爱惜万物、清静节俭，所以谁先做到"啬"谁就会先得到天道。

老子接着说："早服谓之重积德；重积德则无不克；无不克，则莫知其极；

莫知其极，可以有国；有国之母，可以长久。"早得天道就叫不断积累德性；不断积累德性，就没有什么不能克服；没有什么不能克服，就没人知道它的极点；没有人知道它的极点，就可以统治国家；掌握了统治国家的根本，就可以长久。这几句又是用了顶针的修辞方法，上一句末尾词语是下一句开头词语，这样首尾相连，一句顶一句，层层承递，语势贯通。"早服谓之重积德"，"重"是多、不断的意思。爱惜节俭就能早得天道，早得天道就要不断地积累德性，积累德性是得道的必要途径。诸葛亮临终前写给他儿子诸葛瞻的一封家书《诫子书》开头就说："夫君子之行，静以修身，俭以养德。"君子的德行，要用宁静来提高自身的修养，用节俭来培养自己的品德。节俭就是"啬"的做法。老子的"积德"与孔子的"积德"不同，我在解读《道德经》第五十四章时提到，老子的德是自然虚静之德，是人先天的本性禀赋；孔子的德是仁义礼智之德，是人后天的修养品德。所以老子修德是减损的过程，孔子修德是积累的过程。为什么这里老子说"积德"呢？这里的"积德"实际上并不是去增加德性，而是逐渐地去接近德性，是一个逐步有序地回归的过程，其实也就是"啬"的过程、减损的过程。"重积德则无不克"，如果德行积累得丰厚了，那么就没有什么不能够攻克，战无不克、攻无不胜。而这种克敌制胜的力量，又不是常人所能认识的。"无不克，则莫知其极"，没人能知道这种力量的极点在哪里。因为这正是道的力量、德的力量，是无穷无尽的。"莫知其极，可以有国"，只有掌握了这种力量的人，才配去治理国家、保卫国家。"有国之母，可以长久"，"母"是老子最喜欢用的词之一，是阴柔、虚空、玄妙的本体，也就是后面所说的"根柢"，都是指道。道就是天地万物伟大的母亲。"有国之母"的"有"是保有，"国之母"就是治国之道，国家的根本。保有国家的根本，国家才可以长长久久。

最后老子总结："是谓深根固柢，长生久视之道。"这就是根深柢固、长生久存的道理。后来引申出一个成语叫"根深蒂固"，比喻根基牢固，不可动摇。不过成语"根深蒂固"的"蒂"是草字头，瓜熟蒂落的"蒂"，老子"深根固柢"的"柢"是木字旁，追根究柢的"柢"。"根""柢"都是木字旁，本义都指树根，它们的区别在于：向四边伸的叫根，向下扎的叫柢。根柢深固，表明对道的掌握程度十分坚固，按照道来治国可以使国家永存，按照道来修身可以使身体长生。"长生"是使人长寿，"久视"就是长久保存。《韩非子·解老》说："柢固则生长，根深则视久。"河上公从养生上解释："人能以气为根，以精为蒂，如树根不深则拔，（果）蒂不坚则落。言当深藏其气，固守其精，使无漏泄。"从治国上解释，"深根固柢"的意思是，只有坚守住治国的根本，国家才能长治久安。

第六十章　为什么说治大国就像烹小鱼儿？

治大国若烹小鲜。以道莅天下，其鬼不神；非其鬼不神，其神不伤人；非其神不伤人，圣人亦不伤人。夫两不相伤，故德交归焉。

2004年6月，当时的"世界第一CEO"杰克·韦尔奇应邀来到中国，参加"杰克·韦尔奇与中国企业领袖高峰论坛"，他发言时侃侃而谈，其中有一句话博得热烈掌声："商业就是一场每天都想赢的游戏。"杰克·韦尔奇的这次出场费达到一百万美元，据说前排的票卖到二十万元一张，大家都觉得这个钱花得太值了！那么老子有一句讲治国的话值多少钱呢？可能一百亿美元也买不来，那是无价之宝。这句话就在《道德经》第六十章里。

这一章开头一句："治大国若烹小鲜。"这是千金难买的治国法宝。这一句话看起来很简单，意思是治理一个大国就像烹煎小鱼一样。可是仔细琢磨你会发现，这里有十分丰富的内涵、十分深刻的道理，真是无价之宝啊。它不仅可以用来治理国家，也可以用来治理企业、治理家庭、治理任何一个组织。我们认真观察，然后再好好思考一下，怎样烹煎小鱼？

第一，烹小鱼不能经常翻动它，因为小鱼本来就鲜嫩，要是经常翻动它就会碎了。这告诉我们治理一个国家不能随意颁发政令，一旦发布就不能朝令夕改。领导人说话尤其要慎重，不能颠来倒去，不能轻易变动，更不能说话不算数。

第二，烹小鱼要用慢火文火，不能用大火，否则就烤焦了。治理国家、治理企业也如此，以柔弱胜刚强，要用软化、柔弱的东西，要用文化来教化人心。领导人要心平气和，不要急躁，不要浮躁，更不能强制，不能把自己的意愿强加给下属。

第三，烹小鱼要掌握火候，要把握时机。烹小鲜，把握火候这一点很重要。做企业、做管理，要掌握时机，掌握分寸，掌握过程和完成度。

第四，小鱼既然叫"小鲜"，本来就有鲜味了，所以不能再过多加味精、盐、糖、酒等调料。这就告诉我们，治国的政令、法令要遵循老百姓自然的状态，返璞归真，不要在管理中随意加入个人的意志，不要添加个人私欲的东西。

第五，小鱼怎么才能保持它的鲜味？要迅速及时。从水里捞出小鱼就要马上去烹饪，如果放的时间久了肯定就不新鲜了。这就告诉我们，无论是治国还是治企业、治家，一定要及时处理问题，防微杜渐，不能等到问题积累久了再去解决，那就积重难返了。

第六，在烹小鱼的时候要平等对待，不能有的煎焦了，有的还没煎透。这告诉我们，对待人民、对待员工要一视同仁，要平等对待，不能分配不公、厚此薄彼。

第七，注意在"治大国若烹小鲜"中，老子用了一个"大"字一个"小"字，他是想告诉我们，要举重若轻，化大为小，化繁为简。

烹饪会带给人一种快乐的感受。老子把治理一个大国比喻成烹小鱼，把治大国说得如此轻松，如此好玩，好比是做一场游戏。治国和治企只要无为而治，按照事物的本来面目去治理，那么就会享受其中的乐趣。我们再来看一下杰克·韦尔奇说的"商业就是一场每天都想赢的游戏"，这句话有什么深刻含义？首先做游戏要有游戏规则，所以治理一个企业首先要定好规则，要有规章制度。这个制度一旦定好，就不能轻易改变，无论什么人都必须遵守。第二，游戏是以赢为目的的，做企业不能背离赢利这一目的。第三，既然是游戏，那就要好玩，所以做企业的过程是好玩的，这个好玩不是老板一个人觉得好玩，而是大家都觉得好玩，大家都参与到游戏里面来了。只有在好玩中才能激发出无穷的创造力。现在我们所说的快乐经济学、幸福指数，都包含在这里面了。那么怎么才能好玩？当然不能钩心斗角，不能你死我活，不能违背企业初衷，更不能违背商业发展规律。希望我们的老板、企业家好好对照一下自己，我们现在做企业好不好玩？累不累？如果你觉得太累了，觉得不好玩了，那你做企业的目的、做企业的心态可能就有问题了。现在我们有些企业家一心想赢，根本感觉不到快乐，本来很好玩的一个事情，结果把它异化了，弄得自己疲惫不堪，劳心劳力，痛苦不已。这就需要好好反思了。

当然做企业就是做游戏不过是"治大国若烹小鲜"这一命题中的一个小小含义。老子这一命题有着更为深刻、更为丰富的含义，需要我们好好领会。总的来说，"治大国若烹小鲜"就是无为而治。"无为"不是不做，而是不要违背这个"小鲜"的本性去做，不要瞎做，不要妄做，不要胡做。无为是"自然无为"，自然是本然的意思。只有按照事物本性去做、按照事物发展的规律去做，才能保持国家安宁、企业进步、生态平衡，才能和谐发展、生生不息。

老子接着说："以道莅天下，其鬼不神；非其鬼不神，其神不伤人；非其神不伤人，圣人亦不伤人。""莅"就是莅临、治理的意思。用无为之道来治理天下，那么"其鬼不神"，就是指鬼不灵了，不起作用了。"不神"的"神"是动词，显灵的意思。鬼显灵就会伤人，鬼不显灵就不伤人。"非其鬼不神，其神不伤人"，不但鬼不显灵伤人了，而且神也不伤害人了。"非"可理解为非但、不但。鬼和神都是凡人看不见的，介于人与天之间，对人可以降福也可以降祸，降福就是保佑人，降祸就是伤害人，所以人对鬼神都要怀有敬畏心。如果统治者按道来治理天下，像"烹小鲜"一样统治百姓，那么即使是鬼神也不会降祸、伤了人了。这表明老子是将道放在鬼神之上，不是鬼神主宰道，而是道主宰鬼神，这在当时是十分了不起的。"非其神不伤人，圣人亦不伤人"，不但那些鬼神不出来伤人，而且统治者也不再伤害百姓。圣人就是得道的统治者，得道的统治者对人民不发号施令，不用酷刑，不随意干涉，人民自然安宁，不受伤害。

最后老子说："夫两不相伤，故德交归焉。"鬼神和圣人都不伤人，所以德性全都回归到人民身上了。"两"指鬼神和圣人，他们都不出来伤人了。"故德交归焉"，所以德就全部回归到人们的身上！"德"就是自然的禀赋，"交"是双双、全部的意思。德回来就是道回来，因为德是道的一种外在表现。这不仅说明人民的祸福不在鬼神而在人为，而且也说明只有统治者采用清静无为的政治，天下人民才能回复清静自然的德性。

第六十一章　为什么说"下"能战胜一切？

大国者下流，天下之牝，天下之交也。牝常以静胜牡，以静为下。故大国以下小国，则取小国；小国以下大国，则取大国。故或下以取，或下而取。大国不过欲兼畜人，小国不过欲入事人。夫两者各得所欲，大者宜为下。

常言道："人往高处走，水往低处流。"说明人不喜欢低处而喜欢高处，不喜欢下而喜欢上。不重视也不研究低下的作用，甚至将低下当作不好的东西，造出一些贬义词，比如"下流""下作""下贱"。老子却恰好相反，他特别重视低下，他发现低下的作用是巨大的。《道德经》第六十一章详细做了描述，这一章的主题就是"下"，通篇在说一个"下"字。

老子首先说"大国者下流"，大国居于江河下流。"下流"现在是个贬义词，其实它的本义就是河流的下游。大家观察一下江河的上游和下游有什么区别？江河是不是由无数溪流慢慢汇聚而成？越到下游河水越宽，最后汇入大海。所以江河最下游是什么地方？不就是大海吗？大海包容万物，承载万物，当然比上流的小河小川宽广而有包容力、承载力。大海之所以成为大海就在于不拒绝任何一条细小的溪流。秦相李斯说过："太山不让土壤，故能成其大；河海不择细流，故能就其深。"泰山因为不拒绝每一粒土壤，所以才能成就它的雄伟高大；大海因为不拒绝每一条细小的河流，所以能成就它的广阔深邃。一个大国就像大海一样，也要不舍弃任何一个百姓。所以河上公说："大国，天下士民之所交会。"

老子接着解释说："天下之牝，天下之交也。"大国处于天下的雌性位置，又是天下交汇的地方。"牝"就是雌性。大国处在下游，下游就是天下的雌性、阴性的地方，也是天下万物交汇的地方。古人看风水，好风水就在聚气的地方，在阴阳之气交汇之处，这里是生命力最强的地方。老子用"牝"来比喻道，比如第六章："谷神不死，是谓玄牝。玄牝之门，是谓天地根。"说明大国居在下游是符合道的，处在下游是最安全的，也是最具有生命力的。

老子接着说："牝常以静胜牡，以静为下。"雌性总是凭虚静战胜雄性，因为虚静处在下位。就人而言，女人一般比男人活得久，女人的平均寿命超过男人，女人的耐力一般比男人强，就是因为女人比男人柔弱，柔弱胜刚强。人的衰老，首先是阳气先衰老。阳气衰在前，阴气衰在后。就一个国家而言，要成就一个大国，需要柔弱虚静，要以静制动，并甘居下位。

与江河一泻千里相比，大海是相对静止的。动为阳，静为阴。阴能胜阳，静能制动。这里老子又用了一对反义词——"牝"和"牡"。在第六章中，老子说道就是"谷神"，又叫"玄牝"。"牝"是雌性生殖器，"牡"是雄性生殖器。这里借指雌性和雄性。"牝"是虚的，"牡"是实的；"牝"是静的，"牡"是动的；"牝"为阴，"牡"为阳；"牝"谦下，"牡"高上。两者相互交合，产生万物。两者比较，又是"牝"能胜"牡"。显然老子描述的是母系社会的状况，可当时老子所处的社会早已是父系社会，他看到父系社会的种种弊端，国与国之间、人与人之间的争强好胜、尔虞我诈，造成朝政腐败、民不聊生、灾祸不断，所以十分痛心，希望回到母系社会居下、不争、阴柔、虚静的状态中去。

老子又说："故大国以下小国，则取小国；小国以下大国，则取大国。"所以大国用谦下态度对待小国，就能取信于小国；小国用谦下态度对待大国，就能取信于大国。"国"在马王堆帛书甲本中写作"邦"。"下"在这里是动词，表示谦下地对待。如果一个大国不是强取豪夺，而是以卑下的态度来对待小国，那小国就会信任大国，依附大国。比如春秋时期齐国是个大国，当年齐桓公采纳管仲提出的亲近邻国、帮扶弱小的建议，温和对待临近的小国，通过会盟稳定了其大国地位，维护了区域和平、和谐。如果一个小国能以谦下卑下的态度来对待大国，那小国就能取信于大国。比如春秋时期宋国是个小国，宋襄公通过仁义获得大国的认可和支持。他在齐桓公去世后帮助齐国平定内乱，后邀请齐孝公、楚成王会盟，最终成为春秋霸主之一。可见"下"不仅仅对大国适用，而且对小国也很适用。"下"的作用还在于可以使大国和小国"各得所欲"，各得所愿。

老子又说："故或下以取，或下而取。"因此有的是靠谦下来取信，有的是靠谦下被取信。"或"就是有的，"取"是取得信任。"或下以取，或下而取"，两句就差一个虚词，一个是"以"，一个是"而"。"以"偏主动，"而"偏被动。"或下以取"是用谦下来得到别的国家的信任，"或下而取"是靠谦下而被别的国家信任。但基本意思是一样的，只要谦虚居下无论是大国还是小国、无论是大人物还是小人物，都可以取信于别人，都可以被别人所信任。

老子最后说："大国不过欲兼畜人，小国不过欲入事人。夫两者各得其所欲，大者宜为下。"大国不过是想聚养人，小国不过是想事奉人。两者可以各自满足愿望，大国应该谦下。这里说出了大国和小国的目的，大国的目的只是想"兼畜人"，就是聚拢、聚养小国的国土、人民和财产。做法有两种：一种就是用武力侵略小国，必然会带来战争和灾难，带来人民和财产的减少；另一种做法是谦下地对待小国，取得小国的信任，小国就归顺大国了，既不会有战争和灾难，又收服了小国的民心。小国的目的是要保存自己的国土、财产和人民，做法也是两种：一种是用武力与大国抗争；另一种是谦下地对待大国，取得大国的信任，依附于大国。"入事人"，事奉大国之人。这样也能保存自己。可见"下"才是战胜一切的武器。当然"下"是老子对大国和小国同时要求的，但凡有一个做不到，就会有战争，有灾难。

如果大国和小国都能做到"下"，那么"夫两者各得其所欲"，无论是大国还是小国都能满足自己的欲望，各得所愿，各取所需。但从实际情况看，"小国以下大国"是容易的，但"大国以下小国"则是困难的，所以老子最后强调"大者宜为下"。当今世界，美国无疑是大国，可它哪里愿意为下？它要成为世界的警察，对其他国家指手画脚，它不是以谦下的态度来的，而是带着傲慢、带着武器来的，结果遭到大家的指责，其他国家并没有"入事"它，它也没有"兼畜"别人，更没有"取小国"。

当然"下"不仅是对一个国家而言的，也是对一个企业、一个单位、一个人而言的。每一个人都应采用"下"的态度。这是中国人一贯的思想，从《易经》开始，后来无论是儒家还是道家都主张谦下。《易经》中哪一个卦最好？谦卦最好。除了谦卦，其他任何卦的六条爻辞中都有吉有凶，在六十四卦中只有谦卦六根爻都是吉的，就是因为它教人谦下、虚心。《易经·谦·彖传》有："谦亨，天道下济而光明，地道卑而上行。天道亏盈而益谦，地道变盈而流谦，鬼神害盈而福谦，人道恶盈而好谦。"古往今来，凡是仁人志士、高人、伟人都主张谦下、虚心，《尚书·大禹谟》说："满招损，谦受益。"白居易说："水能性淡为吾友，竹解心虚即我师。"王阳明说："谦虚其心，宏大其量。"曾国藩说："天地间惟谦谨是载福之道。"

第六十二章　世界上什么东西最珍贵？

　　道者万物之奥。善人之宝，不善人之所保。美言可以市尊，美行可以加人。人之不善，何弃之有？故立天子、置三公，虽有拱璧以先驷马，不如坐进此道。古之所以贵此道者何？不曰求以得，有罪以免邪？故为天下贵。

　　有一个流传很广的故事，美国一个大公司的电机发生了故障，万般无奈请了一位德国专家。琢磨了大约一个小时后，这位专家拿起粉笔在电机最不起眼的部位画了一道线说：把这里打开，故障在这里。老板付给了德国专家一万美元。众人都难以理解，只是用粉笔画了一道线竟然价值一万美元？德国专家解释说：我拿粉笔画这一道线价值一美元，可是我知道在哪里去画价值九千九百九十九美元。在这个故事里，德国专家画的那条线正是破除电机故障的门道所在，也就是说电机恢复正常的道之所在。天地之间最珍贵的是道。道为什么最珍贵呢？老子在《道德经》第六十二章给出了回答。

　　第一句："道者万物之奥。"道是万物深藏的地方。这个命题说明了道的功能、作用。"奥"是深藏的意思，引申为庇佑、庇荫。道是万物深藏之地，是万物的庇荫。河上公把"奥"解释为"藏"："道为万物之藏，无所不容也。"王弼把"奥"解释为"暖"："可得庇荫之辞。"可是东汉郑玄解释："奥，犹主也。天无主则荒。""主"就是主宰，也就是说，道是万物的主宰。我们来看一下马王堆帛书本，这一句是："道者万物之注。""注"有人解释为流注、注入，我认为"注"就是"主"的通假字，可见把"道者万物之奥"解释为道是万物的主宰，更符合原意。

再看后一句，道是："善人之宝，不善人之所保。"道是善人的法宝，也是不善人所应该保持的。什么是"善人"？什么是"不善人"？一般理解"善人"是善良的人，"不善人"是不善良的人。如果这么理解，后一句就解释不通了，不善良的人怎么保持道呢？或者说保持道怎么还是不善良的人呢？所以这一句的"善人"应该是指善于处世的人，"不善人"是指不善于处世的人。道是善于处世的人的法宝，也应该是不善于处世的人所应该保持的。虽然不善于处世，但只要他心中保持道，道总是能保佑他的。因为道是万物之主，这个"万物"当然包括了善人和不善人。

老子接着说："美言可以市尊，美行可以加人。""市尊"指取得别人的尊敬，"市"是动词，买、取的意思。"加人"指让人看重、受人器重，"加"是使动词，"让……重视"的意思。这句意思是，美好的言语可以换取别人的尊敬，美好的行为可以赢得别人的器重。什么是"美言"？《道德经》第八十一章说"信言不美，美言不信"，说明老子是反对"美言"的。而这一句"美言可以市尊"，说明老子是赞同"美言"的。这不是矛盾吗？其实不然，"美言不信"中的"美言"是指花言巧语。"美言可以市尊"中的"美言"则是指符合道的言语。同样后一句"美行可以加人"中的"美行"也是指符合道的行为。只有符合道的言语和行为才能受到别人的尊敬和重视。帛书甲乙本皆为"美言可以市，尊行可以贺人"。"尊行"就是遵循道而行，"贺人"，就是"贺于人"，被人祝贺。遵循道做事的人会受到人们的祝贺。

后面一句："人之不善，何弃之有？"这句话可以有两种理解。一种是不善的人，也不抛弃道，"何弃之有"的"之"指代道。第二种理解是不善的人，道也不会抛弃他，"何弃之有"的"之"指代"不善人"。我认为这两个意思都说得通，不善人只要不抛弃道，道就能保全他。因为不善人不离开道，并且越来越按道来做，那么就会逐渐变为善人。所以"不善"和"善"是相对的，道才

第六十二章 世界上什么东西最珍贵？　275

是绝对的。道能使善人"求以得",能使不善人"罪以免",因为一切都来源于道,一切都受道的支配,一切都要回归于道。道是慈悲的、普适的,是所有人的主宰。

老子接着说:"故立天子、置三公,虽有拱璧以先驷马,不如坐进此道。"所以天子即位、三公就职时,即使先奉上拱璧,后奉上驷马,也不如向他进献道。这说明了道的贵重。"立天子、置三公",是指天子即位和三公就职,"三公"指太师、太傅、太保,是周代设立的三个辅佐国君的大臣。天子即位、三公就职时,有一个隆重的仪式,先献上拱璧(圆形带孔的璧玉),然后进献驷马(四匹马驾的车)。这样珍贵的礼物都是有形的宝贝,但真正的宝贝是无形的道,所以老子说"不如坐进此道",不如进献上这个道。这就是开头所说的,道是"善人之宝"。因为是天子、三公即位,如果只是进献璧玉、驷马是不行的,应该告诉他们治理国家的大道。道才是进献给天子、大臣的最珍贵的礼物。老子希望天子、三公都能按道治国,这样天下所有的人、善人与不善人都会得到保全了。

最后老子发问:"古之所以贵此道者何?不曰求以得,有罪以免邪?故为天下贵。"古代之所以重视道的原因是什么呢?不正是说:有求就可以得到,有罪就可以免除吗?所以道被天下人所贵重。"不曰"马王堆帛书本是"不谓",意思一样,是反问,与这一句最后一个字"邪(耶)"呼应。"不曰求以得,有罪以免邪",不正是说有求就可以得道,有罪就可以免除吗?这句和前文的"善人之宝,不善人之所保""人之不善,何弃之有"相呼应。"求以得"是求什么?是求道。无论是善人还是不善人,只要去求道就能够得到保佑,即使是不善人,哪怕有罪也可以免除。所以道不会抛弃任何一个人。"故为天下贵",所以道才会被天下人所珍视,是全天下最珍贵的东西。

这一章开头说"道者万物之奥",道是万物的主宰,最后说"道为天下贵",道是天下最珍贵的宝贝。

第六十三章　为什么说做大事必须从小事做起？

　　为无为，事无事，味无味。大小多少，报怨以德。图难于其易，为大于其细。天下难事必作于易，天下大事必作于细。是以圣人终不为大，故能成其大。夫轻诺必寡信，多易必多难。是以圣人犹难之，故终无难矣。

　　据《三国志》裴松之注记载，刘备临终前在遗诏中对他的儿子刘禅说：他最初只是得了一点小小的痢疾，没太注意，后来发生了其他的病变，现在已无药可救了。他告诫儿子："勿以恶小而为之，勿以善小而不为。惟贤惟德，能服于人。"不要因为坏事很小就去做，也不要因为好事很小就不去做，以贤德处世才能让人信服。这是刘备的肺腑之言，也是刘备为人的总结。诸葛亮、关羽、张飞等人心甘情愿、鞠躬尽瘁地追随刘备，就是因为刘备的"玄德"让大家信服。刘备的"玄德"都是一点一滴从小事做起的，一点一滴的小事最终会成就天下大事。这一思想就出自《道德经》第六十三章。

　　郭店竹简本有这一章，有开头一句和结尾一句，文字内容和通行本相同，中间少了一大段，怀疑是当时抄写者把"大小多少"的"多"和"多易必多难"的"多"看成一个了，而导致少抄了五十一个字。马王堆帛书本缺字很多，从现存文字看和通行本基本相同。

　　开头一句："为无为，事无事，味无味。"头一个字都是动词，可以翻译为：做无为之为，做无事之事，品无味之味。也可以翻译为：以"无为"去作为，以"无事"去做事，以"无味"去品味。"为无为，事无事，味无味"指不是人为而是自然本然地去作为、做事、品味。"无为""无事""无味"指不是人为而是自然本然的行为、事情、味道。具体地说，"无为""无事"前面很多章节中都提到了。"无味"第三十五章提到过："淡乎其无味"，是指清淡的、自然的味道，而不是人为加入了味精、调料之后的味道。"味无味"就是品尝无味的东西，把无味当作最好的味道。俗语说"淡而无味"，不仅饮食上要淡而无味、清淡寡味，而且做人也要恬淡自然，不要追求多滋多味，要把恬淡的生活当作最有滋味的生活。这是老子的处世哲学，也是我们人生的最高境界。

接下来一句："大小多少，报怨以德。"其中"大小多少"，有多种解释。有人解释为"无论大小多少"，有人解释为"大起于小，多出于少"……我认为"大小多少"要和"报怨以德"结合起来看，我个人理解，这一句的意思是"以大为小，以多为少"，也就是把大化为小，把多化为少，然后"报怨以德"，用恩德回报怨恨，也就是把怨恨化为恩德。

关于怎样回报别人的怨恨，有三种主张：第一种是"以怨报怨"，这就是《圣经》主张的"以牙还牙，以眼还眼"；第二种是"以德报怨"，这是《道德经》提出的主张，就是用恩德来回报别人的怨恨；第三种就是《论语》中孔子提出的主张，就是"以直报怨"。这个"直"究竟是什么意思？每个人的理解都不一样，有人理解为直接，你要是与我有怨仇了，我就直接怼回去。这样理解跟孔子的思想就不符合了。"直"是什么意思？应该是正直、公平、坦荡的意思，就是用公平、正直、坦荡来回应怨恨。既不刻意报仇，也不一味忍让，而是用公平正义、光明磊落的态度来对待怨恨。老子总是站在反面思考问题，提出"以德报怨"的主张，胸怀更加博大，气量更加恢宏。我多次提过老子的德其实就是道的体现，所以"以德报怨"本质上就是"以道报怨"，因为道可以化解所有怨恨。结合前面的"大小多少"，都在讲化解，大可以化解为小，多可以化解为少，怨可以化解为德。

老子接着分析了"难"与"易"、"大"与"细（小）"的关系："图难于其易，为大于其细。天下难事必作于易，天下大事必作于细。"解决困难从容易入手，成就大业从细小起步。天下难事，一定从简易开始；天下大事，一定从细小开始。"图难于其易，为大于其细"的"于"是介词，从的意思。做困难的、重大的事情，要从它的反面，从容易的、细小的事情入手。"天下难事必作于易，天下大事必作于细"要注意这两个"必"字，古人说话不轻易说"必"，一旦说"必"就必然发生。天下的大事、难事，一定要（必须）从小事、易事做起，也就是说，任何事情都不可能一步登天，总是一个从小到大、从易到难的渐进过程，正如第六十四章所说："合抱之木，生于毫末；九层之台，起于累土；千里之行，始于足下。"可是大家发现没有？现在很多人太急于求成了，总想一夜暴富、一夜成为大网红。你可能会说，不是有那么多人突然暴富、爆火吗？可是你看，还有那么多爆雷的，还有那么多大网红过不了几天就消失得无影无踪了。所以凡是天下的大事、难事，总是从小事、易事一点一点做起的。从反面看，天下大事、难事，也都是毁于小事、易事，正如韩非子所说："千里之堤，溃于蚁穴。"老子这句话还隐含一个意思，那就是把易事当作难事来做，把小事当作大事来做，这样就没有什么困难的事了。以易为难、以小为大，就能化难为易、化大为小。

老子接着说："是以圣人终不为大，故能成其大。"这句有两种理解。一种是，因此圣人始终不自以为大，所以最终能成就他的伟大。另一种是，因此圣人始终不干所谓的大事，而是把大事化成小事，所以最终能干成大事。这是老子高明的辩证法。有很多人就想做大事，不屑于做小事，最后一事无成；有的人一件一件地做小事，按部就班，按照次序来做，最后干成了大事。所以老子要我们不要求大而要求小，不要求多而要求少。

老子告诫我们："夫轻诺必寡信，多易必多难。"凡是轻易许诺的人一定很少能守信，凡是看事情太容易的人一定会遇到很多困难。这里又是两个"必"字，我们一定要注意。这是经过千百年验证的人生至理名言。当今社会，也要警惕那些轻易许诺的人，因为这种人往往是不守信用的。我们自己也一定要注意，不要轻易答应别人，一旦答应就必须兑现。重诺者才重信。孔子也说过"言必信，行必果"。同时我们对待任何事情都不要掉以轻心，要把各种困难都设想到，这样才容易实现目标，而那些一开始把什么事情都想得很容易的人，一定会遇到很多困难。由于自己准备不足，一旦遇到困难，反而措手不及，结果无功而返。

最后老子总结："是以圣人犹难之，故终无难矣。"因此圣人总是把事情看得很困难，所以最终就没有困难。凡是把事情看得很容易的反而会变得很困难，凡是把事情看得很困难的反而会变得很容易！

第六十四章　事情萌芽之时是成败的关键？

　　其安易持，其未兆易谋；其脆易泮（pàn），其微易散。为之于未有，治之于未乱。合抱之木，生于毫末；九层之台，起于累土；千里之行，始于足下。
　　为者败之，执者失之。是以圣人无为故无败，无执故无失。民之从事，常于几成而败之。慎终如始，则无败事。是以圣人欲不欲，不贵难得之货；学不学，复众人之所过，以辅万物之自然而不敢为。

　　《黄帝内经·素问·四气调神大论》里面有一句名言："是故圣人不治已病治未病，不治已乱治未乱。"明智的人不会等到生了病才去治疗，而是在疾病发生之前就预防，不是等到动乱已经发生再去把控，而是在动乱发生之前就进行防备。"治未病"是《黄帝内经》治病的核心思想。这一思想来源于《易经》豫卦的预防观念，并直接受《道德经》第六十四章的影响。我讲《黄帝内经》的时候会说起老子《道德经》，现在讲老子《道德经》又经常提起《黄帝内经》，因为黄帝学说与老子学说原本一脉相承，从战国时期到秦汉时期，"黄老之学"颇为盛行，所以我认为《黄帝内经》很可能是黄老学派的专家整理而成的。
　　《道德经》这一章比较长，郭店楚简本有这一章，但出现在三个地方，也就是出现过三次。其中从开头"其安易持"到"千里之行，始于足下"出现一次，从"为者败之"到最后出现过两次。说明这一章论述了两个问题，前一部分论述"大生于小"的问题，后一部分论述"无为故无败"的问题。

先看开头两句："其安易持，其未兆易谋；其脆易泮，其微易散。"事物安稳的时候容易把握，事物没有迹象的时候容易谋划；事物脆弱的时候容易分解，事物细微的时候容易消散。四个"其"字指代事情、事物。"其安易持"的"持"是把持、掌控的意思，事情在安静稳定的时候，是容易掌控的。"其未兆易谋"的"未兆"指事情还没有征兆的时候，还没有苗头的时候，是容易谋求、解决的。"其脆易泮"的"泮"是分解的意思，事物还脆弱的时候，是容易分解的。"其微易散"，事物还细微的时候，是容易消散的。开头连用四个"易"字，表明抓住事物开始、微小这个时机的重要性。前两个"易"是从正面说的，说明抓住萌芽时机就容易成就大事；后两个"易"是从反面说的，说明不抓住萌芽之时事物就容易消散。西汉高士严遵解释："未疾之人，易为医也；未危之国，易为谋也；萌芽之患，易事也。"(《老子指归》)没有形成疾病的人容易治疗，没有出现危机的国家容易治理，刚刚萌芽的祸患容易解决。干任何事情都应该谋于始。起始为因，终了为果。大人重因，小人重果。菩萨畏因，凡夫畏果。要想成就大业这个"果"，必须重视为什么要成就大业这个"因"。任何事物在"因"的起始阶段，甚至于迹象还没有显露出来的时候，是最容易把握的。一旦失去这个良机，就困难了。

老子接着说："为之于未有，治之于未乱。""为"也是治理的意思，"于"是在的意思，"于"和后面宾语构成介宾词组，在古汉语中是放在后面的，"为之于未有，治之于未乱"就是"于未有为之，于未乱治之"，也就是在事物还没有发生的时候，就去处理它；在事情还没有混乱的时候，就去治理它。在事情处于"未有""未乱"的阶段，治理起来非常容易，等到事情发展到一定程度以后，再去处理就非常棘手了，有的甚至无能为力了。所以《黄帝内经》强调要"不治已病治未病"。

老子接着举了三个例子："合抱之木，生于毫末；九层之台，起于累土；千里之行，始于足下。"合抱的大树，是从小小的细芽开始生长的；九层的高台，是从一筐一筐的土堆积起来的；一千里的行程，是从脚下开始起步的。"合抱之木""九层之台""千里之行"是一个大的结果，"生于毫末""起于累土""始于足下"是一个小的起始。任何一个大的愿景都是从一个细微处开始的。这证明了上一章"天下难事必作于易，天下大事必作于细"的观点。细小萌芽的"毫末"，能长成参天大树；一块块土石能堆积成九层高台；脚下的步伐能迈到千里之外。可是一旦成就合抱之木、九层之台、千里之行，人们却往往忘记了当初的第一棵嫩芽、第一块土石、第一个脚步，这是危险的。所以老子要我们始终牢记起始的重要性、"因"的重要性，一定要"慎始"，还告诫我们一定要明白从无到有、从细微到宏大的事物发展之道。

这一章的第二部分开头是："为者败之，执者失之。是以圣人无为故无败，无执故无失。"强行作为必然失败，硬性把持必定损失。所以圣人无所作为就不会失败，无所把持就不会损失。这里的"为者"和"无为"、"执者"和"无执"是两种相反的做法，最后的结果也恰好相反。拼命去做事、拼命抓住不放，结果反而做不成事、抓不住东西。反之，不人为刻意去做事、不拼命抓东西，结果反而做成了大事、抓住了东西。老子又一次强调"无为""无执"的重要性，"无为故无败，无执故无失"，无为就不会失败，不执着就不会损失。

老子接着说："民之从事，常于几成而败之。慎终如始，则无败事。"人民做事，常常在快要成功的时候失败了。能在结束的时候还像开始那样谨慎，就不会失败。"几"就是几乎，"几成"就是几乎要成功、马上要成功。在快要成功的时候一下子就失败了，这种功亏一篑的事常有发生。怎么办？

老子给出了答案，四个字："慎终如始。"像开始那样谨慎地对待结束。也就是从始至终都谨慎小心，那就不会有失败。普通人做事情往往是开始的时候兴致勃勃，谨小慎微，慢慢就丧失兴趣，粗枝大叶，最后功败垂成。这一章的第一部分强调了"慎始"，这里强调了"慎终"，可见老子将开始和终了放在同等重要的位置，"慎终如始"，这是因为老子看到很多人办大事往往功亏一篑，其原因就是慎始不慎终。如果既慎始又慎终，就不会失败了。那么真正的慎始慎终是什么呢？老子告诉我们就是"无为""无执"，不要硬性去做，不要执着不放，自始至终要按照事物本来的样子、自然而然去做事。

老子最后说："是以圣人欲不欲，不贵难得之货；学不学，复众人之所过，以辅万物之自然而不敢为。"因此圣人想要的就是不要什么，不重视那些稀有的财物；想学的就是不学什么，改正众人的过错，用来辅助万物自然发展而不敢自己作为。"欲不欲""学不学"，第一个"欲"和"学"是动词，分别表示想得到、要学习。想要的和想学的恰恰是它们的反面，要的就是不要，学的就是不学。看起来别扭，其实就是要无欲、要无学。"欲不欲"河上公解释为"圣人欲人所不欲"。比如一般人想要文饰，圣人却要质朴；一般人求色，圣人求德。所以"不欲"就是不想要世俗的欲望，具体表现是"不贵难得之货"，不看重那些稀有的财物。"贵"是意动词，看得很珍贵。再看"学不学"，河上公解释为"圣人学人所不能学"。比如一般人学智诈，圣人学自然；一般人学治国的法术，圣人学治身的守真，所以"不学"就是不学习普通人所学习的知识和技艺，具体表现就是要"复众人之所过"，改正众人的错误。"复"本来是恢复的意思，在这里是改正的意思。"以辅万物之自然而不敢为"这一句特别重要，这是一个"圣人"（得道的统治者）的终极使命，就是要辅佐万物，让万物自然成长，而不敢违背万物自然本性和成长规律去胡乱作为。因为要让万物自然成长，绝不是靠所谓的知识、经验，更不是靠计谋、机巧。所以"无欲"才是"大欲"，"无学"才是"大学"啊。

第六十五章　老子说的"愚民"是什么意思？

> 古之善为道者，非以明民，将以愚之。民之难治，以其智多。故以智治国，国之贼。不以智治国，国之福。知此两者，亦稽式。常知稽式，是谓玄德。玄德深矣、远矣！与物反矣，然后乃至大顺。

我们都知道古希腊著名哲学家柏拉图，以他的名字命名的"柏拉图式爱情"更是为年轻人所熟知。可是大家可能不知道他还提出过"愚民政策"。他在《理想国》一书中，主张将知识信息进行封闭，在出版、传播、扩散方面，不公布于大众。他认为这样做有利于国民及城邦。他还提出"高贵的谎言"，君主通过虚构的故事或理念来教化人民，维护城邦的稳定和秩序。所以，他被人看成是在推行愚民政策。当然也有人不同意这种说法，认为这不是愚民政策。对于柏拉图是不是愚民政策倡导者，我们不做讨论。无独有偶，在我国，比柏拉图早一百多年的老子也被人称为愚民政策倡导者。老子真的倡导愚民政策吗？请看《道德经》第六十五章。

这一章的开头，老子说："古之善为道者，非以明民，将以愚之。"字面意思很简单，就是古代善于推行道的人，不是用来教人民聪明，而是用来教人民愚昧。这句话中的"明民"就是使人民明白、聪明，"明"是个使动词；"愚之"的"愚"也是个使动词，"之"指代人民，"愚之"就是愚民，使人民愚昧。这不是典型的愚民政策吗？从表面上看的确是这样，但我们要认真思考一下，老子是用什么来"愚民"？是用道来愚民，是要人民回归到纯朴、自然的状态。所以这个"愚"不是愚蠢的"愚"，而是大智若愚的"愚"，是一种纯朴、敦厚、没有机心、没有奸诈、不作不装的原始状态、本真状态。老子反对"明民"。"明民"表面上看是使人民聪明，实际上是使人民狡猾、奸诈。因为这个"明"已经离开了道，离开了纯朴自然的本性。河上公解释"明民"："不以道教民，明智巧诈也。"解释"愚民"："将以道德教民，使质朴不诈伪。"王弼也是这种观点："明，谓多智巧诈，蔽其朴也。愚，谓无知守真，顺自然也。"

老子处在春秋乱世之时，各诸侯国之间明争暗斗，统治者处心积虑，用尽心机，竞相伪饰，造成社会混乱，战火遍地，人民痛苦。有感于此，老子呼吁统治者停止战争，不要动用机心，不要打着"明民"的招牌，使民心涣散、变坏，要使人民返璞归真，安居乐业。

老子所说的"愚之"，是对统治者说的，实际上不仅是"愚民"，还包括"愚己"，第二十章就说过"我愚人之心也哉"，就是说统治者自己首先要有愚心，也就是纯朴、自然的心。因为一个社会的政治好坏，完全取决于一个统治者是一颗"愚心"还是一颗"明心"。如果统治者是真诚、质朴的"愚心"，那么以此心引导人民，人民就会回归真诚、质朴的本性；反之，统治者是一颗机巧、狡猾、欺诈、虚伪的"明心"，那么人民一定也会趋向于机巧、狡诈、虚伪。

老子说："民之难治，以其智多。"人民之所以难以治理，就是因为他们智慧太多了。注意这里的"智"就是前面说的"明"，是针对"愚"而言的。刚才说了"愚"是一种纯朴、敦厚、不作不装的本真状态，那么"智"就是一种机巧、欺诈、用尽心思、又作又装的假聪明。如果一个国家的统治者教人民都这么"明智"，等到人民"智多"了、机心重了，那么这个国家就尔虞我诈，一片混乱了，就难以治理了。

可见老子的"愚民"和世人所认为的"愚民"完全是两回事。世人所谓的"愚民"，是蒙蔽人民、封闭信息，不让人民获得知识、了解实情。这绝不是老子的意思。老子的"愚民"是要人民不要被知识偏见所束缚,是要人民回归到看上去混混沌沌实际上最纯朴、最本真的原始状态。

老子对不以"愚"治国,而"以智治国"表示强烈不满,他说:"故以智治国,国之贼。不以智治国,国之福。"所以用所谓的明智治理国家,是国家的祸害。不用明智治理国家,是国家的福气。老子是很少用过激词语的,可这里却用"贼"这个字来责骂"以智治国"者。"贼"这个字最早出现在西周金文中,是一个人持戈击贝,所以本义是破坏的意思,引申为叛国作乱、祸害百姓的人,这里就是祸害的意思。"以智治国"就是用机巧来治理国家,是国家的祸害;"不以智治国"就是不用机巧来治理国家,反而是国家的福气。因为用机巧来治国,会导致人民欺诈、虚伪、作假;不用机巧来治国,让人民都回归混沌、纯朴的状态,社会就安宁,人民就安心。当然统治者必须自己先这样去做,不要运用机巧,而是要用敦厚的品德,纯朴的心态去管理下面的人,下面的人就跟着纯朴了。

接着老子比较了"以愚治国"和"以智治国":"知此两者,亦稽式。常知稽式,是谓玄德。"知道了这两种治国方式的差别,就是遵循了治国法则。永远了解遵循法则,就是"玄德"。"稽式"一般解释为法则,是一个名词。这样一来"亦稽式"就没有动词了,不符合语法。其实"稽"字本身就是一个动词,是稽查、考核的意思,在这里可以理解为遵循、效法。"稽式"的"式"字意思是格式、标准、法则。"稽式"就是遵循法则,也就是遵循自然之道。用不用"智"的问题实际上是用不用道的问题,用"智"者就不是用道,不用"智"者就是用道,所以这两种不同的方式,实际上反映了是不是"稽式"——是不是遵循法则。根据是不是遵循法则,就可以区分什么样的统治者是"国之贼",什么样的统治者是"国之福"了。

"常知稽式,是谓玄德。"老子将这种掌握法则、能区分"国之贼"与"国之福"的特点叫作"玄德"。在第五十一章中,老子将"生而不有,为而不恃,长而不宰"的特点称为"玄德"。"玄德"就是玄妙纯朴的德性。"玄德",是最高的德，是道的体现。可见合道就是"玄德"。

最后老子总结说："玄德深矣、远矣！与物反矣，然后乃至大顺。""玄德"深奥啊、遥远啊，与万物一起反复，然后回归于自然。"与物反矣"的"反"就是"反者道之动"的"反"，有两个意思，一是相反，即与表面现象相反，比如统治者是"明民"，我就是"愚民"；二是返回，即返回到事物的自然纯朴的状态，返回到"大顺"。"大顺"意思是最大的和顺，那就是自然、纯朴的状态。"与物反矣，然后乃至大顺"这一句表达了老子追求的社会理想，也就是无论是统治者还是老百姓，都与万物一起回归道的纯朴，最后达到一种太和顺畅的自然状态，这就是原始共产主义的状态。

第六十六章　大海为什么能主宰所有河流？

江海所以能为百谷王者，以其善下之，故能为百谷王。是以圣人欲上民，必以言下之；欲先民，必以身后之。是以圣人处上而民不重，处前而民不害。是以天下乐推而不厌。以其不争，故天下莫能与之争。

记得有一次我讲《道德经》课程时，有一位国企的董事长对我说："我管理企业特别严格，有一套严格的制度，在制度面前人人平等，绝不含糊。我们公司流传一句话：防火防盗防某某。""某某"就是这个董事长的名字。我就问他，那你企业的员工觉得有压力吗？他说那当然，没有压力怎么完成业绩？我笑笑说，你这种领导方式是法家的方式，是必要的，但更高的领导方式是道家的方式。那就是《道德经》第六十六章所说的领导方式。

开头一句："江海所以能为百谷王者，以其善下之，故能为百谷王。"江海之所以能成为众多河流的主宰，是因为江海善于处在低下的地位，所以才能成为众多河流的主宰。"水"是老子最喜欢的事物，在老子看来"水"就是道的化身："上善若水。水善利万物而不争，处众人之所恶，故几于道。"（第八章）这里又用"江海""百谷"作比喻。"百谷"的"谷"原指两山之间的夹道水道，这里指河流。马王堆帛书本"谷"写作"浴"，第六章"谷神不死，是谓玄牝"的"谷神"马王堆帛书本也写成"浴神"。比帛书本更早的郭店楚简本有这一章，写的也是"百浴"："江海所以为百浴王，以其能为百浴下，是以能为百浴王。"这里的"王"有两种解释：一种就是大王、主宰，一种是流往、归往。其实两者不矛盾，江海是百谷的归宿之地，也是百谷的主宰，最根本的原因就是居下、谦卑。在第三十二章老子打了一个比喻："譬道之在天下，犹川谷之于江海。"

老子讲江海与百谷的目的是引出统治者应该怎样对待人民，引申出圣人（得道的统治者）治国治民的根本原则，所以老子说："是以圣人欲上民，必以言下之；欲先民，必以身后之。"因此圣人想要居于人民之上，一定要言语谦下；想要站在人民前面，一定要身居其后。老子用了两组反义词——"上"与"下"，"先"与"后"。"上民"的"上"是动词，处在人民的上面，意思就是统治人民，就一定要"以言下之"，"下"也是动词，居于下位，看上去只是用言语对人民表示谦下，实际上不仅是言语，还包括思想、行为等都要居下。"先民"的"先"是动词，表示站在人民的前头，也就是成为人民的领袖，就一定要"以身后之"，身居人民之后，"后"也是动词，居在后面。这里虽然只讲"身"，实际上也包含思想、行为。马王堆帛书本这两句和通行本文字相同，郭店楚简本这两句是："圣人之在民前也，以身后之；其在民上也，以言下之。"意思和通行本相同。

老子看到当时社会那些居上位、居前位的统治者，或高高在上，盛气凌人，给人民造成了极大的压力和负担；或事事争先，只要有利可图，就抢在前面，给人民造成极大的妨碍。所以老子提出统治者应该"下之""后之"。能否"下之""后之"是判断一个统治者是不是优秀、是不是受人民拥戴的标准。判断一个领导是否优秀的标准不是看这个领导的管理能力，而是要看这个领导对待下属的态度。

如果一个统治者能做到"下之""后之"，老子接着说："是以圣人处上而民不重，处前而民不害。是以天下乐推而不厌。"所以圣人居于上位但人民不觉得有压迫，居于前面但人民不觉得有妨碍。因此天下人都乐于拥戴他而不厌弃他。一般来说你处在别人的上面，别人会觉得你压着他；你走在别人的前面，别人会觉得你挡着他。可是，如果我们的统治者是圣人的话，也就是按道来做，尽管他处在上面，人民也不觉得是在压迫自己；尽管他处在前面，大家也不会觉得是在妨碍自己。为什么呢？因为他的态度是谦下的。河上公解释："圣人在民上为主，不以尊贵虐下，故民戴而不重。圣人在民前，不以光明蔽后，民亲之若父母，无有欲害之心也。"这样的领导当然"天下乐推而不厌"，人民乐于推荐、拥戴而不讨厌，根本原因就在于这个领导居下、居后。一个居下、居后的领导，一定会让下属感到轻松、快乐。这几句郭店楚简本写的是："其在民上也，民弗厚也；其在民前也，民弗害也。天下乐进而弗厌。"意思和通行本相同。

老子最后一句总结："以其不争，故天下莫能与之争。"郭店楚简本是："以其不争也，故天下莫能与之争。"帛书本是："不以其无争与，故天下莫能与争。"正因为他不争，所以天下没有人能和他相争。老子已经多次说过这样的话："夫唯不争，故天下莫能与之争。"（第二十二章）"夫唯不争，故无尤。"（第八章）"不争而善胜。"（第七十三章）可以说"不争"才是最大的"争"，不争者才是最大的赢家。河上公解释："言人皆争有为，无有与吾争无为。"世人都在争有所作为，却没有人和我争无为。实际上按照"无为"来做事就能无所不为，什么都能做成功。这就是越争就越没有，越不争就越有。

海纳百川，有容乃大。老子这一章给我们企业家的启示是什么呢？做企业，老板首先要居下、要退后，不要让你的员工觉得有压迫、有阻碍。然后胸怀要博大，要虚空，要认识到你创办了企业但最终企业并不是你自己的。你付出了那么多汗水和心血为什么还不是自己的呢？因为无论是企业的开创还是发展壮大，都不可能是一个人的功劳，而是大家共同努力的结果，所以需要承担社会责任，最终是社会的企业。老板不能据为己有，也无法据为己有。按照老子的观点，你越把它据为己有，它就越不会长久，就像一个人如果一天到晚都紧紧地捧着一个碗，这个碗迟早会被打掉摔碎。企业家做企业，固然是为了利润，但更重要的是实现所有员工的价值和人生幸福，这才是最根本的。要做到这一点，需要什么？需要你这个企业家有虚无的、宽大的、博大的胸怀，你越不据为己有，越不与员工争利，那么你企业的每个员工就越能发挥他们的主观能动性，发挥他们的潜力和积极性，你的企业就越能发达，你和你的员工也就越富有，越有幸福感。

第六十七章　人生有哪三件宝贝？

　　天下皆谓我道大，似不肖（xiào）。夫唯大，故似不肖。若肖，久矣其细也夫。我有三宝，持而保之：一曰慈，二曰俭，三曰不敢为天下先。慈故能勇；俭故能广；不敢为天下先，故能成器长。今舍慈且勇，舍俭且广，舍后且先，死矣！夫慈，以战则胜，以守则固。天将救之，以慈卫之。

　　一个人看见两条狗在打架，他把手伸过去劝架，结果他的手被咬得鲜血淋漓。这是不是慈悲呢？这不是慈悲，这叫愚痴。

　　一个人在寺庙里看到一只走失的梅花鹿，其他人都在给鹿喂草，他却用棍子把鹿打跑了。其他人不理解，问他为什么，他说，现在你们给它喂草，鹿就会觉得人对鹿都很好，下次鹿见着猎人也不跑了，就会被猎杀。这才是慈悲。

　　慈悲是有智慧的，佛家叫悲智双运。老子把"慈"作为人生第一法宝，老子的"慈"是有智有勇的大爱。这一章可以分两个部分，第一部分是说道的广大，第二部分是说"人生三宝"。

　　我们先看第一部分："天下皆谓我道大，似不肖。夫唯大，故似不肖。若肖，久矣其细也夫。"天下人都说我的道太大了，好像什么都不像。正因为它太大了，所以才似乎什么都不像。如果它像什么，那么它早就很渺小了。这是对道的描述，道是广大的，它大到没有边际，包容万物，其大无外，其小无内，好像什么都是又什么都不是，什么都像又什么都不像。"肖"是相像、相似的意思。

"若肖，久矣其细也夫。"如果它像一个什么东西，那么，它就有局限了，那就很渺小了，那就不是道了。"细"是小的意思，"也夫"是表示感叹的语气助词。道是无所不包的"象"，大象无形，象和形相比，象是大的，形是小的。任何有形状的东西都是"器"（即器具），都是有边界的，都是小的。所以不是道。道是没有边界的，是超越形体的，象也是超越形体的。《周易·系辞传》中有一句名言："形而上者谓之道，形而下者谓之器。"这里老子也说了，道是最大的，所以它不像任何一个东西，如果它像某一个东西，那还能涵盖一切吗？总之道是最高主宰，是无形的，所以是最大的。

这一章的第二部分重点讲了老子的三宝："我有三宝，持而保之：一曰慈，二曰俭，三曰不敢为天下先。"我有三件宝贝，我持有并保存着它们：第一是慈爱，第二是节俭，第三是不敢居于天下人前面。这三件宝贝是生存的法宝、生命的法宝，它教我们如何生存，不仅可以保命，也可以创造生命。"持而保之"的"保"是保存、拥有的意思。我们可能听说过这样的话："天有三宝，日月星；地有三宝，水火风；人有三宝，精气神。"这些都是在老子三宝之后的说法。老子崇尚"三"，《道德经》提出"三生万物"，"三知""三守""三复归"，这里又提出人生三宝。

第一件宝贝："一曰慈。"第一是慈。慈就是爱。其实古圣先贤都是讲爱的。老子讲慈爱，孔子讲仁爱，墨子讲兼爱，基督讲博爱，穆罕默德讲普爱。爱是一切宗教的第一要义。老子说的慈爱是一种什么爱？好比是一种母爱，慈母对孩子的爱。《韩非子·解老》说："爱子者慈于子，重生者慈于身，贵功者慈于事。慈母之于弱子也，务致其福。"爱护孩子的人对孩子充满慈爱，重视生命的人对身体充满爱惜，看重功业的人对事业充满珍惜。慈母对幼小的孩子，全身心地致力于给他幸福。如果把老子的爱和孔子的爱做一比较，那么老子的爱是慈爱是母爱，是像水一样的爱；孔子的爱是仁爱是父爱，是像山一样的爱。父爱和母爱都是伟大的爱，母爱可能更伟大。比如说母亲生孩子时难产了，医生问保大人还是保孩子，通常父亲的回答是保大人，而母亲往往会回答保孩子。

你看母亲的爱、女性的爱多么伟大！母爱能够做到三个百分之百：百分之百的奉献，百分之百的牺牲，百分之百的责任。这就叫慈爱。即使是对待"不善人"甚至怨恨自己的人也同样慈爱，所以老子说要"以德报怨"。而孔子的仁爱是一种有等级的爱，有先后的爱：先孝敬自己的父母，慈爱自己的孩子，再孝敬别人的父母，慈爱别人的孩子。孔子的父爱是严父之爱，偏于严厉、理性，是"以直报怨"。

那么老子的慈爱与释迦牟尼的慈悲有什么异同呢？我认为两者非常接近。释迦牟尼讲的慈悲，是"与乐为慈，拔苦为悲"，给予众生安乐叫作"慈"，解除众生痛苦叫作"悲"。老子的"慈"就是给予众生的大爱，是无分别的爱，无私的爱，他说过"何弃之有"，不舍弃任何事物，不舍弃任何人（包括善人与不善人），这不是大爱吗？

再看第二件宝贝："二曰俭。"第二是节俭。为什么要节俭？这反映了老子珍惜万物的悲悯心怀。万物都是平等的，都应该爱护、应该爱惜，不要浪费它，不要糟蹋它。这也就是第五十九章说的"啬"。诸葛亮《诫子书》有句名言："静以修身，俭以养德。"安静可以修养身心，节俭可以培养品德。曾国藩十六字家训说："家俭则兴，人勤则健；能勤能俭，永不贫贱。"节俭和勤奋是家庭兴旺、个人健康的两大根本。

第三件宝贝："三曰不敢为天下先。""不敢为天下先"用一个字来说，那就是"后"，就是居于天下人的后面。这是老子不争、无为思想的体现。老子告知统治者不要与百姓争利益，也是告诉我们普通人不要与别人争荣誉、争名利。这里老子用了"不敢"这个词，意味深长。那是告诫我们越是处处争先，就越不可能成为天下先；越不争先，反而越能成为天下先。这就叫作以后为先、以退为进、以柔克刚，这是一种大智慧。

那么这"三宝"能给人带来什么样的好处呢？老子给出了回答："慈故能勇；俭故能广；不敢为天下先，故能成器长。"因为慈爱，所以能够勇敢；因为节俭，所以能够富裕；因为不敢居于天下人前面，所以能够成为众人的领袖。

为什么"慈故能勇"？一般人以为有了慈爱心之后，往往就比较懦弱，不严厉、不勇敢、不雷厉风行，其实错了，正因为慈爱，所以是最勇敢的。因为慈爱是一心为别人着想，是最无私的、无欲的，所以就无所畏惧，"壁立千仞，无欲则刚"。就像母亲在孩子危难的时刻，她会奋不顾身，哪怕献出自己的生命也毫不犹豫。她会爆发出一种惊人的、无与伦比的、勇敢的力量。

为什么"俭故能广"？中国有句老话"富不过三代"，那是因为没有经过创业艰辛的儿孙们，不懂得节俭对维持与扩大家业的重要性，铺张浪费，挥霍无度，奢靡浮华，结果导致家道败落。而那些懂得财产来之不易的人，勤俭节约，不挥霍，不浪费，结果慢慢积累了财富，财富越积越多，家业越来越广大。

为什么"不敢为天下先，故能成器长"？因为统治者不与百姓争利益，就能得到老百姓的拥戴，老百姓推举他成为领袖。"器"就是器物，这里指众人、老百姓。"长"就是首长、领袖。不敢为天下先，不是消极退缩，而是一种谦逊的精神。

那么不按照三宝来做会有什么结果呢？老子说："今舍慈且勇，舍俭且广，舍后且先，死矣！""今"不是"今天"的意思，而是"如果"的意思。如果舍弃慈爱而求勇敢，舍弃节俭而求富裕，舍弃居后而求争先，结果只有死亡！

最后老子重点强调了三宝之首的慈："夫慈，以战则胜，以守则固。天将救之，以慈卫之。"慈爱，用它征战就能胜利，用它防守就能坚固。上天要救助一个人，就用慈爱去护卫他。可见慈是一个人最大的法宝，有了慈就能战无不胜、攻无不克、防而不危。所以说慈是上天救助一个人、保护一个人的最重要的宝贝。

第六十八章　为什么说好的将帅并不崇尚武力？

　　善为士者不武，善战者不怒，善胜敌者不与，善用人者为之下。是谓不争之德，是谓用人之力，是谓配天，古之极。

　　大家都听说过"呆若木鸡"这个成语，意思是呆得像木头雕成的鸡一样，形容一个人呆呆傻傻或者是发愣的样子。其实这四个字原本形容的是达到一种超凡脱俗的境界。这是《庄子》里讲的一个寓言故事。周宣王有一个爱好，就是看斗鸡取乐。他发现再怎么勇猛善斗的鸡都没有常胜不败的，因而心里总是不满足。后来周宣王听说齐国有个叫纪渻子的人，很会训练斗鸡，就派人把纪渻子请到镐京（西周都城），要他尽快训练出一只常胜不败的斗鸡来。纪渻子说："我可以答应您，但有一个要求，不许有人来打搅我。"周宣王同意了。终于过了四十天，纪渻子主动对周宣王说："差不多了，现在这只鸡听到其他鸡的叫声，已经毫无反应，看上去就像木鸡一样。这只斗鸡已经天下无敌了。"果然其他斗鸡见了它，没有一只敢来交锋，全都望风而逃。这个寓言故事记载在《庄子·达生》里。为什么勇猛善战的斗鸡总会有失败，而呆若木鸡却能做到常胜不败呢？这个答案就在老子《道德经》第六十八章中。

　　这一章讲四种"善者"："善为士者""善战者""善胜敌者""善用人者"。

　　先看第一种"善者"："善为士者不武。"善于做将帅的人是不崇尚武力的。"士"本指武士，这里是指将帅。"武"用在"不"的后面，是动词，指用武力。我们东方思维从来不崇尚武力。我们看一下"武"这个字，甲骨文字形是上面一个人拿着戈，下面是一个"止"字，"止"是脚趾，意思是一个人拿着戈在行进，表示要动武。可是"止"还有一个意思是停止，所以"武"这个字是要停止动武。春秋时期楚庄王就说："夫武，定功戢（jí）兵。""武"就是要收起兵器，停止战争。《说文解字》解释为"止戈为武"。

第二种"善者"："善战者不怒。"善于作战的人是不发怒的。其实愤怒的背后是恐惧、是慌张，恐惧、慌张带来的结果一定是失败。我们都知道一个成语叫"不怒自威"，形容一个人虽然并未动怒，但他的气势已经让人信服、敬畏。

第三种"善者"："善胜敌者不与。"什么是"不与"？河上公和王弼的解释是"不与敌争""不与争"，本义是不争，这里是指不正面冲突。善于克敌制胜的人是不直接交战、不正面冲突的。

第四种"善者"："善用人者为之下。"善于用人的人总是态度谦下。"为之下"就是处在别人的下面，以谦卑态度待人。

在一般人看来，善于做将帅的人，肯定是勇武逞强的；善于作战的人，肯定是强悍的、经常发怒的；善于克敌制胜的人，肯定是身先士卒、直接交战、善于决斗的；善于用人的人，肯定是居高临下、颐指气使的。可是老子说的这四种人跟我们一般人的看法恰恰相反，不是"四要"，而是"四不"："不武""不怒""不与""为之下"（不上）。

老子对四种"善者"做了归纳："是谓不争之德，是谓用人之力，是谓配天，古之极。"这叫作不争的品德，这叫作利用别人的力量，这叫作符合天道，这是古来就有的最高准则。老子把"不武""不怒""不与""为之下"（不上）的善者归纳为"不争之德""用人之力""配天""古之极"四种评价。第一是"不争之德"，这好理解，前面已经反复解释过，天不与万物争，水不与万物争，道不与万物争，所以不争是道的品德。不崇尚武力、不发怒、不正面冲突、不高高在上，正是不争的体现。第二是"用人之力"，这是第一次提出，利用别人的力量，这叫借力打力。太极拳为什么厉害？就在于借力打力，以柔克刚，四两拨千斤。太极拳高手的发力,完全是借对方的力,而不是靠自己的力,这是最厉害的!一个高明的领导,做到"四不",实际上恰恰是激发了部下、员工的积极性。他们所有力量都使出来了,事情往往就容易办成功,这不等于是把个人力量发挥到极致了吗?第三是"配天",字面意思是配合天,其实就是顺应天、符合天道。河上公解释:"德配天也。""四善之人"的四种做法,完全符合天道,因为天道"不武""不怒""不与""为之下"(不上),但它却无所不能,无所不为。所以人要向天学习。第四是"古之极","极"本义是房屋最高的正梁,引申为顶端,最高点,这里指最高准则。"古之极"就是自古以来的最高准则。也就是说,"四善之人"的做法正是自古以来为人处世的最高准则。

我们来分析一下"四善之人"的四种做法。先看"不武""不怒",不崇尚武力,不动怒不逞强,其实无论是道家还是儒家、兵家,都反对动用武力,反对逞强争霸。当今世界,有一个超级大国,每年在军费上的投入占全球军费的40%以上,它的军事实力在全球处于领先地位,它总是四处逞强,用蛮横的武力干涉别国,目的是想永远称霸世界,用实力塑造以它为核心的世界格局。那么这种靠实力、靠武力称王称霸的思维行得通吗?显然是行不通的。虽然它现在还在称霸,但正在遭到越来越多国家的反对,这个大国所谓的实力也正在削弱。而我国的外交政策秉承老子"不武""不怒"的传统,坚决反对单边主义、保护主义、霸权主义、强权政治,已经受到越来越多国家的拥护。

再看"不与""不上",要想克敌制胜,不是要直接和别人正面冲突,不是要发生战争。《孙子兵法》也说:"不战而屈人之兵,善之善者也。"不通过交战就降服敌人,才是最高明的。"上兵伐谋,其次伐交,其次伐兵,其下攻城。攻城之法为不得已。"上等的军事行动是用谋略战胜敌人,其次是用外交战胜敌人,再次是用武力打败敌军,最下之策是攻打敌人的城池。攻城的方法,是没有办法的办法。

老子提出的这"四不":"不武""不怒""不与""为之下"(不上)是对将帅说的,表明了老子的战争观、将帅观,应该成为现代的领导观,成为现代领导者的四条法则。对现代领导者来说,"不武"就是不要用权势来压制别人,不要采用过度的处罚手段来管理下属,要以文化人、以德服人;"不怒"就是对待下属不要轻易发怒,要心平气和,工作方法不要粗暴,要有耐心、要沉稳;"不与"就是不要事必躬亲,不要什么事都参与,什么事都要插一手,要信任、要放手;"为之下"(不上)就是不要高高在上,对待下属要谦卑居下。

我曾说过曾国藩的故事,曾国藩带兵打仗,一开始军令严明,谁要违法,就就地正法,所以得了个外号叫"曾剃头",可以说没有按照"善为士者不武,善战者不怒"来做。湘军虽然被他治得服服帖帖,但还是总打败仗,屡战屡败。曾国藩把它倒过来"屡败屡战",但没用,还是老打败仗。后来他得到一本宋版《道德经》,反复研读,思想一下子就转变了。老子说"善用人者为之下",于是他放下架子,求得了左宗棠等人的支持,从此之后,曾国藩胜多败少。但有一个蹊跷之处,只要曾国藩亲自到现场督战,那这一仗就会失败。湘军和太平军最后一仗,是他弟弟曾国荃带兵攻打南京(天京),曾国荃请大哥亲自督战,曾国藩没有说破这个尴尬,只是微微一笑说:"我在后方等待你胜利的消息。"这或许就是"善胜敌者不与"吧。

第六十九章　为什么采用守势反而能取得胜利？

用兵有言："吾不敢为主而为客，不敢进寸而退尺。"是谓行无行，攘无臂，扔无敌，执无兵。祸莫大于轻敌，轻敌几丧吾宝。故抗兵相若，哀者胜矣。

看过《三国演义》的人都知道诸葛亮的"空城计"，诸葛亮因错用马谡而失掉街亭以后，司马懿乘势率领十五万大军向西城蜂拥而来。当时城里只有两千多老弱病残的士兵，诸葛亮让几个士兵扮作老百姓打开城门假装打扫，他自己坐在城头上燃香弹琴，吓退了司马懿前来攻城的十五万兵马。在冷兵器时代，两军对垒，双方都要摆出阵形，比如长蛇阵、雁行阵、鹤翼阵、八卦阵等，那么哪一种阵形最厉害呢？请看《道德经》第六十九章。

这一章老子提出了用兵打仗的战术原则，在军事上具有重要意义。开头老子说："用兵有言：'吾不敢为主而为客，不敢进寸而退尺'。"用兵作战有一句话，我不敢采用攻势而采用守势，不敢前进一寸而要后退一尺。"用兵有言"是不是指老子引用《孙子兵法》或者哪一部兵书呢？不是。这其实是老子自己的话。再说老子比孙子岁数要大，《老子》成书比《孙子兵法》要早，不可能引用《孙子兵法》，反倒是《孙子兵法》受到《老子》的影响，引用了《老子》的思想甚至文字。老子说"不敢为主而为客"，这句中的"主"和"客"是什么意思？"主"是指主攻，攻势；"客"是指防守，守势。用兵作战的双方分为"我"和"敌"，按攻与守分为"主"和"客"。"主"就是主动的一方，也就是进攻的一方；"客"就是被动的一方，也就是防守的一方。再看"不敢进寸而退尺"中的"寸"和"尺"是什么意思？"寸"和"尺"都是长度单位。"寸"最早的字形是一个"又"字下面加一横，"又"像手的形状，一横指示手腕上寸口的位置。《说文解字》的解释是，人手腕下到动脉这段距离，中医上叫"寸口"。一寸就是一根手指的宽度，十寸就是一尺。中国周制中的长度单位寸、尺、咫、丈、仞、寻、常都是以人体为标准来作为长度单位的。"布指知寸"，一根手指的宽度就是一寸；"布手知尺"，张开手的大拇指和中指大约为五寸，量两次就是一尺。"不敢进寸而退尺"就是打仗的时候不敢前进一寸宁要后退一尺。

老子主张"不敢为主""不敢进寸"，而要"为客"、要"退尺"，要以退取胜、以守取胜，这和前面两章的观点是完全一致的。这三章集中论述用兵作战的问题，表现了老子强烈的反战思想。一般来说，进攻比防守的耗散更大。更重要的是进攻是一种侵略行为，是好战的表现，防守是迫不得已，是自卫行为。老子反对进攻，反对冒进，主张后退。虽然"不敢为主而为客，不敢进寸而退尺"是对打仗说的，但实际上对我们做人做事都有重要的教育意义。做人做事要勇于退让，不与人争利、争权、争好处，往往会受人尊敬，办成大事，这就叫"退一步海阔天空，让三分风平浪静"。老子将"不敢为天下先"，列为三大法宝之一。我们都知道有两个成语，一个叫"反客为主"，一个叫"得寸进尺"。"反客为主"比喻通过某种手段，把被动变为主动，把次要变为主要。"得寸进尺"意思是得到一寸还想再进一尺，比喻贪心不足，欲望越来越大。其实老子要我们"反主为客""得寸退尺"，也就是要把进攻变为防守，要多后退少前进。"反者道之动"，这种反向的做法恰恰是符合天道规律的。

接着老子对"不敢为主而为客，不敢进寸而退尺"做了解释："是谓行无行，攘无臂，扔无敌，执无兵。"摆出没有阵势的阵势，挥动没有胳膊的胳膊，迎击没有敌人的敌人，拿着没有兵器的兵器。"行无行，攘无臂，扔无敌，执无兵"打头的字"行""攘""扔""执"都是动词，后面"无行""无臂""无敌""无兵"都是名词性词组，句式结构与第六十三章"为无为，事无事，味无味"相同。"行无行"头一个"行"是排列阵势的意思，后一个"行"是阵势的意思。摆出阵势像没有阵势一样。古代两军作战，面对敌方要摆出阵法，最高明的阵法是没有阵法，让敌人不知道你用什么阵法。"攘无臂"中的"攘"是举起、挥动的意思，挥动没有胳膊的胳膊，意思是挥动胳膊像没有胳膊一样，这种无形的胳膊，敌人是没法抵挡的。"扔无敌"的"扔"是迎面抗击，迎击敌人像没有敌人一样，也就是所向无敌。"执无兵"的"执"是拿着、持有，"兵"是兵器，拿着没有兵器的兵器，意思是手拿兵器像没拿兵器一样，虽然有兵器却像没有兵器，就是拿着无形的兵器，是最厉害的。

这四句的总体意思是不要拘泥于形式，不要受到有形东西的限制，最高明的阵势在于无阵势，最有力的攻击不需要挥动手臂，最有杀伤力的迎敌是所向无敌，最厉害的武器是无形的武器。深层意思是，真正的高人用兵打仗，绝不是决战沙场，两兵相向，刀枪相加。这表达的仍然是"善战者不与""不战而屈人之兵"的思想。真正的高明者是法无定法、形无定形。正如四川新都宝光寺的一副名联所说："世外人法无定法，然后知非法法也；天下事了犹未了，何妨以不了了之。"

老子接着说："祸莫大于轻敌，轻敌几丧吾宝。"最大的灾祸莫过于轻视敌人，轻视敌人将会丧失自己的法宝。轻敌包括轻易出兵、草率布阵、不备足粮草等，轻敌实际上是好战的表现。不把人民的安危、国家的利益放在重要的位置，动不动就出兵动武给对方以及自己的人民造成灾祸。或者在战争中轻视敌方、低估对方兵力，不拿对方人的生命当一回事，企图攻城略地，结果以失败而告终，给自己和对方的人民造成灾祸。"几丧吾宝"的"几"是即将的意思，"吾宝"就是第六十七章说的我持有的三件宝贝："一曰慈，二曰俭，三曰不敢为天下先。""轻敌"的做法就是不慈、不俭、不后，违背了人生三宝。如果慈悲就不会轻易出兵，不会轻视敌人，也不会草菅人命；如果节俭就不会轻率动用兵力，浪费粮草；如果不敢为天下先就不会首先挑起事端，发动战争。

最后老子说："故抗兵相若，哀者胜矣。"所以两军相对、力量相当时，悲痛的一方可以获胜。"相若"就是相当、相似，"哀者"就是悲哀、悲愤的一方。"哀者胜矣"后来形成一个成语叫"哀兵必胜"，是指受压迫而悲愤的一方，有必死的决心，必然奋起反抗，所以一定能胜利。"哀"还可以解释为"慈"，是老子三宝的第一宝。老子说"慈故能勇"，"夫慈，以战则胜，以守则固"。具有"慈爱"的一方必定胜利，因为"慈爱"就不会"轻敌"，就不会掠夺、侵略别国，更不会随意杀戮人民，他之所以出兵完全是不得已，是为了保卫自己的国家、保护自己的人民，所以是正义的，因而就会胜利。

第七十章　为什么越好懂的东西越不被人理解？

> **吾言甚易知，甚易行。天下莫能知，莫能行。言有宗，事有君。夫唯无知，是以不我知。知我者希，则我者贵。是以圣人被（pī）褐（hè）怀玉。**

屈原曾经仰天长叹"举世皆浊我独清，众人皆醉我独醒"，天下都浑浊只有我清澈，世人都迷醉唯独我清醒。屈原怀有卓越的政治智慧和远见，却得不到大家的理解，又惨遭政敌的陷害与诽谤，最后自沉于汨罗江以身殉国。屈原曾经写了长篇抒情诗《离骚》，以近两千五百字，述说了自己的身世、遭遇和志向，表达了对祖国和人民满腔的热爱，展现了自己清新脱俗、芳香高洁的人格，流露出对众人无知、君主昏聩的失望之情。屈原的遭遇和早于他二百多年的老子有相似之处，他们的思想都不被世人所理解，不过老子用平和的语气，仅用了近五十个字就把自己的境遇和情感表达清楚了。

老子说："吾言甚易知，甚易行。天下莫能知，莫能行。"我的言论很容易明白，很容易去实现，但天下却没有人能知晓、没有人能实行。通过"吾"和"天下人"的对比，老子一是表达了对自己说的道的认识，二是表达了对天下人不明白道的失望。为什么老子说的道容易明白、容易实行？因为老子说的道并不是深奥的知识，而是朴实的真理，是事物的本来面貌，并没有脱离生活，而是融入日常生活，是日常生活自然真实的状态。老子说的言论都是有根据的，他说出了人的本性、事物的本质。所以他的言论是朴素的、自然的，没有用什么华丽的、难懂的语言。因为万物的本质本来就是质朴的、自然而然的、纯净的，人的本性也是纯净的、质朴的，所以描述道的语言也没必要修饰，也应该质朴。万物的本质、人的本性正是万物和人的起源，也正是万物和人的归宿。无论是做君主还是做百姓，都是从道中来，往道中去的。所以每一个人，无论是统治一个国家还是管理一个家庭，都要按照道来做，要谦和、柔弱、慈爱、节俭、虚静、不争。你们看老子说得多浅显、多清楚，按照这种言论去做多么容易。

可是"天下莫能知，莫能行"，"莫"是没有人的意思，天下却没有人能够知晓，没有人能够去实行。《周易·系辞传》中有一句话："仁者见之谓之仁，知者见之谓之知。百姓日用而不知，故君子之道鲜矣。"仁者看见道便称道是仁，智者看见道便称道是智。老百姓每天都在用道却不知，所以君子之道已很少了。"鲜"是少的意思。这个"君子之道"其实就是君子应用的大易之道、阴阳之道，这个道就是老子说的道。天下都没有人知道，当然就不会有人去实践了。为什么天下没有人知道呢？是不是道太高深了呢？不是！恰好相反，是因为道太普通、太简单、太容易了。道就在日常生活中，就在自己的身体上，所以人们就不去关注、不去探究、不去思考、不去珍惜，更不会按照道来做。

老子接着说："言有宗，事有君。"言论有宗旨，做事有根据。这是老子对自己说的言论负责。"宗"这个字甲骨文就有了，原本表示祭祀祖先的房屋，引申出了祖先、祖宗的意义，这里表示根源、主旨。"君"原指君主、主宰，这里指法则、根据。王弼解释："宗，万物之宗也。君，万物之主也。"无论说话还是做事都必须要有根据，不能信口开河、满嘴跑火车，也不能为所欲为，不遵循法则胡作非为。老子这是告诉大家自己说的道是有根据的，是真实不虚的，既不是随便编出来的，也不是很难做到的。

那为什么天下人不知道呢？老子说："夫唯无知，是以不我知。"正因为无知，所以不能了解我。"不我知"，即"不知我"，不了解我，这是古汉语的常用句式，就是在否定句中，代词宾语要放在动词谓语的前面。日语就保留了这种句式，在日语中任何句子都是宾语放在谓语的前面，比如"我吃饭"，日语要说成"我饭吃"。老子说天下人的无知，就是因为"不我知"，不知道我，这里说的"我"不是指老子这个人，而是指老子说的道。由于天下人不知道老子所说的道是有宗旨、有依据的，所以就不知道老子所说的道究竟是什么东西。人们忘记道、离开道已经很久很久了，对原本很简单、很容易的道太陌生了。人们在现实生活中受到名声、荣誉、财富等后天因素的影响，逐渐有了价值判断、伦理判断，有了道德观念，这个后天的"道德"已经不是老子说的先天的"道"和"德"了。作为万物自然本质规律的道以及作为人的本性、禀赋的德已经被欲望、利益、金钱所掩盖所代替。

正因为这样，所以"知我者希，则我者贵"，了解我的人很少，效仿我的人难遇。"希"就是少；"则"是动词，是取法、效仿的意思。能够了解我说的道的人是很少的，能够效仿我去行道的人就更难能可贵了。

最后老子说："是以圣人被褐怀玉。""被"通"披"。"褐"就是粗衣，粗布做成的衣服。这句话意思是：因此，圣人外面穿着粗衣，怀里揣着美玉。外面的粗衣和怀里的美玉构成鲜明对比。这里的粗衣和美玉都是比喻，粗衣比喻普通的外表，美玉比喻道。后来"被褐怀玉"成为一个成语，比喻虽出身贫寒，但有真才实学。"圣人"是得道的君主，老子说圣人总是穿着粗布衣而怀里揣着道这块美玉，究竟有什么含义？我认为第一层含义是指圣人外表总是普普通通，但内在已经知晓了道、掌握了道，内心是纯洁的、干净的；反过来说得道的圣人虽有超人智慧、高洁品德，但外表却是普普通通的，并不显得和众人有什么不同。第二层意思，是指圣人得道身怀宝玉而无人理解，反而被人们看作是"被褐"的粗人。老子提出的道以及治国思想在当时那个时代，不被人们理解和采纳，人们不懂道、远离道已经很久了，老子感到自己的政治抱负难以施展，颇有怀才不遇、曲高和寡的苦闷，又为统治者和芸芸众生感到悲凉，感到痛心。我们有必要反思一下，我们所处的这个时代，不懂道、不用道这一点比老子那个时代有过之而无不及，我们应该好好品味老子的话。道是一块最珍贵的美玉，有了这块美玉，虽然生活简单甚至艰苦，但我们的内心一定安宁而幸福。

第七十一章　一个人怎样才能不得病？

知不知，尚矣。不知知，病也。圣人不病，以其病病。夫唯病病，是以不病。

《黄帝内经·素问·四气调神大论》中有一句名言："圣人不治已病治未病，不治已乱治未乱。"《黄帝内经》讲的"圣人"是指懂得道的高明医生，他们不等病已经发生再去治疗，而是在疾病发生之前就治疗，如同不等到乱事已经发生再去治理，而是在它发生之前就治理好了。《四气调神大论》接着说："夫病已成而后药之，乱已成而后治之，譬犹渴而穿井，斗而铸锥，不亦晚乎？"如果疾病已经形成再去治疗，乱事已经形成再去治理，那就好比口渴了再去打井，战乱发生了再去制造兵器，那不是太晚了吗？这一"治未病"的思想其实源于老子《道德经》第七十一章。

这一章讲"知"与"不知"、"病"与"不病"的辩证关系，充满了哲理。开头两句："知不知，尚矣。不知知，病也。""知不知，尚矣"的"尚"就是"上"，是上等、高明的意思。"知不知"是什么意思？很多人解释为"知道自己不知道的"，和后面的"尚矣"连起来，那就是：知道了自己不知道的，是高明的。如果这样理解就不符合常识了，因为人生的过程就是不断了解未知的过程，所以无所谓高明不高明。结合后文可见，老子的意思其实是：知道却自以为不知道，也就是明明知道却不以为知道，这才是最高明的。这正是得道的"圣人"的写照。"圣人"是真正的知晓万物但却表现为"无知"的人。要注意"知不知"

与前面几章中出现的"为无为，事无事，味无味""行无行""欲不欲""学不学"，看起来用词形式一样，其实句式是不同的，后面这些句式都是动宾句式，头一个字都是动词谓语，后两个字是名词宾语；而"知不知"却是并列句式，相当于"知而不知"，第一个"知"是动词，后面"不知"也是动词词组。所以"知不知"是知道了但却自以为不知道。

　　为什么说"知不知"，即知道了却自以为不知道，是一种高明的境界？河上公说："知道言不知，是乃德之上。"意思是懂得道却说不懂得，这是高尚的品德。其实不仅是言语上说不懂得，而且内心里也觉得自己一无所知，这才是最高明的。人一定要放空自己，要有空杯心理，不要觉得自己懂得道就了不起，因为真正懂得道的人根本不会觉得自己是搞懂的，而是自然而然，本来就是这样的。道不是一种知识体系，也就不需要刻意去知或者不知。所以真正知道的人并不自以为知道。晚于老子一百年的古希腊哲学家苏格拉底也说过类似的话，他说："我知道我不知道。"这句话原意是"我只知道一件事情，就是我一无所知"，或"我知道我什么都不知道"。所以苏格拉底是最智慧的人。看上去"苏格拉底无知"和"苏格拉底智慧"是矛盾的，其实并不矛盾。苏格拉底的"无知"是一种谦虚，一种智慧，也是一种自卑。他意识到一个人真正知道的东西太少了，只有神才真正知道。与神比较，人什么都不知道，神什么都知道。苏格拉底和老子相比，虽然都肯定自己是无知的，但苏格拉底把真知交给了神，而老子把真知交给自己，自己是可以真正洞察事物真相、现象本质的。老子的"知"是一种"无知之知"，是"知而不知"。

　　与"知不知，尚矣"相反，老子说："不知知，病也。""不知知"和"知不知"意思相对，相当于"不知而知"，不知道却自以为知道，就有毛病了。明明不知道却自以为知道，不懂装懂，不会装会，这种人当然就有"病"了。"病"是指不正常，有缺陷。老子这里讲的"不知知"是针对道而言的，那些并不懂道却假装懂道的人，是有病的。河上公说："不知道言知，是乃德之病。"不懂得道却说懂得，这是品德上有毛病了。现代社会这种"不懂装懂"的人大有人在，其中一部分是有意的"不懂装懂"，而大部分则是无意的"不懂装懂"，前者是浅薄，后者是蒙昧。所谓无意的"不懂装懂"，是指根本就不懂却没有意识到，自己还觉得什么都懂，这是多么可悲，多么反常。

孔子在这个问题上也有明确的态度。《论语·为政》记载，有一天孔子对自己的学生子路说："由，诲汝知之乎！知之为知之，不知为不知，是知也。"子路啊！我要告诉你：知道就是知道，不知道就是不知道，这才是真正的智慧。孔子对子路说这句话的时候语气是非常严肃的！老子这句"不知知，病也"用了"病"这个词，说明对不懂装懂的人是非常反感的，对这种现象是非常痛心的。相比较而言，孔子说的"知"与"不知"是对所有事物而言，老子说的"知"与"不知"是对道而言，也就是对事物的本质以及事物的根源、规律而言。孔子偏于讲现象，老子偏于讲本质。所以像老子讲的"不知知"的人就要多得多，因为真正懂道的人毕竟是少数，但没有关系，只要承认自己的"不知""无知"，然后去问道、求道就可以了。

老子接着对怎么不得"病"给出了回答："圣人不病，以其病病。"圣人没有毛病，是因为把病当成病。"不病"指没有毛病，没有缺陷。"病病"，前一个"病"是动词，"把……当作病"的意思；后一个"病"是名词，毛病、缺陷。"病病"就是把毛病当作毛病，把缺陷当作缺陷。"以其病病"的"以"是因为的意思。这一句紧接着上一句的"不知知，病也"，这个"病"就是指不知道而自以为知道的毛病、缺点。如果把这个缺点当作缺点来看待，也就是意识到"不知而知"是缺点、是毛病，那么就会去改正它、克服它，这样当然就不会有毛病、缺点了。如果不把"不知知"当作毛病、耻辱，反而当作正常的行为或者荣耀的事，那么永远也不会改正、克服。所以能"病病"者是圣人，不能"病病"者是庸人。

最后老子说："夫唯病病，是以不病。"正因为把病当成病，所以才不会有毛病。这个"病病"不是指一天到晚都害怕毛病，而是指没毛病的时候要提防毛病、预防毛病；或者是在毛病刚刚出现苗头的时候，就重视它，把它消除掉，这样当然就不会有毛病了。《黄帝内经·素问·四气调神大论》说"圣人不治已病治未病，不治已乱治未乱"，这种"治未病"的思想就受到《道德经》"不病"思想和《周易》豫卦"预防"思想的影响。"治未病"包括未病防病、有病防变、病后防复发等，这都是"病病"的体现，这样就不会有毛病了。老子这句话主要是对统治者说的，一个统治者如果在一个国家的混乱还没有形成的时候或者刚刚出现一点苗头的时候，就高度重视、高度警惕，防微杜渐，采取措施把它治理了，那么这个国家就不会得病。

第七十二章　为什么说给别人的压力终会反弹？

民不畏威，则大威至。无狎（xiá）其所居，无厌其所生。夫唯不厌，是以不厌。是以圣人自知不自见，自爱不自贵。故去彼取此。

大家一定都注意到过这种现象：当我们用手拍皮球时，用的力气越大，皮球弹得越高。也就是说你对皮球施加多大的力，皮球就会以相应的力反弹回来。这就叫"拍球效应"。这和牛顿第三定律是一致的，作用力越大，反作用力就越大。作用力和反作用力总是大小相等方向相反的。这一原理其实老子早在《道德经》第七十二章中就已经阐明了。

老子开头说："民不畏威，则大威至。"意思是人民不害怕威压，那么大的祸乱就要来到了。这句话中的两个"威"意思是不同的，"民不畏威"的"威"指威压，也就是强大得让人喘不过气来的权势、压力。"则大威至"的"威"是指威胁、灾难，"大威"就是大的威胁、大的灾难。河上公解释："威，害也。人不畏小害则大害至，谓死亡也。畏之者当爱精神，承天顺地也。"将前后两个"威"都解释为危害、威胁，把"民不畏威，则大威至"解释为人民如果不害怕小的危害，那么就会招来大的危害，就会死亡。所以在危害还小时就要警惕，要爱惜精神，顺承天地之道。虽然这种理解也说得过去，但我认为这里的重点还是在讲人民不害怕威压就会招来大灾难。我们要好好思考一下为什么"民不畏威"——人民不害怕威压？一般情况下，人总是害怕威压的，等到一个人连威压都不害怕的时候，说明已经麻木了、心死了。当时人民处在统治者相互争夺的环境中，战争给人民带来了极大的痛苦，苛捐杂税又压迫得人民喘不过气来，人民时时处处受到统治者的威逼，生活艰难，朝不保夕，生不如死。在这种情况下，还怕什么威逼？还怕什么死亡？当一个人生活被极大剥削、身体被极大摧残、人性被极大扭曲的时候，最容易走上极端。为了生存必然会做出伤害别人的事，比如抢劫、偷窃，甚至发生弱肉强食、"易子而食"的可怕情景，社会生活由此而混乱。官逼民反，对威压他们的统治者，人民必然会组织起来，奋起反抗，武装暴动，最后推翻威压百姓的统治者。所以老子说一旦百姓什么威逼都不怕的时候，就大祸临头了。这是老子对当时暴政的一种抗议，也是为统治者敲响警钟。"民不畏威"与后面第七十四章的"民不畏死"意思相近。一旦人民不畏惧统治者的威压甚至不怕死的时候，那么大的祸乱就要到来了。为什么？因为统治者长期威压百姓，把百姓逼得走投无路，百姓意识到反正横竖都是无路可走，那就铤而走险，反正再怎么害怕也没用，那就无所畏惧，把统治者推翻。

这种反噬的力量和统治者施压的力量是对等的。牛顿第三定律告诉我们：相互作用的两个物体之间的作用力和反作用力总是大小相等方向相反。统治者给人民多大的威压，人民就会给统治者多大反抗力量，这种反抗力量往往会大于威压力量。看看历史上那些以暴政、威压对待百姓的朝代，最终结局就明白了。秦国横扫六国建立秦朝，加强君主专制，急政暴虐激化了社会矛盾，加重对农民的剥削压迫，终于引发了陈胜、吴广起义，秦王朝仅仅十五年就亡国了。再看蒙古铁蹄践踏欧亚大陆，建立元朝，元朝后期政治腐败，向汉人收取名目繁杂的各种赋税，民族压迫十分严重，导致多地汉人揭竿起义，结果元朝不足百年而亡。所以说"民不畏威，则大威至"。哪里有压迫，哪里就有反抗。暴力的统治者最终会被人民推翻。

所以老子告诫统治者："无狎其所居，无厌其所生。"意思是不要侵扰人民的起居，不要压榨人民的生活。"狎"是玩耍、玩弄，此处引申为侵扰。帛书本"狎"作"闸"，是截断、关闭的意思。"居"本义是居住，引申为生活。"厌"，通"压"，压迫、压制。两个"无"字通"勿"。这是老子对统治者的劝告。老子要统治者关注民生，要懂得关爱自己的百姓，给百姓以正常的生活起居，让百姓安居乐业，过恬淡虚无的生活，而不要压榨百姓，不要关闭百姓谋生的门路。千万不要造成"民不畏威"的局面，一定要从百姓的日常生活开始防微杜渐，自我克制，给老百姓生路，其实就是给自己生路。老子"无狎其所居，无厌其所生"的告诫，对当今企业领导对待员工很有启发作用，当领导的一定要关爱员工的切身利益，关爱员工的日常生活，千万不要成天耍威风。如果领导总是训员工甚至骂员工，一开始的时候，员工肯定有点害怕，但久而久之，他就习惯了，疲了，反而不害怕了。当然如果领导对员工太过分，甚至压榨、剥削员工，那么一定会遭到反抗，会被诉之于法律，受到法律的制裁。

总之，领导对员工要"无厌其所生"，为什么呢？老子说："夫唯不厌，是以不厌。"两个"厌"意思不同，前面是压迫的意思，后面是厌恶的意思。正因为不压制人民，所以才不会被人民厌恶。前半句的主语是统治者，后半句的主语是老百姓。老百姓是不是厌恶统治者，完全取决于统治者的做法，即是不是压迫老百姓。如果统治者不压制百姓，百姓就不会厌恶统治者；如果统治者压制百姓，百姓就会厌恶统治者。以此给统治者提出忠告。

接着老子说："是以圣人自知不自见，自爱不自贵。"因此圣人了解自己却不自我表现，珍爱自己却不自显高贵。对一般人来说，自知往往会自见，自我表现、自我夸耀，自爱往往自贵、自显高贵、瞧不起人。可是圣人（得道的统治者）却不是这样，能做到自知，自我了解而不去自我表现；自爱，自我珍爱而不自显高贵。"自知者明，知人者智"，人生最难了解的就是自己，但你要了解自己，又不要"自见"，不要去追求自我表现。你要珍爱自己，爱惜自己，但是不要去自显高贵，觉得自己高人一等，高高在上，目中无人。这是一般人很难做到的，但"圣人"是可以做到的。

所以老子要求统治者："故去彼取此。"所以要舍弃后者而采取前者。后者就是自见、自贵，前者就是自知、自爱。"去彼"就是舍弃自见、自贵，"取此"就是要采取自知、自爱。因为这种做法是符合天道的。

第七十三章　真正的勇敢为什么是不敢逞强？

勇于敢则杀，勇于不敢则活。此两者，或利或害。天之所恶，孰知其故？天之道，不争而善胜，不言而善应，不召而自来，繟（chǎn）然而善谋。天网恢恢，疏而不失。

我们今天讲的"勇敢"是一个词，表示在面对困难或危险时，能够果断向前，敢于行动，毫不畏惧，有胆量，不退缩。勇敢的近义词有勇猛、英勇、大胆、果敢等，勇敢的反义词有懦弱、软弱、胆小、怯懦等。可是在古代"勇"和"敢"却是两个词，老子《道德经》第七十三章做了详细说明。

先看开头一句："勇于敢则杀，勇于不敢则活。""勇"是勇于，"敢"有果敢、刚毅、坚强、进取等意思。"不敢"有柔弱、软弱、谨慎、退让等意思。"敢"与"不敢"是相对的，勇于果敢逞强就会死，勇于柔弱退让就可活。人要是勇于逞能、逞强，就会招来杀身之祸。要是勇于柔弱，反而能活。对一般人来说，果敢逞强容易做到，柔弱退缩往往难以做到。一个人做事果敢威风，动不动拍桌子、摔板凳，谁都能做到。最困难的是柔弱。示弱这点最困难，这种勇气，我们要学习。坚强则死，柔弱则活。河上公对这句的解释有所不同，他认为"敢"和"不敢"是针对有为而言，他说："勇敢有为，即杀身也。勇于不敢有为，则活其身。"这种解释也符合老子思想，如果勇敢去有为，按照个人的意愿去妄为，就有杀身之祸；如果不敢有为，勇敢去无为，按照自然而然的天道去作为，就会保全生命。

"此两者，或利或害。"这两者有的有利，有的有害。"或"是"有的"的意思。"此两者"是指果敢逞强和柔弱退让。那么究竟哪个有利哪个有害呢？其实是很清楚的。当然是柔弱退让者有利，果敢逞强者有害。按照河上公的意思，那就是勇敢去无为者有利，勇敢去有为者有害。

接着老子发问："天之所恶，孰知其故？"上天所厌恶的，谁知道是什么缘故？"孰"就是谁。上天厌恶果敢逞强而同情柔弱退让，上天厌恶勇敢有为者而喜欢不敢有为者，这是什么缘故呢？实际上这就是天道。可以说一部《道德经》都是在讲天道。天道有什么特征呢？

老子接着论述了天道的四大特征："天之道，不争而善胜，不言而善应，不召而自来，繟然而善谋。"天道不争斗而善于获胜，不说话而善于回应，不召唤而自动到来，行动舒缓但善于谋划。"繟然"是舒缓的样子。

为什么天道不争、不言、不召、不急却能善胜、善应、善来、善谋？天道是宇宙万物的最高规则和根本道理。首先从天道显示的天象看，天上有太阳、月亮、星星等，总是把光明给予大地、给予人类，天上云行雨施，雨水滋润万物和人类。天不要万物回报，从来不与万物相争，但万物却永远离不开天，也永远不能跟天斗，天是万物的主宰。再从天道揭示的自然规律看，日出日落，月圆月缺，春夏秋冬，四季更换，温热凉寒，天并不说话，也不需要万物祈求召唤，它总是该来的时候来、该走的时候走，看上去好像行动迟缓，其实是谋划得天衣无缝。

最后老子说："天网恢恢，疏而不失。"成语改为"天网恢恢，疏而不漏"。天就像一张大网一样广大无边，虽然疏松却没有遗漏。"恢恢"是恢宏、广大无边的意思。"天网"就是把天道比喻成一张大网。你说天网能够看得见吗？谁也看不见。但它真实存在，它会惩罚恶人，也会奖赏善人。天道就是一种自然的法则，是一种天道的法力。天道的威力、法力是无边的。老子暗示天道不可违背。人在做，天在看，好与坏都会有个结果。

祖祖辈辈的中国人有没有信仰？当然有！信仰天道。基督教信仰上帝，我们中国人信仰天道。其实殷商甲骨文中就有"上帝"这个词，甲骨文中的"上帝"就是"上天"。自古以来中国人都是信天的。且不说远古时期对天的崇拜和祭祀，就说春秋战国时期，诸子百家都是信仰天道的。老子说"天网恢恢，疏而不失"。孔子说"君子有三畏"，第一"畏天命"，天命就是天道；第二"畏大人"，大人实际上就是顺应天命、传承天命的人；第三"畏圣人之言"，圣人说的话，就是替天行道的话。孔子还说"天生德于予"（天赋予我德性），"获罪于天，无所祷也"（人如果得罪了天，他就没有什么地方可去祷告了，就死定了）。孔子所说的"天"已经有最高主宰的意思了。再看墨家，墨子讲"天志"，天是有意志的，天的意志就是希望人们"兼相爱，交相利"，人与人之间彼此关爱、互相帮助。墨家学说在秦朝以后就逐渐衰微了。墨子这个人非常了不起，在我看来他就像基督一样，他把人间的一切苦难自己承担，就像基督为了天下人甘愿被钉死在十字架上一样，墨子为了天下人也是奋不顾身，舍己为人，"摩顶放踵利天下而为之"，从头顶到脚跟都受伤了也不顾惜自己，一心为了天下人。而且他有个团队，最高领袖被称为"巨子"，成员称为"墨者"，墨者纪律严明，行侠仗义，最重要的是他们有坚定的信仰，信仰天志。"天"有意志，可以区分善恶，可以奖赏与惩罚，奖善惩恶。墨家认为"天志"规范制约人们的思想和行为，是公平公正的主导者，是天下最高的法律。

　　老子在本章中用了三个"天"，一个是"天之所恶"，一个是"天之道"，一个是"天网"。第一是"天之所恶"说明天有好恶，天有意志。"天之所恶，孰知其故？"天的好恶意志，凡人是不知道的。所以这个天是指"天意""天志"。第二是"天之道"不争、不言、不召、不急（繟然，即舒缓的样子），虽然如此，但只要按照天道来做，就能达到善胜、善应、自来、善谋的效果。这个天是天道，是自然现象和自然规律，这种说法与其他各章对天道的描述是一致的。第三是"天网"，天道好比一张巨大无比的网，可以网罗一切，任何东西都逃脱不了它的支配，说明天道的法力、威力是无边的。老子的"天道观"不仅体现了老子的宇宙观，而且体现了老子的信仰观；天道不仅是宇宙万物运动变化的基本规律，而且是主导万物生存发展的基本法则。老子及其后的古人认为天道是客观存在的，也是有主观意志的。严遵《老子指归》有一段话说得特别好："天之所恶，不敢活也；天之所佑，不敢杀也；天之所损，不敢与也；天之所益，不敢夺也。""天心所恶，莫之能辨"，将有好恶之天解释为"天心"。所以人们应该敬畏天道，顺应天道。否则必遭天谴，"天网恢恢，疏而不失"。

第七十四章　为什么说人民不怕死是最危险的？

> 民不畏死，奈何以死惧之？若使民常畏死，而为奇者，吾得执而杀之，孰敢？常有司杀者杀。夫代司杀者杀，是谓代大匠斫（zhuó）。夫代大匠斫者，希有不伤其手矣。

大家都听说过"越俎代庖"这个成语，这是《庄子·逍遥游》中一个故事。尧帝听说有个叫许由的隐士上知天文，下晓地理，懂得怎样治理国家，而且为人正直，很受百姓的爱戴，尧帝决定把帝位禅让给许由。他找到许由表达了自己的想法，许由说："我不能越俎代庖啊。您可以想一想在举行祭祀仪式的时候，管祭祀的人不可能因为厨师很忙，就丢下手中的祭祀用具去替他做菜。如果我接替您的位置，就会像那掌管祭祀的人去替厨师做菜一样荒唐，这是行不通的，所以您还是让我过现在的生活吧。"之后许由就在颍水之滨洗耳朵，然后连夜逃到箕山隐居了起来。"越俎代庖"这个成语，本义是说超过自己职责和能力范围去处理别人的事情。它从反面告诉我们要各司其职，不能僭越。可是老子《道德经》第七十四章却说了一种僭越的现象。

先看开头一句："民不畏死，奈何以死惧之？"这句话非常有名，意思是人民不害怕死亡，怎么能用死亡来吓唬他们呢？"奈何"是古汉语中一个用于反问的常用词，意思是怎么、为何，用反问的形式表达否定的意思。"奈何以死惧之？"表示没有办法用死来让人民害怕，"惧之"意思是让他们恐惧。马王堆帛书乙本这句话是："若民恒且不畏死，奈何以杀惧之也？"如果人民早就不害怕死亡了，怎么能用杀戮来吓唬他们呢？"民不畏死，奈何以死惧之"常常被用来说明人民不怕死的大无畏精神。其实老子的本意不是赞扬人民不怕死，而是在警告这种现象很危险。这是对一个国家的统治者说的，说如果这个国家的人民到了连死都不怕的地步，是非常危险的，因为到了这一步，统治者就没有办法再使用死刑了，一切刑法都起不到警戒的作用，这个国家就失控了，就无法管理了。那么造成这种局面的原因是什么呢？就是统治者长期欺压、威逼百姓。老百姓在苛捐杂税、横征暴敛、重罚酷刑之下，早已痛苦不堪，过着生不如死的生活，还怕什么死呢？唐代柳宗元写过一篇《捕蛇者说》，有一句名言"苛政猛于虎"，苛捐杂税比老虎还要凶猛，所以老百姓干脆去捕蛇，跟交不上税的后果相比，被蛇咬死了还算好的。当统治者不把百姓当人看，长期压榨百姓，那么你再用死来威胁百姓是毫无用处的。当百姓被逼得走投无路时，就会揭竿而起、冒死反抗，推翻统治者，这也就是第七十二章所说的："民不畏威，则大威至。"

所以老子说："若使民常畏死，而为奇者，吾得执而杀之，孰敢？"如果使人民总是害怕死亡，对那些捣乱的人，我就可以抓来杀掉，那么谁还敢捣乱？"为奇者"本指那些做奇怪事情的人，这里指违法乱纪的人。"吾得执而杀之"的"执"是抓捕的意思。对那些违法乱纪的人，我把他抓来杀掉，那么谁还敢违法乱纪呢？马王堆帛书乙本是："使民恒且畏死，而为畸者，［吾］得而杀之，夫孰敢矣？"意思和通行本一样，都是要让人民害怕死亡，这样才便于管理。如果人人都怕死，那么把一个违法乱纪的人抓起来杀掉，对于人民来说就是一个巨大的警戒，谁也不敢去违法了。否则，杀掉一个犯人，对不怕死的人来说是没有任何警戒、恐吓作用的。那么怎么让人民都害怕死亡呢？当然平时不能处处欺压、剥削老百姓，不能让老百姓过生不如死的生活，要让老百姓有活下去的愿望，有对美好生活的期待，这样死刑才有巨大的震慑力。另外在对犯法、犯罪分子量刑的时候，也要注意不能动不动就给人判死刑。死刑这种方法偶尔用一两次，杀鸡儆猴，是有作用的。如果太频繁，不该判死刑的都判为死刑，那就是草菅人命，不仅起不到惩戒作用，反而会激起百姓造反。所以执法量刑的时候要讲人道主义。我们都知道新加坡有鞭刑，对犯重罪的犯人，首先要全面体检，通过体检了才可以被执行鞭刑，最低是打三鞭，最高是打二十四鞭。先将犯人赤条条绑在刑架上，鞭打的部位是臀部，打鞭要求使尽全力，一鞭下去，皮开肉绽，疼痛难忍。打完一鞭后，医生马上要进行检查，一旦发现受刑者不能承受下一次鞭打了，便停下来。鞭刑是要让犯人受到最大程度的疼痛，最低程度的永久伤害。因此这种鞭刑的震慑作用是巨大的。试想一下，如果一个人成天都受到像鞭刑那样的痛苦，那鞭刑对他就不起作用了。

所以老子极不希望"民不畏死"这种局面发生，他告诫统治者要改变管理方式，采用无为而治的方法，"使民常畏死"，让人民重视自己的生命，珍惜自己平静正常的生活。这个时候就便于治理了。这就是管子所说的"仓廪实而知礼节，衣食足而知荣辱"，老百姓的粮仓丰实，衣食无忧，才能顾及礼仪，重视荣誉和耻辱，这个时候重罚、死刑才能真正起到震慑的作用。

那么由谁来负责行刑呢？老子说："常有司杀者杀。"总是有行刑官来主管杀人。"司杀者"指主管杀人的人，也就是行刑的官员。"司"是主管的意思，比如"司令"就是主管命令。"司杀者"的任务就是专管杀人。但这里"司杀者"暗指天道，也就是自然规律、自然法则。因为只有天道才能主宰万物和人的命运。"司杀者杀"意思是行刑官在主管杀人，实指天道主宰人的死亡，主宰人的生杀大权。如果违背天道就会遭到惩罚甚至死亡。

老子对代替天道杀人的统治者发出警告："夫代司杀者杀，是谓代大匠斫。夫代大匠斫者，希有不伤其手矣。"硬要代替行刑官去杀人，就像代替木匠去砍木头一样。代替木匠去砍木头的人，很少有不砍伤自己手的。"是谓代大匠斫"的"大匠"就是木匠，"斫"字右边偏旁"斤"表示斧子、刀子，这里做动词，意思是用刀斧砍。木匠的职责是砍削树木，行刑官的职责是杀人，两者是不能相互替代的。代替行刑官去杀人这句话，实指代替天道去杀人。谁代替天道去杀人？当然是那些无道的统治者。老子认为人的生死本来是天道决定的，任何人都不能代替天道去杀人。庄子也说过人是"适来，夫子时也；适去，夫子顺也"，意思就是一个人偶然来到世间，这是他顺天时而生；偶然离去了，这是他顺天时而死。《黄帝内经》也说，一个人只要"合同于道"，就能"尽终其天年，度百岁乃去"，如果不合同于天道，就会夭折。所以说只有天道才能主宰人的生死，可是无道的统治者却为了自己的利益、为了加强自己的统治，滥用刑罚，肆意杀人，草菅人命，那些本来应该享尽天年的人却在青壮年时遭到杀戮，这不是统治者在代替天道杀人吗？老子痛心疾首，对这种企图代替天道的行为痛加谴责，并发出警告。

"夫代大匠斫者，希有不伤其手矣"，代替木匠去砍木头的人，很少有不砍伤自己手的，肯定会被反噬。这是说统治者企图代替天道去主宰人的生死，一定会受伤，不仅伤其手，而且会伤其身、伤其命。任何人都要各司其职、各行其道，各干各的事，各干各的活，千万不能"越俎代庖"。尤其不能代替天道去做违背天道的事，否则一定会自取其辱、自毁其身。

第七十五章　为什么不看重自己才是最高境界？

　　民之饥，以其上食税之多，是以饥。民之难治，以其上之有为，是以难治。民之轻死，以其上求生之厚，是以轻死。夫唯无以生为者，是贤于贵生。

　　现在很多年轻人都注重养生，还出现了"朋克养生族"，一面熬着夜，一面吃着昂贵的营养品。年纪大的更是讲究养生，注重吃营养品、保健药。这些是不是正确的养生方法呢？不是。其实，养生就是要养成一种适合自己的健康生活习惯。我这个命题其实受到了《道德经》第七十五章一句名言的启发。

　　在这一章，老子回答了民之饥、民之难治、民之轻死三种反常现象的原因。先看第一种现象的原因："民之饥，以其上食税之多，是以饥。""民之饥"是指人民饥荒、饥饿。"以其上食税之多"的"以"是因为的意思，"上"就是统治者，"食税"是吃掉的赋税。"是以饥"的"是以"就是因此、所以。这句话意思是，人民之所以饥饿，是因为统治者吃掉赋税太多，所以才发生饥饿。也就是说，人民饥荒的根本原因是统治者，而不是什么自然灾害等其他因素。因为统治者贪欲太强了，苛捐杂税太多了，到处搜刮民脂民膏，以满足自己的私欲，弄得民不聊生，饿殍遍野，"朱门酒肉臭，路有冻死骨"。

　　第二种现象的原因："民之难治，以其上之有为，是以难治。"人民之所以难以治理，是因为统治者强行妄为，因此难以统治。人民难以治理的原因，同样也不在人民而在统治者。就是统治者太"有为"了。什么是"有为"？"有为"

是针对"无为"说的，老子主张无为反对有为。"无为"是不妄为、不人为，"有为"就是妄为、人为，也就是不按自然规律、事物本性，而是按照统治者自己的私欲和喜好去胡乱作为。统治者不顾民心、民情，一切从自己的私欲和喜好出发，随心所欲制定政策，盘剥、欺压百姓，不顾百姓死活，朝令夕改，搞得老百姓无所适从，最后逼得老百姓奋起抗争，当然就难以治理了。

第三种现象的原因："民之轻死，以其上求生之厚，是以轻死。"人民之所以不怕死，是因为统治者自我保养太过、生活奢侈腐败，因此人民冒死反抗。老百姓不怕死的原因，同样是统治者，是统治者"求生之厚"。这个"厚"是丰厚、奢侈的意思，反映了统治者奢侈糜烂的生活，与"俭"恰恰相反。统治者为了养肥自己、为了长生，过度保养、奢侈腐败，从老百姓那里搜刮民脂民膏，榨取人民用血汗换来的财富，苛捐杂税繁多，压迫剥削得老百姓无法活下去、生不如死，所以老百姓就会"轻死"。"轻死"意思是看轻死亡，不怕死，冒死来反抗。反正都是死路一条，所以他们还怕死吗？

可见民之饥、民之难治、民之轻死这三种现象，都是统治者造成的。王弼就说："言民之所以僻，治之所以乱，皆由上不由其下也，民从上也。"人民为什么会变得邪僻，偏离正常的生活道路，国家为什么会变得混乱，这些都是由上层统治者引起的，而不是由下层百姓引起的。百姓都是跟从上层走的。这三种现象是递进的，一层比一层严重，首先是饥饿，然后是难治，最后是不怕死。一旦老百姓到了不怕死的地步，就会无所不作，社会就危险了。而造成人民这三种情况的，并不是人民自己而是统治者。因为统治者征收赋税太多，才造成了人民饥饿；因为统治者任意妄为，才造成人民的反抗、抵制，难以治理；因为统治者只管自己享受，不管人民死活，为了自己长生，剥夺百姓基本生存权，所以百姓才不怕死，冒死造反。

最后老子说："夫唯无以生为者，是贤于贵生。"那些不过分看重生命的人，要比过分看重生命的人更加高明。"无以生为"，就是不把生命当成有为，不以生为贵，也就是不把生命看得很贵重，不刻意保养生命。"贤于贵生"的"贤"

是高明的意思，也可以理解为胜过、超过。"于"是比的意思。"贵生"就是看重生命、珍惜生命。为什么不把生命看得很重的人比把生命看得很重的人更高明呢？这句话比较难懂，我们先看一下历史上几位大家的解释。汉初方仙道开山祖师、黄老道集大成者河上公《老子河上公章句》解释："夫唯独无以生为务者，爵禄不干于意，财利不入于身，天子不得臣，诸侯不得使，则贤于贵生也。"只有不追求长生、不把生命看得过重的人，才能够不在意爵位俸禄，不计较财产利益，天子不能让他臣服，诸侯不能随意使唤他，这种人超过了那些把生命看得很重的人。西汉高士严遵（严君平）《老子指归》解释："故生生趋利，为死之元也；无身去利，为生之根也……无以生为，可以长久。"为了长生而追逐利益，是死亡的开始；不顾身体去除利益，是存活的根本……不把生命看得很重，才可以长久。北宋文豪苏辙《老子解》："贵生之极，必至于轻死，惟无以生为，而生自全矣。"珍视自己的生命到了极点，必定会导致轻视死亡，只有不把生命看得太重，才能使生命得以保全。南宋道教妙真派祖师范应元《老子道德经古本集注》："夫惟无以厚为其生者，是犹贤于贵其生者矣。"只有不把生命看得很重的人才超过过分贵生的人。元代著名理学家吴澄《道德真经注》："至人非不爱生，顺其自然，无所容心，若无以生为者，然外其身而身存，贤于重用其心以贵生而反易死也。"最高明的人不是不珍爱生命，而是顺其自然，不在意，如果不过分看重生命，把自己的生死置之度外，反而能保全自身，这远远超过那些过分动用心思珍惜生命反而容易死亡的人。

我归纳一下各家解释，无外乎两层意思。第一层意思是针对统治者和人民说的。因为这句话是紧接着上一句"以其上求生之厚，是以轻死"说的，所以"无以生为"（不过分看重生命）的人就是上一句中"轻死"的人民，"贵生"（过分看重生命）的人就是上一句中"求生之厚"的统治者，这样，整句话的意思就是，不讲究养生、只想过清静生活的人民，比那些贪生怕死、为了自己保养生命而奢侈腐败、欺压百姓的统治者更高明。第二层意思是对刻意养生者和顺其自然者说的。老子反对过分看重自己的身体，反对刻意养生。老子说"外其身而身存","外其身"就是不刻意顾惜身体,目的正是"身存"。不刻意养生要比刻意养生更高明,效果更好。那些不追求自我享受、淡泊宁静的人,比刻意养生、生活奢华的人更胜一筹。也只有顺其自然、节俭朴素、淡泊宁静,才是真正的爱惜生命,才能有效地延年益寿。

  第二层意思还可以推广到为人处世上。为人处世不要太看重自己、关注自己,那种不看重自己的人比看重自己的人要高明,越是放低自己、谦逊待人的人在社会上越受人尊重。你越不把自己当回事,别人越把你当回事。用"无以生为"的态度去治理国家、治理企业,也肯定会治理得很好。就拿企业董事长来说,如果这个董事长把自己看得太重,什么事都自己把持着,那下面的人就没有积极性了,也没有创造力了,就会消极怠工,得过且过,企业也不能得到发展。所以聪明的董事长总是"无以生为"(不过分看重自己),无为而治,这才是最高境界。

  "贵生"是道家的基本思想之一。有人说老子反对"贵生",这是不对的,老子反对的只是刻意养生、太看重自己的生命,老子主张无为养生,顺应自然地养生。后来的道家继承并发展了这一思想。《庄子》有一篇《刻意》,就是主张自然养生,而不要刻意去养生。到东汉道教创立以后,则发明了各种养生方法,但无论何种方法,都不能离开老子柔弱虚静、自然无为的最高原则。

第七十六章　越坚强的东西生命力反而越弱？

人之生也柔弱，其死也坚强。草木之生也柔脆，其死也枯槁。故坚强者死之徒，柔弱者生之徒。是以兵强则灭，木强则折。强大处下，柔弱处上。

大家可能都注意到过这么一种现象，就是女寿星比男寿星数量多、寿命长。日本厚生劳动省公布的数据显示：2023年日本人平均寿命女性是87.14岁，保持世界第一；男性是81.09岁，位居世界第五。在平均寿命上男性比女性少6.05岁。为什么女人的平均寿命比男人长呢？按照现代科学的解释，女性的性染色体组合为XX，而男性为XY，这种基因差异使得女性在某些方面具有更强的抗压能力和恢复力。女性的雌激素具有保护作用，有助于降低心血管疾病的风险，还有助于维持骨密度，降低骨折的风险。按照道家的解释，男人为阳刚，女人为阴柔，阴柔胜过阳刚。老子说"柔弱胜刚强"，为什么柔弱能胜过刚强呢？《道德经》第七十六章做了解释。

老子开头说了两种现象："人之生也柔弱，其死也坚强。草木之生也柔脆，其死也枯槁。"人活着的时候身体是柔软的，死后就变得僵硬了。草木活着的时候是柔脆的，死后就变得枯槁了。为什么柔弱胜刚强呢？老子怕我们不懂，总是在打比喻。在前面的很多章节中，老子用水作比喻，水是最柔弱的，但水的力量却是最大的。这里老子又举了人和草木两个例子。

先看人："人之生也柔弱，其死也坚强。""生"就是活。人活和人死两种状态相比较：人活的时候身体是柔软的，可以活动；人死的时候就僵硬了，不能活动了。人为什么柔弱？为什么坚强？河上公解释："人生含和气，抱精神，故柔弱也；人死和气竭，精神亡，故坚强也。"这个"和气"就是阴阳二气相和之气，"精神"是"精"与"神"，有了"和气"、有了"精神"，精气神三者相合相抱，人就会柔软、柔弱。《黄帝内经·素问·宝命全形论》中讲过："夫人生于地，悬命于天，天地合气，命之曰人。""人以天地之气生，四时之法成。"从人的一生看，最柔弱的时候是婴儿；到中年以后，人的筋骨就越来越硬了，所以有一句话叫"一把老骨头"，筋骨越来越硬，就说明人越来越老了；人最刚强的时候是死了，一具僵尸一动不动。

再看草木，"草木之生也柔脆，其死也枯槁"，"柔脆"就是柔软脆弱。草木生长的时候是柔软脆弱的，死了以后就变得枯槁干硬了。反过来说，草木柔软的时候是生命力最强的时候，一旦枯槁干硬就是生命力消失的时候。我们看，当一场大风袭来，那些坚硬的树很快就会被大风吹断，而那些柔软的树和草会随风晃动，反而不容易吹断。柳树的枝条大风都刮不断，为什么？因为它随风摇摆，风力永远伤害不了它。这叫柔弱胜刚强，越柔弱就越有活力，越坚强就越容易死亡。

从人和草木的例子可以推论万物都是这个道理：柔弱和生命力成正比，刚强和生命力成反比，最柔弱的时候是生命力最强的时候，最刚强的时候是生命力最弱的时候。如果从柔弱到刚强的程度逐渐增加，也就是越来越刚强，那么生命力就会逐渐下降；如果从刚强到柔弱的程度逐渐增加，也就是越来越柔弱，那么生命力就会逐渐上升。

接着老子总结说："故坚强者死之徒，柔弱者生之徒。"所以坚强的东西属于死亡一类，柔弱的东西属于生长一类。"徒"是类属的意思。也就是说，一切坚强的东西和死亡是一类，一切柔弱的东西和生长是一类。也可以理解为随坚强而来的是死亡，随柔弱而来的是生长。这是老子经过观察思考找到的一个规律，是天道的一种表现，可以用于任何事物，也可以指导任何事情。比如我们做人要柔弱，要圆通，要谦卑。如果总是锋芒毕露，高高在上，和别人格格不入，不是自找苦吃吗？做人柔弱圆通一点没什么不好。再比如怎么养生？身体也要柔弱，其中炼内丹、打坐、辟谷都是很好的方法。弘一法师李叔同在出家之前，1916年年底到1917年年初到杭州虎跑寺断食十八天，从他写的《断食日志》看，他断绝人间烟火，每天静坐，习字，饮甘泉水，在室内散步。最后他给自己署别名李婴，取义于老子的话："能婴儿乎？"说明辟谷之后他已经像婴儿那样柔弱虚静，他用了"心清，意净，体轻""耳根灵明""法喜无垠""精神，笔力，思考奇利"等词来说明辟谷后的生命状态。

我们再来看一个人的身体。请问身体上什么东西最刚强？什么东西最柔软？牙齿最刚强，舌头最柔软。那么请问是牙齿先掉，还是舌头先掉？牙齿掉光了，舌头还在。汉代刘向编纂的小说集《说苑·敬慎》里记载了一个故事：老子的老师常摐（chuāng）病重了。老子前去看望他，问道："先生病得如此重，有什么遗教可以告诉弟子吗？"常摐说："就是你不问，我也要说了。"他对老子说："经过故乡要下车，你懂了吗？"老子回答："经过故乡下车，是不是要我们不忘故土呢？"常摐说："对呀。"又说："看到乔木就迎上前去，你懂了吗？"老子说："看到乔木迎上去，是不是要我们要尊敬老人呢？"常摐说："是的。"然后，他又张开嘴给老子看了看，问道："我的舌头还在吗？"老子说："当然还在。"常摐又问："我的牙齿还在吗？"老子说："早就没有了。"常摐又问老子："你知道原因是什么吗？"老子回答说："那舌头所以存在，岂不因为它是柔软的吗？牙齿不存在，岂不因为它是刚硬的吗？"常摐说："好啊！是这样的。世界上的事情都已说尽了，我再也没有什么可以告诉你了。"这就是柔弱胜刚强。

接下来："是以兵强则灭，木强则折。"因此兵器太强就会断掉，树木太强就会折断。"兵"不是指士兵，而是指兵器，兵器越强，越容易断掉。所以最厉害的兵器是无形的兵器，比如无形剑、无影刀。树木越强，也越容易折断，风吹一下就断掉了。

老子最后总结："强大处下，柔弱处上。"强大的东西反而处在下面，柔弱的东西反而处在上面。这就是天道规律，一般来说，强大的东西是上升的，柔弱的东西是下降的。但从结果上看，当事物越来越强大，强大到极点的时候一定会走向反面，就会越来越弱，所以反而处在下位了。当事物越来越柔弱，柔弱到极点的时候也一定会走向反面，就越来越强，所以反而处在上位了。我们应该好好领悟"强大处下，柔弱处上"的道理，学习"柔弱胜刚强"的处世方法，因为这是天道。人只要按照天道来做，就不会差。

第七十七章 "天道"究竟是什么意思？

> 天之道，其犹张弓与？高者抑之，下者举之；有余者损之，不足者补之。天之道，损有余而补不足。人之道，则不然，损不足以奉有余。孰能有余以奉天下？唯有道者。是以圣人为而不恃，功成而不处，其不欲见贤。

我们在遇上极其不可思议的事情时，总要大喊一句："我的天啊！"就连西方人也是这样，遇到震惊或者急事也会大喊一句："Oh my God！"这个全球通用的万能感叹句呼唤的"天"到底是什么？它凭什么能得到所有人的求助？毫无疑问，能成为所有人依靠的"天"就是万事万物的主宰，所以人们在遇到事情的时候要向它呼唤。不过在不同的民族文化中，"天"的含义并不相同，在西方"God"是指上帝，而在中国"天"是指"天道"。什么是天道？天道有什么特性呢？请看《道德经》第七十七章。

这一章老子将"天之道"和"人之道"作了对比。

开头说："天之道，其犹张弓与？高者抑之，下者举之；有余者损之，不足者补之。"把天道比喻成拉弓射箭。天道，不正像拉弓射箭吗？高了就压低它，低了就抬高它；多余了就减少它，不足了就补充它。拉弓射箭要根据靶子的高低来调节弓箭瞄准的位置，又要根据距离的远近来调节拉弦的力度。拉弦的力度和箭被射出的距离成正比，力度越大，箭被射出的距离越长。关键在于调节到合适的位置和力度。只有调到合适的程度，才能一发中的。文中的"高""下"

指弓箭位置的高低，"有余""不足"指拉弦的力度。"抑之""举之"指压低、抬高弓箭的位置，如果弓箭瞄准靶子的位置太高了，就要压低一些；如果太低了，就要抬高一些。"损之""补之"指减少、增加拉弦的力度，如果弦拉得太满了，就要减少一些力度，要松开一点；如果拉得不够，就要增加一些力度，要拉紧一些。总之是要调节到合适的程度。

老子归纳"天道"的特性说："天之道，损有余而补不足。"天道就是减损多余而补充不足。从拉弓弦的比喻中引申出普遍适用的道理，拉弓弦的高、下、有余、不足都是一种不和谐的状态，都无法射中靶子，只有经过抑之、举之、损之、补之，才能调节到合适、均衡、和谐状态，而只有合适、均衡、和谐才能射中靶子。这说明天道可以将不和谐协调为整体平衡、和谐，具有公平、中正的特征。河上公说："天道损有余而益谦，常以中和为上。"天地自然规律总是对立统一、互补共生的，比如日月往来、四季交替，日中则昃、月满则亏，寒极而热、热极而寒，都是均衡的，它不会让某一种事物或现象永远强盛，让另一种事物或现象永远弱小。比如天上太阳把阳光洒向大地，大地上所有人都会晒到阳光，不会因为你有钱或没钱就晒不到阳光；天要下雨，地上所有的人都会淋雨，不会因为你个子高或者个子低就不淋雨，当然不包括打伞或躲在屋里。所以天道是最公平的。如果人类违背了天道公平原则，就会遭到天的惩罚。"天道"既不是上帝的主宰，也不是人为的作用，也不是外力的作用，而是自然而然的，是事物自身运动的规律和法则。

前面讲解《道德经》第七十三章"天之所恶""天之道""天网"时说过，我们祖祖辈辈的中国人都信仰"天"，信仰"天道"。老子说的"天"有好恶、有意志，能奖善罚恶，威力无边。"天道"既是宇宙天地的本性，又是宇宙天地运行的规律和法则，如果违背天道必遭天谴，"天网恢恢，疏而不失"。

老子接着说："人之道，则不然，损不足以奉有余。"人类的法则却不是这样，是剥夺不足的，用来供奉有余的。人道与天道恰好相反。天道是"损有余而补不足"，天道法则是公平、均衡。人道却是"损不足以奉有余"，减少不足以增加有余，这样有余者更加有余，不足者更加不足。这是极不公平、极不合理的。老子生活的那个时代，天子、诸侯、大夫、平民等级制度很严格，本来已经富有的统治者掠夺贫苦的平民百姓，富的更富，穷的更穷，两极分化十分严重，所以老子痛斥这种不公平的现象是违背天道。这种违背了"天之道"的"人之道"，应该彻底纠正，回复到天道上来。那么谁能够做到这一点呢？

老子说："孰能有余以奉天下？唯有道者。"谁能够把有余的东西拿来供奉给天下不足的人呢？只有有道的人。从古到今那些富豪们有没有愿意把自己的钱财拿出来分给天下穷人的呢？不能说没有，只有极少极少。这些极少的人为什么能这么做？因为他们懂得天道。比如春秋时期越国大夫范蠡一生艰苦创业，三次经商成为巨富，三次广散家财救济贫民。他自号"陶朱公"，淡泊名利，八十八岁寿终正寝，被后世尊为财神、商圣。范蠡是个真正的"有道者"，一个按照天道做事的圣人。

对作为得道统治者的"圣人"来说，是可以将天道的公平原则落实到治理国家、治理百姓上，消除二元对立，消除两极分化，实现社会大同的。其中关键是统治者要带头将"有余以奉天下"，要奉献出自己的财富去救济"不足"的贫穷人。以天道的公平原则，实现人间的和谐局面。

老子最后说："是以圣人为而不恃，功成而不处，其不欲见贤。"因此圣人有所作为而不自恃己能，有所成就而不据为己有，不愿意显现自己的才能。这是对有道的统治者说的，他有所作为、有所成就，一定不能自大自夸，不能把成就据为己有，要把才能隐藏起来。"为而不恃，功成而不处"前面已经多次出现。"其不欲见贤"是第一次出现，"见"同"现"，"贤"是才能。"其不欲见贤"是不愿意表现才能。这句话是从天道公平性原则来说的，统治者本来就居在高位，如果还炫耀自己的作为、成就、才能，那就不公平了，就违背"天道"了。

"天道"法则是任何时代、任何地域都应该遵循的法则，这样整个社会就公平、和谐，如果违背天道的公平性原则，把财富聚集在少数几个人或者某个阶层手里，还要剥削大众的利益，那么必定要遭到报应、遭到惩罚。比如那些爆雷的富豪，都是通过不正当的手段攫取巨额利益，害得那么多老百姓失去辛苦一辈子赚来的钱。结果怎样？天怒人怨，遭到惩罚。还有一种现象值得警惕，我接触过很多企业老板，他们好多人告诉我，他们子女这一代出问题了。我认真听他们讲各自子女这样那样的问题，发现他们子女的问题可以归纳为两大类：一类是极度自尊，一类是极度自卑。什么是极度自尊呢？他们认为反正家里有钱，我吃喝嫖赌有什么关系？他们还不怕做坏事，反正钱能摆平一切。什么是极度自卑呢？他们认为父母能力太强了，已经什么都做好了，自己怎么都比不了，这一辈子躺平混混算了。这两类问题其实也从反面验证了天道的公平性，父母太"有为"可能会导致子女的无能。所以在教育子女问题上也要"损有余而补不足"。我们只有做符合天道的事，比如多做慈善，多做利他的事，给后代做一个榜样，后代才能有所作为。

第七十八章　为什么能受羞辱才能成大器？

　　天下莫柔弱于水，而攻坚强者莫之能胜，以其无以易之。弱之胜强，柔之胜刚，天下莫不知，莫能行。是以圣人云："受国之垢，是谓社稷主；受国不祥，是为天下王。"正言若反。

　　你可能听说过韩信忍受胯下之辱的故事。韩信早年家境贫寒，当地有个屠夫有意要侮辱韩信，让韩信从他裤裆下钻过去。韩信咬着牙当着众人的面从屠夫裤裆下钻了过去，众人发出一阵刺耳的哄笑声。其实韩信并不是胆怯，而是睿智，他看清了局面。后来韩信富贵之后，找到那个屠夫，屠夫很害怕，以为韩信要杀他报仇，没想到韩信却善待屠夫，并封他为护军卫。韩信对屠夫说，没有当年的"胯下之辱"就没有今天的他。这个道理《道德经》第七十八章说得很清楚。

　　老子开头说："天下莫柔弱于水，而攻坚强者莫之能胜，以其无以易之。"天下没有比水更柔弱的，但攻击坚强的东西没有什么能胜过水，因为没有什么能够替代它。"天下莫柔弱于水"的"于"是比的意思。"而攻坚强者莫之能胜"中的"莫之能胜"是古汉语中的特殊句式，代词宾语"之"要放在谓语的前面，"莫能胜之"要说成"莫之能胜"，意思是没什么能战胜它。"以其无以易之"的"以"是因为的意思，"无以"是没有（什么）的意思，"易"是替换的意思。"水"是老子最推崇的事物，因为在万物中水最接近道。第八章说"上善若水"，老子分析了水的"七善"。水是最柔弱的，却也是最坚强的，最厉害的，因为柔能克刚，但刚却不能克柔。水可以把石头穿透，可以承载万物，可以融化泥土，可以洗净污垢，可以汇成巨流，冲垮房屋，冲垮庄稼、树木。水还可以滋润万物，使万物生长，生物离开了水就会死亡……试想有哪一种坚强的东西有这么大的威力？水是最柔弱的，水的力量又是最大的，也是最不可战胜的。地球表面70%都是水，我们人体水分也占体重的70%。水是最常见的物质，是包括人在内的所有生物生存的重要资源，也是生物体最重要的组成部分，在生物的演化过程中水起到了不可替代的作用，所以老子说"以其无以易之"，有哪一种东西可以替代水呢？

老子从水的柔弱胜刚强中得出一个普遍结论："弱之胜强，柔之胜刚。"弱小可以战胜强大，阴柔可以战胜阳刚。"之"在这里没有实义，起到取消句子独立性的作用。在万事万物中，柔弱胜过刚强；在人体生命中，柔弱也胜过刚强，比如缺水和缺粮相比，缺水对生命的危害要大得多，柔弱者往往比刚强者更长寿；在治国安邦方面，柔弱也胜过刚强，无为而治、虚静而为，比那些喜欢战争、肆意攻击别人的统治者要长久。

"弱之胜强，柔之胜刚"这个道理，老子说："天下莫不知，莫能行。"天下人没有不知道的，却没有人能做到。柔弱可以战胜刚强这个道理是浅显易懂的，比如水能把石头滴穿，但石头不能把水斩断。石头不能斩断水，等你把石头一抽，水又合起来了，天衣无缝。水和火相比，水能把火浇灭，火就不能直接把水烧开，要借助金属器具。火把水烧开了，水变成水蒸气了，还仍然是水。

人类很早就对水有了认识。古希腊哲学之父泰勒斯第一个提出水本源说，"万物源于水"，这是西方哲学第一个命题。其实中国古人早就提出水为万物之首的思想，根据《尚书·洪范篇》记载，周武王请教箕子怎么治理国家，箕子提出九种治国大法，其中第一种就是五行，"一曰水"，水在五行排列中位居第一位。1993年在湖北荆门郭店一号楚墓中出土的战国竹简本《老子》之后就是《大一生水篇》，明确提出"大一生水"："大一生水。水反辅大一，是以成天。

天反辅大一，是以成地。天地［复相辅］也，是以成神明。"太一（道）生水，水反过来辅助太一，所以生成天，天反过来辅助太一，所以生成地。天地相互辅助，所以生成神明。然后再生成阴阳、四时……可见水和太一相辅相成。虽然水是太一生出来的，但水又可以辅助太一；"太一藏于水"，水是太一的载体。在中国古代，"水"是一个重要的哲学概念。天地宇宙的运行是有规律的，从太一到水，再到天地、万物。

老子最后说："是以圣人云：'受国之垢，是谓社稷主；受国不祥，是为天下王。'正言若反。"所以圣人说：承受国家的屈辱，才称得上国家的君主；承受国家的灾难，才称得上天下的君王。正面的话好像反面一样。"受国之垢"的"垢"是污垢，这里指屈辱。"社稷"本义指土神和谷神，这里代指国家。"不祥"指灾难。老子告诉我们，怎样才能成为"社稷主""天下王"：除了柔弱，还要承受国家的"垢"（屈辱）和"不祥"（灾难）。一个国君能够忍辱负重，能经受苦难，一定会有大作为。比如说越王勾践，卧薪尝胆，忍受吴王对他的羞辱，忍受国人不理解的责骂，终于灭吴兴越。

老子总结道："正言若反。"正话反说，正话反义，正面的话好像是反面的一样。老子说过大成若缺、大盈若冲、大巧若拙、大直若屈、大白若辱、进道若退、夷道若颣、上德若谷、广德若不足、建德若偷、质真若渝，还说过曲则全、枉则直、洼则盈、敝则新，这些都是"正言若反"的例子。"正言若反"不仅高度概括了相反相成的言语现象，而且揭示了表面现象背后的反向本质。这些"正言若反"的话闪烁着睿智的光辉。

当然老子说的"正言若反"不纯粹是指语言，而是所有事物正和反的辩证关系，是从大量相反相成的事物中总结出来的普遍原则、辩证规律，是"反者道之动"的具体表现。"反者道之动"，你要从反面入手，反而能在正面达到最高境界。所以你完成一件正面的事情，一定要反向地去说、去做。这点我是比较有体会的，随着年龄的增大，在这方面越来越有体会。任何事情你都要反向去想，这样绝对不会偏激。孔子也说过类似的话，但他没有从反面说，而是从正面说的。他说过"中庸"，说过"叩其两端而竭焉""执其两端而用其中"，首先要找到两端，两端就是两头，就是相反的两个对立面。

有一年中央电视台播出《感动中国》节目时，一位老太太被评为"感动中国年度人物"。这位老太太的感人事迹我已经忘记了，我只记得记者去采访她的时候，她说："我的父母没什么文化，我也不识几个大字，但是我小时候父母跟我说过一句话：做任何事情都有三条路，不要走两边，就走中间。我终生就按这个来做。"我当时听了这句话非常震惊，她说的不就是"正言若反"、不就是"中庸"吗？后来我经常讲这个故事，帮助很多人解决了不同的问题。在遇到困惑不知道怎么选择的时候，要反向去思考、反向去行动，找出两个相反的极端，注意避免这两个极端，不就是在走中道吗？老子告诉我们，这个道理"天下莫不知"，关键就看我们能不能去"行"。

第七十九章　怎样解除别人对你的怨恨？

和大怨，必有余怨，安可以为善？是以圣人执左契（qì），而不责于人。有德司契，无德司彻。天道无亲，常与善人。

在网上看到过几起因为暴戾之气太重造成的刑事案件，颇感痛心。戾气过重的人抱怨一切，从不反省自己，他们往往无法控制自己的情绪，特别容易发狠斗勇、不计后果。戾气重、怨气大，既害人又害己，随时都有可能造成可怕的灾难。有什么办法可以消除这种戾气、怨气呢？请看《道德经》第七十九章。

一开头老子说："和大怨，必有余怨，安可以为善？"调和大的怨恨，一定会有余留的怨恨，这哪里能说是好办法呢？"和"是调和的意思。"安可以为善"的"安"是疑问代词，哪里的意思。"善"指好方法。这是不是指调和大怨没有必要呢？老子是主张"以德报怨"的。在《道德经》第六十三章，老子提出："大小多少，报怨以德。"把大化为小，把多化为少，用恩德回报怨恨，就可以把怨恨化为恩德。回报怨恨有三种方法：第一种是"以怨报怨"，以牙还牙，以眼还眼；第二种是"以德报怨"，这是老子提出的方法，就是用恩德来回报别人的怨恨；第三种是"以直报怨"，这是孔子提出的办法，就是用正直公平的方法回报别人的怨恨。既然老子是主张"以德报怨"的，那为什么又说"和大怨"不是一种好的方法呢？是不是说老子对小怨主张"以德报怨"，对大怨就不主张"以德报怨"了呢？不是！无论是对待大怨还是小怨，老子都是反对以怨报怨的。冤冤相报何时了？老子的意思是，深重的怨恨是难以彻底调和的，所以调和并不是一种好办法。那怎样做才能没有大怨呢？当然就是不要等到"大怨"形成，等到大怨形成再去调和就太晚了。而最彻底的办法，就是不结怨，连小怨都不让它形成。也就是从源头上解决问题。老子是针对统治者说的，要统治者从自己身上找原因，而不是从人民身上找原因，这样才能彻底铲除产生怨恨的根源。统治者怎么能让人民从根源上就不形成怨恨呢？那就是要无为而治。具体来说又该怎么做呢？

老子提出一种具体方法："是以圣人执左契，而不责于人。"因此有道的统治者拿着借条，却并不向人索还借债。"契"的金文字形像用刀在刻图案的样子，本义就是"刻"，后来加了一个金字旁，有个成语就叫"锲而不舍"。"契"引申为契约，是约束、证明双（多）方行为的文书，契约是必须履行的，不可更改，就像刀刻的一样。"圣人执左契"的"契"指契券，相当于现代的借条，古代借贷金钱、粮食、财物都用契券（借条）。那什么是"左契"呢？古代的契券是用竹木制成的，劈为左右两片，两片刻相同的文字，记着借贷的金钱、粮食、财物的名称、数量、人名等，中间刻横画。左片刻着负债人的姓名，由债权人保存；右片刻着债权人的姓名，由负债人保存。左片叫左契，右片叫右契。索取债务时，两契相合就是凭据。这里"执左契"，就是拿着刻有负债人姓名的借据存根，说明是债权人，就可以"责于人"，向借债人讨债。这个比喻说明，统治者就是债权人，人民就是负债人。统治者可以随时向人民要债。但有道的统治者却"不责于人"，并不向人民讨债。这说明有道的统治者宽厚、仁慈、大度，其本质就是按照无为而治来治理国家。对今天的人来说，如果你借钱给别人，别人欠你的不仅是钱财债，还有人情债。凡是有良心的人都会觉得欠你的情，会想方设法尽快还你，如果实在不能按时还你，他会觉得很愧疚，所以你也不必催债；如果是一个没有良心的人，你就是成天催债也没用。所以你既然借钱给别人，就要像老子说的那样"不责于人"，不去紧逼追讨，保持一颗宽厚、仁慈之心。

老子接着说："有德司契，无德司彻。"有德的人掌握借据，无德的人掌管税收。"司"是掌管的意思，"司契"就是掌管契据、借条，"司彻"就是掌管税收。"彻"是周代规定农民按收成交租的税收制度。司契的人总是借钱给别人，乐善好施，只凭契据来收取，所以显得宽厚大度，受人欢迎。尤其是那些"执左契而不责于人"的，拿着借条而不逼百姓还债，就更受百姓拥戴。可是司彻（掌管收税）的人总是逼百姓交税，收税时总是斤斤计较，唯恐别人少交、漏交，所以显得苛刻严酷，令人讨厌。老子将有德的人比喻为"司契"，将无德的人比喻为"司彻"。有德的人就像掌握借据那样从容大度，无德的人好像掌管税收那样苛刻计较。老子反对像"司彻"那样用严酷的税收和刑罚来压榨百姓，主张像"司契"那样，"执左契而不责于人"，不逼迫百姓，不干扰百姓的生活，宽厚大度。"司彻"是有为而治，是刑治；"司契"是无为而治，是德治。"司彻"必然遭到百姓的怨恨和反抗，"司契"必然受到百姓的欢迎和拥护。

其实我们每一个人对待别人的态度又何尝不像"司契"和"司彻"那样呢？有的人以宽容大度待人，有的人以苛刻严厉待人，结果得到的回报也就截然不同。在这个充满竞争的时代，社会分工越来越精细，人与人之间的相互依存度越来越高，要想在社会上取得成功，就必然要和别人交流沟通。所以能否与人相处愉快、达成合作就成为一个人能否成功的重要因素。网络上曾经流传这样一句话："走自己的路，让别人无路可走。"这句话成了某些人的人生信条，这些人只为自己着想，从不替他人考虑，自私无情，不给别人行方便。这些人最终在职场上将不受人待见，受伤的总是自己。我们应该按照老子说的那样宽以待人。其实放别人一条生路，就是给自己留一条活路。要与人为善，多做利他的事，要原谅别人的错误，原谅别人就是放过自己，不要处处与人计较，"肯吃亏不是痴人，能吃苦方为志士"，"退一步海阔天空，让三分风平浪静"，走好自己的路，让别人也有路可走。

最后老子说出一句名言："天道无亲，常与善人。"天道是没有偏爱的，总是帮助善良的人。马王堆帛书甲本是："夫天道无亲，恒与善人。""天道无亲"的"亲"是偏爱的意思，"常与善人"的"与"是帮助的意思。"善人"本指善良的人，特指有德、顺应天道的人。"天道无亲"，说明"天道"具有公平性，对谁都一样，没有偏爱，"常与善人"却说明"天"有倾向性，有偏爱。这是不是矛盾呢？其实不然，这是从天道的两个角度来说的。从自然之天的角度看，天道是一种自然现象和自然规律，对万物包括人都是平等的、公正的，没有偏爱，这正是《道德经》第五章"天地不仁"所表达的意思；从主宰之天的角度看，天有神灵，在甲骨文中被称为"上帝""天帝"，天虽无形无相，但掌控一切，它可以下雨、打雷、刮风，也可以驱使日、月、星，而且天道是有意志的，可以区分善恶，可以奖善惩恶。所以天道偏爱善人、厌恶恶人，这就是《道德经》第七十三章说的"天之所恶，孰知其故""天网恢恢，疏而不失"。

从本质上看，天道偏爱奖赏善人、厌恶惩罚恶人正是一种公平、正义的行为！老子说的"天道无亲，常与善人"，是在告诉我们人类，天道是最公正、最无私的，给我们一个公平的世界，就看我们自己怎么选择。人在做，天在看，是选择做善事还是选择做恶事，天都会给相应的回报。

第八十章　人类最理想的社会是什么样子？

> 小国寡民。使有什伯之器而不用，使民重死而不远徙。虽有舟舆，无所乘之；虽有甲兵，无所陈之。使民复结绳而用之。甘其食，美其服，安其居，乐其俗。邻国相望，鸡犬之声相闻，民至老死不相往来。

晋代诗人陶渊明在《桃花源记》里，描绘了一个和谐美好的世外桃源。桃花源中人与世隔绝，安享耕田劳作的宁静与幸福。这篇名作一千六百多年来始终被人们铭记，为人们提供了无比丰厚的情绪价值。感觉愉快舒适的时候就说自己仿佛置身于桃花源，感觉苦恼悲催的时候就希望躲进桃花源请求庇护。其实，陶渊明的桃花源景象，早在老子《道德经》第八十章就被清晰地描绘了。"陶令不知何处去，桃花源里可耕田？"如今老子和陶渊明早已不在，但他们心目中的理想国、桃花源是否可以在我们的现实生活中实现呢？

这一章老子生动描绘了一幅宁静、悠然的社会乌托邦图景，展现了老子心目中理想的社会结构和国家模式。

开头四字："小国寡民。"究竟是什么意思？不少人把"小"和"寡"理解为形容词，意思就是很小的国家很少的人民。比如严遵解释为"国有大小，民有众寡"，王弼解释为"国既小，民又寡"。其实"小国寡民"作为一句话是不能没有动词谓语的，"小"和"寡"都是使动词，"小"就是使……变小，"小国"就是使国家变小，也就是缩小国家面积。"寡"就是使……减少，"寡民"

就是使人民稀少，也就是减少人口数量。当时各诸侯国的统治者一心都想着怎样"大国众民"，用武力扩大自己的疆土、侵略别国、俘虏民众、增加人口，老子对这种行为表达强烈的不满和反对。"反者道之动"，所以老子提出"小国寡民"的主张。

"小国寡民"有什么好处呢？老子接着说："使有什伯之器而不用，使民重死而不远徙。虽有舟舆，无所乘之；虽有甲兵，无所陈之。"即使有各种器具也不使用，让人民珍重生命而不远走他乡。虽然有船只车辆，也不必乘坐；虽然有铠甲兵器，也不用陈列。两个"使"字意思是不同的，"使有什伯之器而不用"的"使"是连词，即使、纵然的意思。"使民重死而不远徙"的"使"是让的意思。"什伯之器"有多种理解，一种解释是指各种各样的器具（包括兵器），一种是有效率十倍百倍的器具，还有一种解释"什伯"是军队的编制单位，"什伯之器"就是指国家军队。究竟哪一种更合理呢？我们比对一下马王堆帛书本就清楚了，帛书甲本这一句是"使十百人之器毋用"，乙本是"使有十百人器而勿用"，可见"十百人之器"就是众人用的各种器具。"使民重死而不远徙"的"徙"是迁徙、迁移的意思。"虽有舟舆，无所乘之"的"舟"就是船，"舆"就是车；"虽有甲兵，无所陈之"的"甲"是铠甲，"兵"是兵器，泛指武器装备。"陈"指陈列，一说同"阵"，即摆列阵势。为什么有各种各样的器具也不使用、有船只车辆也不乘坐、有铠甲兵器也不用陈列？很简单，因为没有地方用这些东西，一个国小人少的地方，人民生活简单，用不了那么多器具，国土面积小用不上坐车坐船，社会安定用不上武器。在这样的社会里，"民重死而不远徙"，不轻易冒险，看重生命，不愿出兵征战，不朝远方迁徙。

老子进一步提出："使民复结绳而用之。"要让人民再次使用结绳记事的办法。结绳记事是远古时期文字发明之前，人民采用的记事方法，在绳子上打结，结的不同打法，表达不同的含义，本部落的人一看就明白。老子主张不用文字，重新回到远古时代。后来庄子也描述了这种原始生活，称之为"至德之世"（《庄子·胠箧》）。当然在当今社会，这是不可能实现的。很多人以此认为老子反对一切文明产物，主张回到原始社会，因而是落后的、消极的、出世的，其实这是对老子的误解。老子追求的是原始社会那种原始共产主义的社会形态：乡村的宁静、生活的淡泊，没有战争与争斗，平等自由，简单自足，人人安居乐业。

老子接着描述了这种生活："甘其食，美其服，安其居，乐其俗。"人人觉得吃得甘甜，穿得美好，住得舒服，活得快乐。其中甘、美、安、乐都是意动词，"甘其食"是觉得食物甘甜，"美其服"是觉得衣服美丽，"安其居"是觉得居住安适，"乐其俗"是觉得习俗令人快乐。说明尽管当时食物不丰盛、服饰不精美、居处不安适、习俗不安乐，只要人人都回归自然纯朴的本性，回到恬淡宁静的状态，那么就会有甘甜、美好、安适、快乐的感觉。河上公解释："甘其蔬食，不渔食百姓也；美其恶衣，不贵五色；安其茅茨，不好文饰之屋；乐其质朴之俗，不转移也。"这既是一个平和、恬淡、清静的心灵家园、精神世界，又是一个和平、安宁、和谐的"理想国"。《黄帝内经·素问·上古天真论》化用这一段话："故美其食，任其服，乐其俗，高下不相慕，其民故曰朴。"这段话说明心理状态是最重要的，是最有益于生命健康的。《论语》记载颜回的生活和心态："一箪食，一瓢饮，居陋巷，人不堪其忧，回也不改其乐，贤哉，回也。"他居住在陋巷，住得不好，吃得不好，但他却觉得特别美。幸福不就是这样一种感觉吗？如果人人都能这样，相互之间就可以相安无事，而不需要依靠政治、法律来维持。在这样一种社会里，社会秩序、人伦关系、道德习俗都是自然、本真、和谐的。

老子最后说："邻国相望，鸡犬之声相闻，民至老死不相往来。"邻国之间互相看得见，鸡鸣狗叫的声音相互听得见，但人民直到老死都不相互交往。这就是"小国寡民"，每个国家都很小，实际上就相当于一个个自然村，所以鸡狗的叫声都能相互听得见，但那已经是另外一国了，既然是一个国，就有国境线，不能轻易越过，所以"民至老死不相往来"，邻国人民到老死都不相往来。这里说的并不是村落被封闭、行动不自由，而是减少是非、减少干扰。往来多，是非就多，就会被别人干扰，心灵就不得安宁。老子要建构的这种"小国寡民"的社会，人与人之间不必往来，因为每个人都自给自足、自足自乐，邻里之间互不打扰，日出而作，日落而息，伴随着鸡狗的叫声，社会祥和宁静，这才是老子真正追求和向往的理想社会和完美人生。

陶渊明的《桃花源记》正是老子"理想国"的生动写照。当今社会科技飞速发展，环境变化日新月异，物质生活水平不断提高，可是人们的烦恼反而增多了，幸福指数反而降低了。怎样消除现实中的纷扰、争斗？怎样消除人心的烦恼、焦虑、痛苦？我们无法做到"邻国相望，鸡犬之声相闻，民至老死不相往来"，但我们可以在自己的心中构建一个"桃花源"世界，在这个世界里"不知有汉，无论魏晋"，怡然自乐，用陶渊明的诗来说，就是"纵浪大化中，不喜亦不惧。应尽便须尽，无复独多虑"：自由遨游于天地造化之间，不因长生而欢喜，也不因短寿而悲伤；该结束的时候就结束吧，何必再去考虑那么多闲事呢！我想这或许就是老子替我们后人构建的符合"天道"的"人道"世界吧。

第八十一章　为什么让人舒服的话未必是好话？

信言不美，美言不信。善者不辩，辩者不善。知者不博，博者不知。圣人不积，既以为人，己愈有；既以与人，己愈多。天之道，利而不害；圣人之道，为而不争。

大家都听说过这么一句谚语："良药苦口利于病，忠言逆耳利于行。"忠诚的劝告往往直来直去，让人听了不舒服、很难接受，但是却有利于人们改正缺点，规避风险，就如同生病时吃的药，虽然味道很苦但却能治病。六祖惠能说："苦口的是良药，逆耳必是忠言。"而那些让人听了很舒服的话却未必是忠言。这个道理《道德经》最后一章做了透彻说明。

《道德经》最后一章可以分三个部分，讲了三层意思。第一部分是："信言不美，美言不信。善者不辩，辩者不善。知者不博，博者不知。"诚信的言语不漂亮，漂亮的言语不诚信。善良的人不巧辩，巧辩的人不善良。智慧的人不广博，广博的人不智慧。老子不愧为辩证法大师！你看这里一开头就用了三个排比句，充满了辩证智慧。"信言"与"美言"、"善者"与"辩者"、"知者"与"博者"构成两组三对相反的关系，"信言""善者""知者"的共同点是真实质朴，"美言""辩者""博者"的共同点是浮华虚假，这两组是相对的，排斥的。"信言不美，美言不信"，诚实的话由于朴实，所以不华丽，不动听；反过来，华丽的话，由于动听，往往夸张、虚假，所以不诚实。"善者不辩，辩者不善"，善良的人，由于本质纯真、朴实，所以不必要能言善辩；反过来，能言善辩的人，由于看重口才，喜好辩论，往往强词夺理，失去本真，所以不善良。"知者不博，博者不知"，一般理解为，智慧的人不卖弄知识，卖弄知识的人没有智慧。我理解这句话深层意思是，智慧的人知识并不需要广博，知识广博的人没有智慧。因为智慧的人透过万事万物的复杂现象，看到本质是简单的、质朴的，所谓广博的知识往往掩盖了事物简单的本质，所以主张把复杂问题简单化，而不要去追求广博的知识；反过来，追求广博知识的人，由于注重知识的积累和丰富，往往把简单的问题复杂化，反而偏离了事物的本质，所以并没有智慧。《道德经》第五十六章开头说："知者不言，言者不知。"可以有两种理解：一种是知道的人不说，说的人不知道；另一种是智慧的人不说，说的人没有智慧。跟"知者不博，博者不知"合起来，说明智慧的人不追求知识广博，不夸夸其谈，反之就是没有智慧。

历史上有多少听信美言而遭殃的故事？比如唐朝胡人安禄山，钻营取巧，一见杨玉环受宠，赶紧认作干妈，说尽花言巧语，把唐明皇李隆基迷得五迷三道，最后发动安史之乱，使大唐由盛而衰。历史上这种事件不胜枚举。当今社会我们也要提高警惕，首先自己不要成为这种人，然后要时时注意我们身边有没有这种人。

老子的这一论述具有深刻的辩证法思想，他看到现实生活中表面现象和深层实质往往并不一致，除了"信"与"美"、"善"与"辩"、"知"与"博"三对范畴，还有真与假、美与丑、善与恶等等，人们往往只注重表面的东西，看不到背后深层次的东西，把表象当真相，并把这种表象当作评判行为道德的标准。老子意识到这个问题的严重性，所以才用这种"正言若反"的句式来敲打人们，告诉人们外在现象和内在本质是不同的，要透过现象看本质，而不要被表象所迷惑。《金刚经》也说："凡所有相，皆是虚妄，若见诸相非相，即见如来。"我们所认知的一切现象，都是虚幻不实的。如果能看透表象的虚幻性，看到事物的本质，那就得到如来证悟真理的智慧了。

老子对"信"与"美"、"善"与"辩"、"知"与"博"三对范畴的论述，还告诉我们一切对立范畴、一切矛盾关系不仅具有对立性，而且具有转化性。在特定条件下对立的事物是可以转化的。信言、善者、知者如果不能坚持，或者被私欲驱动，就会变成美言、辩者、博者。同样，美言、辩者、博者如果被善念驱动，就会变为信言、善者、知者。严遵《老子指归》解释："虚实相归，有无相生，寒暑相反，明晦相随。"说明对立事物相反相成，相互转化。

这一章的第二部分是："圣人不积，既以为人，己愈有；既以与人，己愈多。"圣人不积累财富，尽力帮助别人，自己反而更富有；尽力给予别人，自己反而更丰足。"圣人不积"的"积"是积累、贮藏的意思，这里指私自积累财富。河上公解释为"圣人积德不积财"，有道明君不私自积累财物。"既以为人"与"既以与人"的"既"是尽量的意思，"为人"是帮助人，"与人"是给予别人。"圣人不积"这一思想，被庄子继承发扬，他把"积"字积累的意思引申为积滞、停滞、停留，《庄子·天道》说："天道运而无所积，故万物成；帝道运而无所积，故天下归；圣道运而无所积，故海内服。"天道运行从不停滞，所以万物得以生成；帝王统治之道从不停滞，所以天下百姓归顺；圣人之道不停滞，所以四海之内人人都佩服。可见不积累、不停滞，才是回归虚无的大道。

正因为"圣人不积"，才能做到"既以为人，己愈有；既以与人，己愈多"。为什么越是尽全力帮助别人自己就越富有？为什么尽全力给予别人自己收获就越多？这就是天道的公平法则，"爱出者爱返，福往者福来"，付出越多，得到的回报就越大。有道之人是不积累财富的，总是把财富分给百姓，尽量让百姓生活富足，结果反而得到百姓的拥护，百姓推举这样的有道之人当了君主。此外有道之人还不自己积累知识，总是把知识、经验、技能都分享给大家，帮助别人掌握解决问题的方法，领悟事物的规律，让别人取得成功，最后自己的自我价值得以实现，帮助别人的同时自己也受益了。这就是佛家说的财布施和法布施，自利利他。我们都要有一颗慈善的心，更要有慈善的行动，如果没有慈善的行动，而说有慈善心，那就是虚伪、伪善。其实做慈善最终受益的是自己。试想一下，如果一个人只想自己积累财富，一心只想着怎么从别人那里捞好处，而不给予别人任何好处，甚至为了自己的利益不择手段，为了利己而害人，那么必定会被别人所厌恶、所抛弃，最后自己的源泉会越来越枯竭。因为这样是不符合天道的，必然会遭天道惩罚。

这一章的第三部分是讲天道和人道："天之道，利而不害；圣人之道，为而不争。"这也是通行本《道德经》的最后两句话，是对"天道"和"人道"做了一个总结，也是对《道德经》第一章的呼应。马王堆帛书乙本这两句是："故天之道，利而不害；人之道，为而弗争。"表述略有不同，但意思相同。

首先，我们分析一下"天之道，利而不害"，天道是有利万物而不加害万物的。天道可以简单理解为主宰天地万物存在和运行的高维智慧。这一句点出了天道的一大特征是造福于万物而不去给万物造成伤害，这就是无私利他的特征，可以理解成"毫不利己，专门利人"。天道这一特征在《道德经》第八章的表述是"水善利万物而不争"，以水为例说明天道惠及万物；在第三十五章的表述是"往而不害，安平泰"，天道保护众生祥和安康，不受伤害。

然后，我们再来看"圣人之道，为而不争"，圣人为人处世的准则是有所作为，却不与别人相争。在《道德经》中，"圣人"就是得道的高人，也就是按照天道做人行事的人，相当于我们现在经常提到的"天命人"，承载着天道的使命，他们都"利而不害"。既然圣人之道的核心价值是要"利而不害"，那么具体落地的做法就是"为而不争"，既要为天下人谋福利而有所作为，又绝不与别人发生争斗。那么，这样的"为而不争"到底怎么拿捏呢？有人可能会疑惑：既然"不争"，那为什么还要"为"（有作为）？"为"不就是一种"争"吗？"为"和"不争"是不是矛盾？老子不是讲"无为"吗？这种思考非常好！这叫"起疑情"。其实"为而不争"的"为"是指顺应天道清静本性去作为，是为了他人、为了大家去作为，它和不妄为、不人为的"无为"是一回事，两者并不矛盾。"为而不争"正是天道"无私利他"的一种表现，老子一贯反对为了私欲去妄为、去争抢。"不争"不是消极，也不是颓废，"不争"不仅不与别人去争，而且不与自己争。这样才能保持一种不急不躁、淡泊自然、宁静安详的心境，才会有快乐感、幸福感。所以"不争"是一种人格，更是一种天道境界。

讲解完了整部《道德经》，我们再来对《道德经》的道做一个总结。道是老子《道德经》的高维智慧，我用五个"总"字来说明它高在何处。

第一，道是宇宙万物的总根源。道不是一个具体的东西，本身也没有任何属性，道是"无"。"无"不是没有，只是看不见、听不到、摸不着，"无"中含"有"，"无"中生"有"，"无"和"有"好比是阴阳。"无"就是阴性一面。比如虚无创生了天地，无形的气创生了万物，无形的一个理念、一个机缘创生了一个企业。

第二，道是宇宙万物的总依据。道不仅创生万物，而且使得万物长大，如果不符合道，那么这个事物就不能存在下去。比如一个企业在成长过程中，不符合道了，很快就会破产了。

第三，道是宇宙万物的总规律。其中一个重要的规律就是"反"："反者道之动"，物极必反，盛极必衰，衰极必盛；正言若反，相反相成。任何事物的发生、发展、变化都依据这个规律，人是干预不了的。

第四，道是宇宙万物的总法则。万事万物生存发展不能违背这个总法则、总原理、总纲领，我们做任何事情都要按照这个总法则来做，否则就会失败。

第五，道是宇宙万物的总主宰。道是主宰宇宙万物的那个终极能量、终极真理。它主宰万物生生不息，但它不是一个具体的东西或者具体的人；它具有绝对的神秘力量，但又不是一个神。

道这个本体是看不见、摸不着的，它表现出来的就叫德。道是本体，德是功用。体和用是不能分离的。

那么道和天道、人道是什么关系呢？一般来说道包括天道、地道、人道、万物之道，也就是涵盖了各个维度的智慧。其实在老子看来"天道"就是最高维的，人道、地道、万物之道都是天道的降维。天道和道是一个同义词，天道不仅是最高维的智慧，而且是我们中国人的最高信仰；人道必须按照天道来做，必须敬畏天道。

那么天道有什么特征呢？我认为有五大特征：

第一，天道无私。这是最大的特征。天道是"利而不害"，总是有利于万物、有利于众生的。《周易·谦·象传》说："天道下济而光明。"天道无私光明，天洒阳光，天降甘露，天道总是一心为万物，从不要求万物回报。所以人也应该无私利他。当然每个人的正当欲望是正常的，但不能有贪欲，不能一心只为自己，不能为了过分的私欲而做伤天害理的事，要顺应天道，多做有利于别人、有利于大家的事。

第二，天道公正。《道德经》多处讲这个道理，比如第十六章："知常容，容乃公。"天道最公平、最包容。第四十五章："清静为天下正。"天道最清静最公正。第三十二章："民莫之令而自均。"人民没有谁能命令天，天却能自然分配均匀。第五章："天地不仁。"天道没有偏爱。第七十九章："天道无亲。"天道没有亲疏。第七十七章："天之道，损有余而补不足。"天道总是减少多余弥补不足以达到平衡。所以，人也应该公平正义、公开公正，千万不要"损不足以奉有余"。

第三，天道周行。天道运行的规律是循环往复、周而复始的。第二十五章说天道"独立而不改，周行而不殆"，这和《周易》的思想完全相同，万事万物是永远变化的，周而复始的变化规律是永远不变的。第四十章："反者道之动。""反"是天道运行的大规律。"反"有两个意思：一个是循环往复，一个是相对相反。既然宇宙万物的变化规律都是往复运行、周而复始，那么我们做人做事也应该遵循这一规律。

第四，天道好还。第三十章说："其事好还。"天道好轮回，苍天饶过谁？俗话说，苍天有眼。天道会辨别善恶，会惩恶扬善。第七十九章："天道无亲，常与善人。"天道会保佑好人。第七十三章有"天之所恶""天网恢恢，疏而不失"。天道会惩罚坏人。如果按照天道来做，一定会得到天道的保佑，得到好的结果；如果不按天道来做或者违背天道，一定会得到天道的惩罚，得到坏的结果。行善必有善报，作恶必有恶报。

第五，天道贵弱。这是郭店楚简本《老子》丙组"太一生水"里面说的："天道贵溺（弱）。"《道德经》崇尚柔弱、虚静、谦下，因为天道本来就不强暴、不张扬、不躁动、不居功，第九章："功遂身退，天之道。"为人也应该"一曰慈，二曰俭，三曰不敢为天下先"，这样才能善终。比如汉初三杰命运各不相同，韩信被杀并灭族，萧何入狱，唯独张良懂得天道，他在成功后选择功成身退，追求黄老之学，最终隐居山林，得到了善终。

总而言之，人应该敬畏天道、顺应天道、遵循天道，要按照天道来治身、治家、治企、治国、治天下，把天道转化为养生之道、修身之道、谋事之道、管理之道……总之"道"无处不在、无时不有。天道不在天上，而在人的身体上，在日常生活当中。

最后祝您修道悟道、得道证道，在人生的大道上与道同行，吉祥圆满！

以古希腊文字，分散人在哲学

天喜文化